南北中国

中国农村区域差异研究

NORTHERN AND SOUTHERN CHINA

Regional Differences
in Rural Areas

贺雪峰 等 著

社会科学文献出版社
SOCIAL SCIENCES ACADEMIC PRESS (CHINA)

图书在版编目(CIP)数据

南北中国:中国农村区域差异研究/贺雪峰等著
.——北京:社会科学文献出版社,2017.12(2025.1重印)
 ISBN 978-7-5201-1557-5

Ⅰ.①南… Ⅱ.①贺… Ⅲ.①农村社会学-区域差异-研究-中国 Ⅳ.①C912.82

中国版本图书馆 CIP 数据核字(2017)第 250277 号

南北中国:中国农村区域差异研究

著　　者 / 贺雪峰 等

出 版 人 / 冀祥德
项目统筹 / 刘　荣
责任编辑 / 刘　荣　赵怀英
责任印制 / 王京美

出　　版 / 社会科学文献出版社(010)59367011
　　　　　地址:北京市北三环中路甲29号院华龙大厦　邮编:100029
　　　　　网址:www.ssap.com.cn
发　　行 / 社会科学文献出版社(010)59367028
印　　装 / 三河市东方印刷有限公司

规　　格 / 开本:889mm×1194mm　1/32
　　　　　印张:11.5　字数:290千字
版　　次 / 2017年12月第1版　2025年1月第6次印刷
书　　号 / ISBN 978-7-5201-1557-5
定　　价 / 59.00元

读者服务电话:4008918866

版权所有 翻印必究

总 论

论中国农村的区域差异 / 3

再论中国农村区域差异 / 43

家 庭

家庭继替的区域类型差异 / 75

中国农村分家模式的区域差异 / 97

中国农村养老模式的区域差异 / 131

人 情

乡村社会面子观与面子竞争的区域差异 / 157

仪式性人情的区域差异研究 / 181

社 会

农民自杀的区域差异研究 / 213

区域差异视角下的中国农村光棍研究 / 242

老年人地位变迁的南北差异研究 / 271

治 理

中国农村生育模式的区域差异分析 / 303

村级负债的区域差异 / 333

后 记 / 360

南北中国

总　论

论中国农村的区域差异

——村庄社会结构的视角

中国是一个巨型国家，不同地区差异很大。造成中国区域差异的原因很多。择要来说，经济发展水平、历史文化传统、自然地理环境、种植结构、开发早晚、距权力中心远近等，都是造成中国区域差异的重要原因。而从现象上看，中国农村区域差异尤其表现在东中西部经济发展水平的差距和南中北方村庄社会结构的差异上。当前国内学界和政策部门对中国农村经济发展水平的东中西部差距比较熟悉，且国家统计局的相关统计即是按东中西部分别统计的。虽然国内学界对中国农村南中北方的差异也有一定的研究，但总体来讲，学界对基于村庄社会结构的南中北方差异研究颇少，也不够深入，政策部门则基本上没有关注到基于村庄社会结构的这种南中北方的区域差异，对自上而下的各种政策、法律和制度在不同结构村庄实践过程中表现出来的机制及结果的差异不敏感，相关方面的研究甚至还未起步。

笔者及所在学术团队最近10年一直在全国农村开展广泛的驻村调研，累计驻村调研时间已超过2万个工作日，调研地点遍及中国绝大多数省份。长期驻村调查使我们关注到了之前没有意识到的若干重要学术和政策问题，这些问题大多属于调查的意外。其中，以村庄结构差异为核心的中国区域中的南中北方农村差异的发现，即是这样的意外之一。

早在20世纪90年代中后期，笔者在湖北荆门观察村委会选举时发现，村民在选举时缺少组织，投票几乎完全是随性行为。正是大力推进村民自治的20世纪90年代,湖北农民负担快速增加。显然,村民自治没有使农民通过选举增加抵制不合理负担的能力,相反,因为农民过于分散,选举出来的村干部在与县乡交涉中无法得到农民强有力的组织支持,不得不依附于县乡,乡村很快结成利益共同体。①笔者称湖北荆门农民的这种分散状态为原子化状态,从村庄社会结构上看,这样的村庄可以称为分散型村庄,即在村庄内部缺少紧密相连的具有政治行动能力的农民集群,每个农民都是相对独立的,是原子化的,是分散的。

1999年底,笔者到江西泰和、崇仁等地调查,发现与湖北农民原子化状态相当不同,江西农村宗族组织仍然可以在选举和公共品供给方面发挥重要作用。江西农村,农民通常是聚族而居,同一个村庄往往由同一个始迁祖繁衍生成。血缘与地缘的重合使宗族组织具有相当强大的力量。及至20世纪90年代农民负担沉重的时期,宗族组织仍然可以将农民集结起来反抗地方政府加重负担的行为,正因为农民有一定的组织性,地方政府加重农民负担的行为就受到农民有组织的抵制,农民负担也就远不如湖北沉重。江西宗族村庄,因为血缘与地缘的重合,村庄社会结构相当紧密,成为团结型的村庄。

2002年,笔者到安徽阜阳农村调查,发现在阜阳农村,村庄往往分裂为多个派系,各个派系都有很强的一致行动能力,典型表现是村内不同派系群众的轮番上访。村庄各派农民轮番上访,在某种意义上强化了县乡的权力,而村内公共事务却难以达成一致行动的意见。显然,在阜阳农村,村庄内部是分裂的。

2004~2005年,笔者先后到陕西关中、河南安阳、河南开封、山西运城等北方农村调研,发现在北方农村,村庄内部普遍存在一

---

① 见贺雪峰《试论二十世纪中国乡村治理的逻辑》,载于黄宗智主编《中国乡村研究》(第五辑),福建教育出版社,2007。

些功能性的村民血缘群体，名称不一，如"门子"、"门份"、"户族"、"本家"等，大致是五服内血缘关系的联合，其主要功能是红白事上的互助。不同血缘群体之间具有竞争关系，笔者将村庄内的这些小型血缘群体统称为"小亲族"①。一个自然村一般都有数个相互竞争的小亲族，从社会结构上看，这样的村庄是分裂型村庄。

这样，从结构上看，我们发现有三种不同类型的村庄：一是湖北荆门原子化程度很高的分散型村庄；二是江西宗族性的团结型村庄；三是北方农村以"小亲族"为基础的分裂型村庄。村庄是一个熟人社会，是农民生产、生活和娱乐的基本单位，村庄社会结构不同，生活在村庄中的村民和农户就会有相当不同的应对生产、生活和娱乐的方式，也就会有相当不同的行为逻辑。村庄社会结构的差异还会导致村民个性（如性格、面子观）和交往方式的差异。

自上而下的各种政策、法律和制度是通过村庄来实践的。村庄社会结构的差异，导致自上而下的各种政策、法律和制度在村庄实践过程中的机制与结果有很大差异。我们在农村调查中发现了农村政策实践的诸种差异，学界一般习惯从地方政府政策执行能力和地方经济发展水平的角度去解释，而忽视了村庄社会结构本身对政策实践的重要反作用。

在2005年以后，笔者及所在学术团队开展了大量的农村调查，以验证以上村庄分类的适用性，调查表明，当前中国农村，村庄社会结构差异十分明显，且具有明显的区域性。大致说来，以江西、福建、广东、广西为典型的南方农村多为团结型村庄，以河北、河南、山东、山西、陕西、皖北、苏北为典型的北方农村多为分裂型村庄，而以长江流域（以及西南、东北地区的农村）为典型的中部农村②多

---

① 相关调查报告可以参看贺雪峰《村治模式：若干案例研究》，山东人民出版社，2009。
② 中部农村的含义见后文界定。

为原子化的分散型村庄。

反过来说就是，从村庄社会结构角度看，中国农村存在南中北方的区域差异。本文的目标是从村庄社会结构角度提出并论证中国农村的南中北方的区域差异。本文主要讨论两个问题：一是从村庄社会结构角度讨论中国农村区域差异的特征，二是讨论为什么会形成村庄社会结构的区域差异。如果可以证明中国农村村庄社会结构存在南中北方的区域差异，我们就不仅可以较好地理解中国不同区域农村村民性格特点、交往方式和行为逻辑的差异，而且可以较好地解释自上而下的各种政策、法律和制度在不同区域实践机制和结果的差异。

村庄社会结构是指村庄成员的社会构成及其社会关系状况。村庄有多种含义，首先指自然村，在自然村之上一般都会有国家的基层行政建制，如里甲和保甲组织、乡村组织等，基层行政建制与自然村之间会有互塑。本文所指村庄社会结构主要是指以血缘为基础的村庄成员之间的关系状况和行动能力，其中最为重要的村庄社会结构是建立在血缘关系基础上的宗族组织。村庄社会结构的形成具有内在逻辑，因为生态环境和村庄历史的区域差异，不同区域村庄往往具有相当不同的社会结构，或者说，村庄社会结构的分布具有区域规律。正是因此，我们可以从村庄社会结构的视角来讨论中国农村区域差异。

一　已有研究的简单梳理

村庄研究是中国农村研究中经久不衰的话题，吸引了大量学者对之进行深入的研究，其中不乏经典作品。老一辈社会学家如费孝通、林耀华、杨庆堃，海外中国研究学者如弗里德曼、施坚雅、杜赞奇、黄宗智等，当代中国学者如吴毅、王铭铭、朱晓阳、阎云祥、赵旭东等，在中国村庄研究方面都有颇为深入的开拓。笔者在

2009年主编出版《中国村治模式实证研究丛书》(共16本),对当代中国11个省区的15个村庄作了深入实证调研,并以此为基础,提出并初步讨论了当前中国乡村治理区域差异问题。

总体来讲,当前已有村庄研究为深入理解中国农村区域差异提供了丰富的观点和资料,也提供了诸多视角。还有学者从村庄社会结构角度(主要是宗族组织发育状况)讨论了中国农村南北方的区域差异。这些研究为本研究提供了基础。

(一)区域研究的成果

从区域角度看,学界对村庄结构的研究成果十分丰富,这些往往以个案为基础的区域研究,不仅刻画了各区域村庄结构的特征,而且往往还对形成区域特征的原因进行了分析。以下分别讨论之。

1. 华南村庄研究

本文所指华南地区,主要包括福建、广东、江西、广西、海南等南方省份,以华南为代表的南方农村还包括皖南、浙西南、鄂东南、湘南等区域,这些南方地区农村的村庄结构与华南农村也相当接近。华南村庄研究中,内容最丰富也最值得注意的是对福建、江西和广东农村宗族的研究。较早的作品如林耀华研究福建宗族的《金翼——中国家族制度的社会学研究》(三联书店1989年版)和《义序的宗族研究》(三联书店2000年版),庄孔韶在林耀华研究的基础上调研撰写《银翅——中国的地方社会与文化变迁(1920~1990)》(三联书店2000年版)一书,美国学者葛学溥于20世纪早期在广东凤凰村调研并写作《华南农村生活——家族主义社会学》[①]。改革开放以后对华南宗族的研究,代表性人物如叶

---

① 周大鸣将该书译为《华南的乡村生活——广东凤凰村的家族主义社会学研究》(知识产权出版社,2006)。凤凰村的后续研究见周大鸣《凤凰村的变迁》,社会科学文献出版社,2007。

显恩对广东珠三角和安徽徽州宗族的研究，郑振满对福建明清家族组织的研究，钱杭、谢维扬对江西泰和县农村的研究①，等等。从现有研究成果来看，华南地区农村宗族组织大都比较发达，村庄结构的典型特征是聚族而居，血缘与地缘重合，宗族规范（族规家法）强大，以血缘关系为基础的宗族结构成为维系村庄秩序的基础。华南地区宗族组织发达的典型表现是具有完备的宗族四大要素，即祠堂、族谱、族长和族田。仅从族田来看，新中国成立前，华南农村族田所占比重甚大，这充分说明了宗族在维系村庄秩序方面的作用。据陈翰生等人1934年的调查，珠江三角洲地区族田占耕地总面积的比例普遍达到50%左右，甚至更多。沙田区的族田高达80%。据福建农民协会1950年对新中国成立前福建地区农村共有田的典型调查，闽北、闽西共有田占耕地总面积的50%以上，沿海各地占到20%~30%。② 广西族田额，据梁任葆估计，清季族田占耕地总面积的22.10%。③

以林耀华和葛学溥等人的研究为基础，英国人类学家弗里德曼写作了《中国东南的宗族组织》（上海人民出版社2000年版）等书，对中国东南地区尤其是福建、广东宗族性村庄的形成原因进行了高度概括的归纳，他认为，中国东南地区宗族发达的原因源自东南地区的三大特点：边陲状态、水利和稻作农业。在边陲的状态下，人们需要开发处女地和自卫，就需要组合成合作性的群体；稻作经济可以造成足够的农业剩余，农业剩余促进了共有地产的产生，共有地产的产生又有助于宗族社区的形成；此外，灌溉水利也

---

① 江西宗族村庄的研究，比较典型的有钱杭、谢维扬对江西泰和县农村的研究，见钱杭、谢维扬《传统与转型：江西泰和农村宗族形态》，上海社会科学院出版社，1995。
② 转引自刘军、王询《中国南方汉族居住区宗族聚居的地域差异》，《东北财经大学学报》2007年第2期。
③ 见李文治、江太新《中国宗法宗族制度和族田义庄》，社会科学文献出版社，2000，第193页。

是促成宗族形成的重要原因。①

2. 华北农村研究

以满铁调查资料为基础的海外中国研究最有成就，黄宗智和杜赞奇应是集大成者。黄宗智深入研究了华北地区生态环境、小农经济、国家与农民关系，他的研究具有强烈的区域意识。黄宗智认为，华北村庄相对封闭，自然村的宗族组织不突出②，村内街坊组成的共同体具有较大作用。华北以自耕农为主的商品化程度较低的特征，导致农民主要不是与地主打交道，而是因为赋税不得不通过村庄与国家打交道。正是在与国家打交道的过程中，华北村庄内形成了一个非正式的带有委员会制特点的"会首制度"③。李怀印在黄宗智研究的基础上，以华北获鹿县的档案资料为基础，更加详细地研究和证实了黄宗智的观点。④ 杜赞奇认为，与华南庞大、复杂、联合式的宗族相比，北方宗族既不拥有巨额族产，又缺乏强大的同族意识，但是，这并非意味着北方宗族就没有作用。在华北，"在与全体村民相关的村务（公共事务）中，为人所承认的最基本的参与单位是由同一宗族组成的门或派，由于其成员是同一祖先的后代，故具有血缘集团的性质。从这点出发，我认为，村落组织是由拥有共同祖先的血缘集团和经济上相互协作的家庭集团组成"⑤。

王先明也认为："华北平原地域辽阔，土地肥沃程度相差无几，出于劳动协作与共同防御贼匪的需要，人们往往聚居一处，形

---

① 参见王铭铭《社会人类学与中国研究》，三联书店，1997，第79页。
② 作为例证，可以看看华北宗族的族田：新中国成立前，华北宗族共有财产一般仅限于公共墓地、坟山，没有可用于耕作的族田及其他宗族共有财产。见刘军、王询《中国南北方汉族居住区宗族聚居的地域差异》，《东北财经大学学报》2007年第2期。
③ 参见黄宗智《华北的小农经济与社会变迁》，中华书局，2000，第64页；黄宗智：《长江三角洲小农家庭与乡村发展》，中华书局，2000，第156~157页。
④ 李怀印：《华北村治——晚清与民国时期的国家与社会》，中华书局，2008。
⑤ 参见杜赞奇《文化、权力与国家——1900~1942年的华北农村》，王福明译，江苏人民出版社，2004，第62~64页。

成较大的村落。村与村之间关系稀疏,相对闭塞。"①

研究还表明,华北地区,村庄内的土地买卖受到地方规范的严格限制②,这与长江流域的情形大为不同③。正是土地买卖受到限制,使华北村庄可以保持相当的稳定性。

从现有华北农村的研究成果看,新中国成立前,华北村庄社会结构有四个明显的特征:一是村庄相对封闭;二是自耕农占主导;三是村庄以多姓村为主且分裂为多个门派④,每个门派都有自己的代表人物(首事,或者称会首),这些代表人物组成的首事会决定村庄公共事务和协调对外事务,包括承担国家赋税任务;四是村庄具有较强的规范。

3. 长江流域农村研究

长江流域的研究可以分为长江下游的长江三角洲地区,中游的两湖平原,上游的川渝地区。

先看长江三角洲的研究。最早的经典研究应是费孝通的《江村经济》。费孝通在《江村经济》中提出了一个农民通过兼业来应对人多地少劳动力过剩的生计模式,而对村庄内的社会结构较少涉及。黄宗智在《长江三角洲小农家庭与乡村发展》一书中,利用

---

① 从翰香:《近代冀鲁豫乡村》,中国社会科学出版社,1995,第71页。
② 村庄成员尤其是宗族成员具有先买权,见黄宗智《华北的小农经济与社会变迁》,中华书局,2000。
③ 据我们在川西平原调查,新中国成立前,川西平原土地自由买卖,租佃也是完全市场化的,为了方便土地出租,川西平原的地主在自己土地旁修建茅房,一并将土地和茅屋租给佃户,一旦佃户无法交租,地主立即将土地和茅屋出租给其他租得起土地的佃户耕种。本次调查为2008年国庆由笔者带领10多位调查组成员同时在川西平原腹地的绵竹市五个村进行,调查报告汇编为《川西村治模式研究——以绵竹市调查为例》(未刊稿)。部分内容载入贺雪峰《村治的逻辑》一书附录。
④ 这里尤其要注意,在华北地区,即使是单姓村庄,也并非村庄就成为地缘与血缘的结合体,而往往在同姓中仍然分裂为多个不同的门派,这是完全不同于华南农村的。可以参看申端锋《小亲族简论》,载于《三农中国》总第5期,湖北人民出版社,2004。

满铁资料和实地调查成果,在费孝通相关研究的基础上,进一步深入阐明了中国农业内卷化的问题及乡村工业发展的意义。费、黄两人对长江三角洲的研究,一个有趣之处恰在于,他们揭示出长江三角洲地区频繁的土地流转,繁荣的商品生产,以及不在村地主与国家合力剥削在村农民的问题。在长江三角洲,村社组织十分微弱,农民很少与国家打交道,而且也事实上很少与不在村地主打交道,他们种地交租,一般拥有田面权,交租给拥有田底权的城居地主。村庄事务主要靠强有力的同族集团,但长江三角洲的同族集团与南方农村强宗大族完全不同,因为长江三角洲的农民居住往往相当分散。也就是说,黄宗智认为,长江三角洲地区的农村,既不存在如华南农村以地缘和血缘重合的大规模聚居,且往往拥有大量族田的强宗大族,也很少有华北农村强有力的门派组织。较高的生产力水平、相对稳定的生态条件、多样化的生态结构,使得高度市场化和田底权的高度流动性并未带来农村基层的高度不稳定,在基层社会,强有力的、人数很少的同族集团,成为农民主要的合作单位。因为村庄内生同族集团一般规模很小,且村庄分散,农民为了增强应对外来冲击的能力,往往要通过村内联姻增加自保的能力,或通过认干亲、加入义缘团体来寻求保护。无论是村内联姻、认干亲还是参加义缘团体,都可能进一步切割村庄内的宗族血缘联系。

施坚雅研究的四川成都平原的情形与长江三角洲十分相似。施坚雅认为,在成都平原,农民并不是生活在村庄中,而是生活在基层市场圈内,一级一级的市场构成了理解中国社会结构的秘密。他认为,成都农民高度面向市场而生产,土地快速流动,农民在农闲时几乎天天到集镇闲逛。基层市场不仅构成了农民的生产和生活场所,而且与通婚圈高度重合。成都平原村庄边界高度开放且不稳定。成都平原所形成的以基层市场为基础而非以村庄边界为基础的基层治理结构,导致村民无法通过稳定的血缘关系与地缘关系的重合来形成强有力的合作与互惠网络。为了获得有力的救助网络,农民就不得不求助于哥老会等帮会组织,求助于结拜兄弟等义缘组织的力量。

长江中游地区,如两湖地区、江西北部、安徽中部,因为长江季节性泛滥,这些地区存在高度的生态不稳定性。据杨国安的研究,"就明清时期两湖地区村落的总体布局而论,从目前掌握的资料来看,散居的形式远较聚居为多。也就是说,散居是一种常态,而聚居倒是一种变态"。正是因此,"两湖地区宗族组织在时段发展上呈现出较江西和华南稍微'延后'的局面,两湖地区宗族组织的规模化、制度化、组织化的局面更多出现在清代中后期",而且"两湖地区宗族组织化的程度参差不齐,概而言之,两湖地区宗族势力较盛的地区多半靠近江西"①。

从地理上看,长江流域正是中国的中部地区。从已有研究看,长江流域村庄在结构上的明显特征有三:一是散居为主;二是宗族组织规模小且弱;三是农村市场化程度高,村庄规范薄弱。

如果将长江流域作为中部农村地区来对待,我们就可以将中国农村划分为以华南为代表的南方地区、以华北为代表的北方地区和以长江流域为代表的中部地区这三大区域。从上述研究可以看出,这三大区域的村庄社会结构差异颇大,或者说,从村庄社会结构角度看,可以将中国农村划分为南中北三大区域。从村庄社会结构角度来研究中国农村区域差异,是一个好的视角。

需要说明的是,中国农村地域广大,除以上三大区域以外,还有其他的农村区域及类型,其中有些区域类型可以归并到以上三大区域中。即使是以上三大区域中的每一个区域内部,也是地域极其广大,情况十分复杂,地域内存在中心与边缘的差异,不平衡。此

---

① 杨国安:《明清两湖地区基层组织与乡村社会研究》,武汉大学出版社,2004,第32、264~265页。

外,一般来讲,边疆地区的情况往往十分特殊,难以简单归类,本项研究不包括边疆地区。

(二) 区域比较研究

我们再来看已有的区域比较研究。目前国内学界缺少区域比较研究的视野,其中费孝通是通过类型学研究取代了区域比较研究。

目前国内学界关于区域比较的研究,多是泛泛比较南北农村的差异。如冯尔康对南北方农村宗族的比较。冯尔康认为,就清代宗族活动而言,"南北方表现形式颇有不同,南方似乎更规范一些,在一定意义上讲南方宗族活动盛于北方"。冯尔康分析南方宗族活动盛于北方的原因时,特别提出了三点原因:第一,从历史上看,南方多北方移民,土客籍矛盾大,双方为生存发展,都需要团结宗族,共同奋斗;第二,从政治上看,除明朝初年极其短暂的时期以外,中国的政治中心都在中原北方,南方人要想在朝中占据显要位置,利用宗族资源,加强宗族建设,以集体的力量培养家族人才也不失为一条途径;第三,从经济上看,南方商品经济发达,商人仍要借助宗族组织开展商业活动等。①

冯尔康的分析与前述弗里德曼的分析几乎是异曲同工。无论是弗里德曼还是冯尔康,都是以二手资料进行的理论推断。真正有实地调查经验,且有敏锐区域比较意识的应是黄宗智。他主要从生态条件、土地制度和商品化程度等方面讨论了华北地区和长江三角洲地区农村的差异,他在比较中,给人以深刻印象的是引入生态环境这一关键概念的讨论。② 黄宗智还比较了华北与成都平原村庄结构的差异。③

---

① 冯尔康:《18世纪以来中国家族的现代转向》,上海人民出版社,2005,第76~82页。
② 黄宗智:《长江三角洲小农家庭与乡村发展》,中华书局,2000,第39~41页。
③ 黄宗智:《华北的小农经济与社会变迁》,中华书局,2000,第63页。

还有一篇颇为有趣的研究论文是东北财经大学王询所作。他在题为《中国南北方汉族聚居区宗族聚居差异的原因》一文中，系统分析了南方农村和北方农村宗族差异的三大原因，分别是：人口迁移，人口定居后的同族集聚，国家政权组织与宗族的关系。虽然王询的大多数观点已有论述（比如弗里德曼等），但王询的讨论不仅比较系统，而且在国家政权与宗族发展关系上的论证颇有新意。后面我们将进一步讨论。

（三）小结

当前学界对各区域农村村庄结构有了比较深入的研究，清晰地认识到中国不同区域村庄社会结构的差异，并提出了比较全面深入的关于村庄结构区域差异的解释，但是，总体来说，学界对村庄结构区域差异的研究，多是泛泛而论，缺少深入的比较研究，也缺少更加宏观和系统的理论概括。在已有研究中，南北方的所指大多暧昧，且缺少中部地区的概念。

结合笔者的调查和学界已有研究成果，可以得到以下关于中国农村不同区域村庄结构的图示（见表1）。

表1 中国农村不同区域村庄结构

区域	居住形态	开放性	血缘组织	地方性规范	村庄结构
华南地区	聚居为主	封闭	多强宗大族	强	团结型
长江流域	散居为主	开放	小的同族集团	弱	分散型
华北地区	聚居为主	封闭	小的血缘集团	强	分裂型

二 村庄结构的区域差异及其成因

中国不同区域村庄结构差异明显，从而形成了村庄类型的区域差异。当前中国村庄社会结构的区域差异是如何形成的？

在《村治的逻辑》①一书中，笔者曾试图构建一个中国传统社会结构中的双层认同与行动单位的模型。笔者认为，中国特殊的文化、地理、种植结构和气候条件等，使得中国基层治理中一直存在一个超出家庭的强有力的血缘单位，具有代表性的就是宗族，正是宗族这一聚族而居形成的血缘与地缘共同体成为农村基层治理的基本单位。进入20世纪，革命运动和市场经济的冲击，使得中国不同地区的基层社会结构受到了不同程度的影响。依宗族血缘关系受影响的程度，可以分为三种情况。一是虽然受到影响，但宗族认同仍然存在，宗族仍具有一定认同和行动能力，在村庄内，农民既受家庭结构的影响，又受到宗族认同的影响，从而形成了双重的认同与行动逻辑，这就是当前中国南方宗族农村的情况。二是宗族血缘关系受到较大冲击而断裂为若干碎片，其中有些碎片较大，比如五服以内的血缘认同与行动单位，典型如华北农村普遍存在的小亲族，还有一些碎片较小，如仅兄弟、堂兄弟关系才具有认同与行动能力，甚至仅仅兄弟之间才比较亲密。这样一来，在血缘与地缘重合基础上的村庄内部，因为宗族血缘关系的断裂，村庄内形成了若干互不隶属的门派，也就是说，村庄结构是分裂的，这与宗族村庄已大为不同，典型地区是华北农村。三是血缘关系断裂得比较彻底，以至于任何超出家庭的血缘关系都不再具有行动能力，兄弟关系也已经现代化了，这样的地区就不再存在超出家庭的认同与行动单位，农民原子化程度很高，这样的村庄就成为原子化的村庄，典型地区如两湖平原。

从逻辑上讲，以上建构并非没有道理，问题是，不同地区的历史与地理条件差异很大，在现代性因素冲击之前的农村基层治理结构中，不同地区的情况就是千差万别。往往正是这种差异，而使现代性的冲击一回应有了差异。当前中国不同区域村庄结构

---

① 贺雪峰：《村治的逻辑——农民行动单位的视角》，中国社会科学出版社，2008。

的差异，不仅仅是现代性冲击程度不同和方式不同的结果，而且被其本来就存在的差异所决定。不具体分析不同区域农村的历史地理条件，我们很难真正深入理解中国农村区域差异的复杂性及其内在机制。

在具体展开分析之前，我们可以再回到弗里德曼在《中国东南的宗族组织》一书中的观点。弗里德曼认为，中国东南宗族的发展与边陲地带、灌溉农业这两个因素有最为密切的关系。边陲地带的意思是中央权力难以深度介入、地方自治变得重要，以宗族为基础的地方自治单位通过族内团结、族外联宗、远交近攻，来维持地方基本的秩序。灌溉农业对水利的需要进一步强化了对基层合作能力的需要，同时灌溉农业高产出也为宗族自治提供了经济基础。

循弗里德曼的研究路数，王询讨论了中国南北方汉族聚居区宗族聚居差异的原因，如前所述，王询主要从人口迁移、人口定居后的同族集聚和国家政权组织与宗族的关系三个方面讨论了南北方宗族差异的原因。具体地，王询认为，在一个地域内，现有人口的始迁祖迁入该地的时间越早，则该地宗族聚居之势越强，反之亦然。从各大区现有人口聚居格局形成时间看，大体说来，南方早于北方，从而决定了中国近现代宗族聚居南盛于北的格局；从定居后的同族集聚情况看，北方的旱作农业和南方的灌溉农业对合作需求程度不同，面对外部冲突的背景不同，经济实力、组织力量和意识形态不同，导致宗族聚居强弱存在差异；从国家政权组织方面看，距政治中心越近，国家政权组织对社会的控制力越强，控制成本越低，越能进行有效控制。北方一直是中国的政治中心，华北地区宗族势力缺少自由发育的空间。"在中国的南北方之间，由于距国家政治中心的距离和原有宗族聚居程度和宗族势力强弱不同，国家在实际上采取了不同的控制方式，不同的控制方式又对宗族的发展产生了反馈作用，进一步强化了南北方宗族聚居格局和宗族势力的差异。"①

从宗族本身的发育来看，宗族应该是宋明以来的新发明，宋以前的宗族一般指世家大族，到了宋代后期，经宋儒倡导，一般庶民建祠堂、修族谱、建祖先牌位和祭祖等不仅被允许，而且被国家有意提倡，到了明清两代，宗族已成为地方社会中的主要自治力量。②

从中国不同区域来看，因为移民时期、开发早晚、开发方式、种植结构、生产力发展水平、生态环境、与政权中心距离远近等存在差异，而使不同区域村庄结构包括宗族组织发展情况的差异颇大。不首先从生态上，然后从历史上进行讨论，我们将无法理解中国农村的区域差异。

以下，笔者主要从生态和历史两个层面讨论中国目前村庄结构形成的区域条件，并以此为基础，讨论当前中国村庄结构区域差异的成因。

（一）生态的区域差异

中国地理上划分南北的分界线是秦岭-淮河线，这条线是我国东部暖温带与亚热带、半湿润区与湿润区的分界线，在此线南北水热条件差异显著，农业生产在此线南北也是截然不同：线北的北方地区，以旱地耕作为主，发展了一整套旱地农业的生产经营制度；线南的南方地区，基本以灌溉农业为主。下面我们分别来看不同区域的地理和生态。

1. 华北地区

从地理和生态上看，华北地区有三个重要特点：一是黄土地，二是大平原，三是半干旱气候。黄土地的最大特点是容易开发，

---

① 王询：《中国南北方汉族聚居区宗族聚居差异的原因》，《财经问题研究》2007年第11期。
② 具体讨论可参见曹锦清《宋以来的乡村组织建设》，《三农中国》2006年第3期。

土地易耕，杂草易除，作物易成活，且土地黏性较小，交通运输方便，黄河流域因此成为中华文明的发祥地。第二个特点是大平原。千里平原，一方面，使得华北地区文化交流便利，语言相对统一；另一方面，一旦发生战乱等天灾人祸，因为无险可守，由战乱而饥荒，整个华北地区都容易受到严重影响。第三个重要特点是半干旱气候。半干旱意味着灌溉农业难以发展起来，旱作物产量较低。此外，华北地区旱灾频繁，生态不稳定，黄河和淮海经常泛滥。

据黄宗智的说法，华北平原河流少，地下水位深，水井不像南方那样随处可打，散居不利于到定点的水井打水，聚居则可以缩短取水距离，减少取水劳动量。华北农村重视水源选择，凡聚落之中心，往往也是一个村庄的井泉所在。①

华北地区因为易于开发，又是大平原，在生产力条件具备的情况下，华北的开发就会十分迅速，人口繁衍速度很快。华北地区容易发生战乱，战乱导致华北地区多次出现大规模人口灭绝，然后移民再开发。因为土地是熟土且容易开发，外来移民快速繁衍，很快就形成密集人口，人地关系变得紧张。而恰恰由于华北平原易开发，到清代以后，华北地区野生资源逐步减少，一旦出现天灾人祸，就很少有缓冲余地。②

2. 华南地区

江西、福建、广东、广西、湘南等南方地区农村以山地为主，丘陵为辅，平原甚少，地表起伏。小块盆地和山区小水源水稻耕作

---

① 黄宗智：《华北的小农经济与社会变迁》，中华书局，2000。
② 相反，在长江流域和华南农村，因为有山有水，遇到灾荒，当地居民总是可以想办法度过饥荒。比如清宣统二年石印的《湖南乡土地理参考书》对两湖区水灾与渔业的关系曾有过这样的总结："滨湖水滋稼败，而鱼虾聚焉；若水旱不侵，年谷顺成，则鱼惰至。"大水灾后，农民"或采菱、芦、藕以谋生"，"或收鱼、虾、鳖，介以给食"。转引自夏明方《近代中国粮食生产与气候波动》，《社会科学战线》1998年第4期。

环境，都极为有利于强宗大族的发展。① 从气候上讲，南方农村雨热同期，适合灌溉农业的发展。但在生产力不够发达的情况下，除草是一个严重问题，杂草往往比禾苗更有生长力，除非投入大量劳力锄草，水稻或者其他作物很难获得收成。仅仅是在明朝末年，来自南美的土豆、红薯、玉米等作物引进之后，这些作物才具有了超过杂草的生命力，而可以在与杂草竞争阳光与肥源上取胜。这些作物的引进使得南方山地得到充分的开发。

也是因为南方以山地为主，农业开发难度大，交通不便利，文化差异较大，语言繁杂。

3. 长江流域

(1) 长江上游。长江上游是位于内陆的一个相对封闭的区域，按一般地理特征可以分为两大部分：东部为四川盆地，西部属青藏高原。西部地势高耸、气候严寒、人口稀疏，不是本文讨论的重点地区。东部则是平原或丘陵、气候温和、人口稠密、垦殖指数高。② 东部核心区是川西平原（即成都平原），因为战国时期都江堰的修建，川西平原成为中国最好的自流灌溉地区之一。川西平原地形平坦、土地肥沃、生态稳定，从而使川西平原成为西南地区最为重要的农业经济区。

(2) 长江中下游。长江出三峡后自宜昌进入中游冲积平原，河床比降锐减，河道迂回曲折，湖北枝江至湖南城陵矶一段（称为荆江）尤为曲折。由于水流缓，泥沙沉积旺盛，荆江河面高出地面，成为"地上河"，每到汛期，洪水高出平地 10～14 米，极易溃堤成灾。因此，长江中游多洪水，1949 年前的 2000 多年发生较大洪水 200 多次。尤其是明清时期，由于不断围垦，把洪水大部

---

① 见曾祥伟《从多姓村到单姓村：东南宗族社会的生存策略》，《客家研究辑刊》2005 年第 2 期。
② 王笛：《跨出封闭的世界——长江上游区域社会研究（1644～1911）》，中华书局，2001，第 14 页。

逼入主泓，加大堤防压力，导致荆江两岸在清代后期几乎无年无灾。因为长江中游水患，致使直到明末，两湖地区人口并不密集。明清时期，两湖地区皆属于移民型社会（江西填湖广）。

（3）长江中下游。长江中下游地区地势低平，湖泊密布，河渠稠密，水田连片，流域最具有生产力的地区都集中在长江冲积形成的河网平原地带，这些河网平原地带既具有发展灌溉农业的极大便利，也具有相当高的生产能力。长江周期性的泛滥，以及非周期性的洪涝灾害，使得半耕半渔式的生产方式成为长江中下游地区农业生产的重要特征。江汉平原腹地的沔阳民谣称，"沙湖沔阳州，十年九不收；若得一年收，狗子不吃糯米粥"，生动表现了长江中游地区水患多但土地肥沃的现实。水网密布，生态不稳定，加之长江流域土壤黏性大，交通道路网难以建立，农户不得不依山傍水而居，"房屋相互隔离，或三五成群，形成稀疏的小村落，这种散漫型的村落形态我们称之为散村"①。

4. 南中北方农村生态的比较

从以上所论可以看到，华北、华南和长江流域在生态上有如下差异：

第一，种植结构上，华北多种植产量较低的旱作物，而华南和长江流域多种植高产水稻。长江流域还是湖泊密布的地域，渔业是重要产业。

第二，从居住形态上看，华北和华南多聚居，长江流域多散居。

第三，从生态多样性上看，华北地区缺少应对天灾人祸的自然缓冲，人地关系紧张，生态结构单一且脆弱，华南农村和长江流域具有较强的生态多样性，从而有较强的应对天灾人祸的自然缓冲。正如黄宗智所说，长江三角洲远较华北平原肥沃，当农民遇到困

---

① 杨国安：《明清两湖地区基层组织与乡村社会研究》，武汉大学出版社，2004，第29页。

难,他们可以比较容易地通过自己的勤快和节俭,恢复到之前的生活水平,也是因此,长江三角洲的小农家庭可以保持相当的稳定,而华北农村,一年灾害,三年负债,两年灾害,终生穷苦。①

第四,从生态稳定性上看,华南生态稳定性较好,华北和长江中下游的生态稳定性均较差,其中华北最大的天灾是旱灾,长江流域最大的天灾是洪水泛滥,因为长江流域最具有生产力的地区是长江中下游冲积平原,这些地区恰恰最容易遭受洪水冲击。

第五,从开发难度来讲,华北开发最容易,难度最低,华南地区和长江流域(尤其是长江中游地区)开发难度比较大,开发较晚且相对缓慢。长江流域和华南农村广大的未开发水面和山地,不仅使农民有了应对灾荒的回旋余地,而且随着生产力的进步、优良作物的引进与改良,农民可以向水面和山地争粮食。正是因此,当南方小平原建立的宗族群体人满为患时,当地居民就可以向水面和山地迁移,形成新的宗族组织。

第六,从战乱扩散难易来看,华北地区最容易受到战乱影响,长江流域因为地处中国中部,也容易受到战争影响,华南偏于一隅,且多山水阻隔,战乱较少且战乱不容易扩散。

第七,从文化传播角度看,华北交通方便,文化统一程度高,语言相对单一。华南因为多山多水,文化传播比较困难,语言繁杂。长江流域因为地处中部,是文化交流的枢纽,因此相对包容和多样化。

(二)村庄历史的区域差异

几乎所有研究中国农村区域差异的学者都注意到了南北方村庄结构存在的巨大差异,其中的关键是华南普遍存在宗族结构,而华北宗族结构力量薄弱。造成宗族南北差异的重要原因与目前居住人

---

① 黄宗智:《长江三角洲小农家庭与乡村发展》,中华书局,2000,第163~165页。

口形成时间有密切关系。正如王询所注意到的,"在一个地域内,现有人口的始迁祖迁入该地的时间越早。则该地宗族聚居之势越强"。① 当前中国不同地区农村目前主流居住人口及村落建成时间,大致是华南(宋代)、华东(宋代)、西北(宋元)、华北(明代)、华中(明清)、西南(清代)、东北(清末),其中华东地区在太平天国时期发生大量人口损失,出现了局部移民。

要正确理解现居人口和现有村庄建成时间早晚对村庄结构的影响,要特别注意两点:一是从始迁祖迁入到村庄成型需要时间,二是20世纪革命到来之前村庄既有格局状况。在面对革命冲击时村庄既有结构是十分关键的。我们假定在20世纪革命前均为传统时代,在传统时代,村庄是按照传统逻辑正常成长的。

1. 华南农村

我们以华南农村为例,来讨论村庄成长的逻辑。

虽然生态条件有差异,但自宋元以来,汉人聚居区的宗族组织普遍得到发展。自宋元开始,华南农村约有一千年相对稳定的农村发展史,这一千年既是村庄成长史,往往也是宗族发展史。在华南农村发展史上,先是北方汉人移居华南,或新辟田地,或借居土著。在汉人移居华南时,华南仍未得到充分开发,人口稀少,生产力水平较低,甚至到了宋代,华南的广东、福建还是流放失意政客的未开化地区。在华南地区还有大量未被开发的土地,尤其是有大量丘陵和山地未被开发。随着人口繁衍和生产力发展,村民就地平面扩展,比如由平原到丘陵到山区的拓展。因为人口增加,人地关系变得更加紧张,村民之间的关系变得更为紧张,血缘基础上的宗族内部更加紧密,宗族之间的竞争更加激烈。经过一千年的成长和消化,华南地区地缘与血缘相结合的宗族得到充分发育,小的宗族

---

① 王询:《中国南北方汉族聚居区宗族聚居差异的原因》,《财经问题研究》2007年第11期。

难以生存，或者附籍（依附性宗族），或者搬迁，形成宗族聚集，大量单姓宗族村落出现。宗族远交近攻的结果是，形成了相当大区域的宗族连片。宗族之间的激烈竞争，导致宗族内部的高度凝聚与整合，地缘与血缘关系融为一体，宗族规范发展成熟，宗族具有极强的行动能力，宗族规范高度内化于其成员血脉之中。也就是说，经过长期的发育，在华南农村出现了宗族结构与宗族规范的高度统一，宗族组织与宗族意识的高度统一。华南农村，不仅具有大量强宗大族，宗族占有大量族田，有完善族谱，有高大宗祠，而且形成了完善的宗族文化，宗族意识已经融于每个人的血脉之中。在这种强大宗族文化和宗族意识中成长起来的每个人都在自己生命中融入了宗族的因子。结构与规范高度结合的华南宗族农村在面对20世纪革命冲击时，就可以表现得相当顽强。

2. 华北农村

相对来讲，华北地区的村庄大多起始于明初山西移民，真正形成村庄应在一百年后，即在明朝中期，成型的村庄历史有五百多年。华北地区现居民是在熟土开发，又是在距离中央政权不远处发展，华北村庄的发育史中，绝少宗族之间血腥斗争及由此产生单姓村基础上的强宗大族，反而是在绝大多数村庄都形成了多姓聚居格局，从而在华北地区形成了以地缘关系为主的聚居结构。华北地区的血缘基础上的家族结构是依附于地缘关系并且是在地缘之内发挥作用的，或者说，华北地区形成小规模血缘关系基础上的村庄结构，村庄内有多元力量并存，村庄之间缺少如华南农村那样的因为激烈竞争与远交近攻所导致的宗族依附、合并和联宗。

华北地区多姓村是主导的村庄结构，村庄与村庄之间相对封闭。又因为华北地区是熟土开发，开发容易，人口繁衍和村庄增长很快，又缺少平面拓展的空间（无法由平原到丘陵再到山地或水面开发），人口繁衍和村庄增长很快即到极限，人地关系变得紧张。熟土开发容易且彻底，从而使得华北地区环境条件脆弱，缺少生态多样性。如果出现天灾人祸，农民缺少自然的缓冲（野生动植物少），村庄内部必须形成强有力的地方规范来应对人地关系紧张所必然产生的种种治理难题。比如为对付破产的边缘农民，村庄发展出具有一定道义色彩的拾穗权①；20世纪初华北农村青苗会的看青人往往是本村贫民无赖，甚至惯偷。任命这样的人看青，既是为了防止他人偷窃，又是为了使他不重演故伎。② 土地买卖中，本村人尤其是族人具有先买权。③ 李怀印通过对河北获鹿县档案的研究，发现至20世纪20年代，地方惯例仍然具有极大的效力，为当地所有农民认同，甚至成为地方官员庭审的依凭。④ 在华北农村，内生地方性规范，恰又由在村庄内充分发育具有明显功能倾向的血缘组织来助力，这个功能性血缘组织主要是五服内的血缘关系群体。五服与丧葬有密切关系，丧葬是传统时代农民家庭最为重大的事务，是需要社会帮助的事务。五服是中国传统儒家文化中最为重要的亲密血缘关系。或者说，在华北村庄内，功能性的血缘小团体成为村庄内生规范的组织基础。

总之，到了20世纪革命来临时，经过足够充分的发育，在华北农村可以看到的村庄结构情形是：华北农村多为多姓村，缺少强宗大族；村庄相对封闭；村庄内部合作的组织基础是五服内血缘小集团；在血缘小集团基础上，村庄形成了强大的内生规范，以应对人口繁衍所导致的人地关系紧张局面和层出不穷的棘手问题。

这样来说，华北农村也是正常成长的村庄，因为村庄经过充分发育，形成了村庄结构与规范之间的有效匹配，或者说在村庄结构

---

① 允许农民割高粱叶，见黄宗智《华北的小农经济与社会变迁》，中华书局，2000。
② 杜赞奇：《文化、权力与国家——1900~1942年的华北农村》，王福明译，江苏人民出版社，2004，第143页。
③ 关于华北地区土地买卖中的族人先买权的讨论，可以参看黄宗智《华北的小农经济与社会变迁》，中华书局，2000，第270~276页。
④ 李怀印：《华北村治》，中华书局，2008。参见全书，尤其是第四章。

与村庄规范之间经过了相互塑造和相互强化。

显然，华北与华南形成了相当不同的村庄结构与地方规范的匹配形式，即华南主要是通过血缘与地缘的重合来强化血缘基础上的地缘关系，从而形成了华南普遍的强宗大族，华南宗族有大量族产，有广泛联宗，有高大宗祠，这些都是华北所罕见。注意，因为结构与规范的相互塑造和强化，华南宗族不只是功能性的组织，而且具有宗教性的价值，具有强大的价值支撑。造成华北农村与华南农村村庄结构以上差异的原因恰在于：华北是在熟土开发，种植旱作物，距中央权力近，而华南多处女地开发，开发空间大，种植水稻作物，且距离中央权力较远。华北和华南形成村庄的时间也有一定差异。

3. 长江中游：两湖地区农村

两湖地区也是移民社会，两湖地区与华北和华南的重大差异在于其生态的多样性和不稳定，从而在两湖地区形成了以散居为特征的居住结构。

一方面是因为两湖地区生态不稳定（周期性的洪水泛滥和非周期的严重水旱灾害），另一方面是因为两湖地区是宋元明代的主战场，战争导致人口大量耗损，从而在明朝初年，两湖地区人口稀疏，出现了"江西填湖广"。目前两湖地区的居民多是在明代以后移居形成的。直至明代中后期，张居正主持修建长江大堤，两湖地区周期性洪水泛滥才有所减弱，长江中游地区的生态稳定性才有所增强。明清时期，长江中游开发进入高潮，农业开发不断由丘陵、平原向山区和湖区推进。① 杨国安据此认为："两湖地区作为移民型社会，而且以农耕为主，在明清时期尚属于正在崛起的新经济区。"②

与华北地区不同的是，两湖地区现居民从外地移居过来时，两

---

① 林济：《长江流域的宗族与宗族生活》，湖北教育出版社，2004，第11、135页。
② 杨国安：《明清两湖地区基层组织与乡村社会研究》，武汉大学出版社，2004，第294页。

湖地区远不如华北地区那样已被充分开发，而是生态甚不稳定且具有多样性的地区。两湖地区的开发远较华北困难，因此，两湖地区人口增长速度较慢，人地关系远没有华北紧张。直至20世纪革命来袭时，两湖地区仍然具有很强的生态多样性，且开发程度比较低，两湖地区农民因此具有远比华北农民多得多的从未被开发自然中谋生自救的手段，居民依据个人理性进行选择的空间甚大。两湖地区也就没有必要通过形成强有力的地方性规范来建立内部合作以应对变故。

这样一来，在长江中游的两湖地区，不仅村庄多是散居，而且村庄规范比较弱，在散居的村庄结构与薄弱的村庄规范之间，没有形成如华南农村和华北农村均已经形成的村庄结构与地方规范之间的相互塑造和相互强化。

也许，随着时间的推移，在人口繁衍导致人地关系紧张的严酷背景下，经过充分成长发育，两湖地区终究可以形成村庄结构与规范的相互塑造与强化。但直至20世纪革命来袭时，总体来讲，两湖地区仍未形成这种强化。有趣的倒是，到清末民初，因为国家的衰弱、基层的混乱，宗族被作为一种重要的统治手段被国家所要求，从而使得功能性的宗族组织得以在两湖地区快速发育。宗族具有执法权，使得宗族成为维持内部团结合作、保护内部利益的手段，也因此可能成为豪强用于维护阶级利益的工具。[①] 这种宗族组

[①] 杨国安意识到了两湖地区宗族的这个特点。他说，两湖地区大规模、制度化、组织化的宗族重建活动多集中于清代中后期，并专门用注释说明，宗族按实际功能和社会作用的不同，可以分为文化层面上的宗族和制度层面上的宗族，这很重要。不过，杨国安忽视了两湖地区宗族制度化过程中，因为缺乏制度与文化之间的相互激化，两湖地区制度化起来的宗族往往缺少文化的支撑，缺乏强有力的宗族规范的支撑，缺少价值的支撑。这是长江中游宗族与华南宗族的重大差异。另外，两湖地区也是差异很大的地区，其中相当部分地区直至民国初年才开始形成制度化的宗族组织，也正是因为两湖地区宗族制度化太晚，一旦宗族遇到20世纪的革命，两湖地区的宗族很快就瓦解掉了。参见杨国安《明清两湖地区基层组织与乡村社会研究》，武汉大学出版社，2004，第263页。

织与华南地区的差异有三：一是缺少宗族财产；二是缺少宗族的价值认同；三是缺少村庄结构力量的支持。

或者说，两湖地区的人地关系状况和生态条件，使得居民缺乏相互协作的压力和动力，村庄内生规范没有得到环境强有力的激发，人们生活在一个相对自由的环境之中，各自靠个人力量来应对环境。直到20世纪革命冲击来袭时，两湖地区的大部分农村，村庄结构和村庄规范都没有形成强有力的匹配（相对华南就更加清楚了）。两湖地区每个个体的理性就被充分调动起来，没有经过与村庄结构相互强化从而没有真正深入居民价值世界的村庄规范很快就被现代性冲垮，村庄很快就变得原子化了。这就是一旦革命来袭时，两湖地区看起来强大的宗族很快就灰飞烟灭的原因。

4. 长江上游及西南地区

西南的情形与两湖十分类似，一是村庄历史很短，二是仍然具有相当的生态多样性。四川现居人口基本上是在清初移民而来，所谓"湖广填四川"，外来移民先平原再丘陵再山区，直到晚清，四川人口才开始向边远的云贵移民。

在四川核心区的川西平原，因为都江堰的功劳，川西平原生态稳定，经济发展，总体来讲，人地关系并不紧张。商品经济发达且租佃经济发达，从而在川西平原形成了以集镇为中心的散居社区结构。

也就是说，在川渝地区，当20世纪革命来袭时，散居的村庄结构与薄弱的村庄规范并存，村庄结构没有与村庄规范之间形成强有力的相互塑造、相互强化，更没有形成相互匹配。当地农民十分理性地决策和行动，以各自应对事变。农民建立在村庄层面甚至更小范围的合作甚少。川渝地区没有获得足够在传统中发育村庄结构的机会。

西南地区的云贵汉人聚居农村，因为开发时间更短，村庄结构与规范就更加没有形成有效匹配。

5. 长江下游

长江下游的长江三角洲地区，有四个因素使得长三角与华南农村（以及华北农村）有很大的差异。一是长三角开发很早，生态稳定，且土地肥沃，灌溉方便，从而使得长三角早在隋唐时期就成为中国经济的重心，京杭大运河就是要从以长江三角洲为核心的江南地区调运粮食，以养活北方的政治重心。南宋开始有"湖苏熟，天下足"的民谚。因为是中国经济的重心所在，长江三角洲地区的国家在场就远多于华南地区。华南地区依靠远交近攻来形成强宗大族的条件在长江三角洲并不存在。长江三角洲地区的宗族组织之间发生械斗的可能性远少于华南地区。二是长三角地区河网纵横，土壤黏性很大，大多种植水稻，为了取水、运输和耕作的方便，村居大多沿河而筑，村民居住分散，村庄往往由小而分散的同族集团构成，缺少大规模集中居住的村庄。这与长江中游的两湖地区几无差异。三是太平天国时期，长江三角洲成为主战场，人口遭到极大的损耗，经过大约 50 年不间断地从周边地区移民，到了 19 世纪末，长三角地区才再次恢复了人口平衡。四是相对于华北生态的脆弱，长三角一直保持了生态的多样性，面临天灾人祸，居民有办法通过个体努力从自然中获取生存资源，从而就减少了对合作的需要。

以上四个原因，使得长江三角洲地区在进入 20 世纪时，村庄内并未形成强有力的结构与规范之间的相互强化和严密匹配。

6. 东北地区

东北地区的状况与西南相同，而程度更深，因为移民历史更短。甚至东北大部分村庄还没有得到传统发育的机会，即不得不面对 20 世纪的革命。

7. 中部农村含义及其扩展

以上讨论的长江流域，无论是上游的川渝，还是中游的两湖，抑或下游的长三角，其村庄结构十分相似，表现在居住结构上以散居为主，种植结构上以种植高产量的水稻为主，长江流域的生态多样性使居民更容易通过个人努力向自然获取生存资源,长江流域因为天灾人祸而屡屡出现严重人口耗损,使得当前长江流域居民多是最近数百年移民而成,这些方面的原因累加起来,就使得长江流域直至20世纪革命来袭之前,因为居民缺少进行合作的压力与动力,村庄未因为严酷的环境压力而生成强大的内生地方性规范,村庄结构与村庄规范之间也未能相互强化和激化,更没有形成相互之间的严密匹配。散居和村庄规范薄弱,成为长江流域村庄社会结构的显著特征。这两个特征使得长江流域农村与华南和华北农村区分开来。长江流域位于中国中部,因此可以称为中部地区。①

需要特别说明的是,中国西南汉族地区和东北地区因为开发比较晚,村庄正在形成过程中,即遭遇20世纪的革命运动,而使西南汉族地区和东北地区的村庄结构与长江流域极其相似,都是分散型的村庄结构,且村庄规范较弱。为了更加方便地理解中国农村区域差异,我们有时依村庄结构的特征将西南汉族聚居区和东北农村划归到中部地区来理解。

(三) 小结

以上关于北方、南方和中部地区生态环境与村庄历史的差异可概括如下(见表2)。

---

① 叶显恩曾经以徽州存在大量单姓村宗族为例,认为长江流域的宗族聚居不但远胜于北方社会,而且也优于宗族势力同样强大的珠江三角洲地区,因为在珠江三角洲地区,单姓村落并不多见,宗族聚居并不发达。见叶显恩《徽州和珠江三角洲宗法制度比较研究》,《中国经济史研究》1996年第4期。转引自林济《长江流域的宗族与宗族生活》,湖北教育出版社,2004,第6页。这里有两个问题需要辨析。一是徽州在长江流域是一般还是特殊。徽州是山区,与长江流域中占主导地区的冲积平原地区在生态上有极大的差异,有时甚至是截然相反,因此不能以徽州代表长江流域。二是华南农村的主导地区并非珠三角地区,尤其不是围垦沙田的地区,而是大量的丘陵和山区地带。珠三角地区单姓村不多见,并不是华南单姓村不多见。在华南地区,单姓村及强宗大族是十分常见的。

表2 中国不同地区的生态环境与村庄历史

区域	省份		种植结构	地理条件	生态多样性	现居人口形成时期	村庄形态
华南农村*	赣闽粤桂琼		灌溉农业	多山区丘陵	中等	宋代	聚居为主
西北农村	晋陕甘		旱作农业	多平原	低	宋元	聚居为主
华北农村**	冀鲁豫		旱作农业	多平原	低	明代	聚居为主
长江流域	上游	川渝	灌溉农业	地形复杂	中等	清初	散居为主
	中游	鄂湘皖	灌溉农业	平原丘陵	较高	明清	散居为主
	下游	苏浙	灌溉农业	平原丘陵	较高	宋代	散居为主
西南地区	云贵		灌溉农业	多山区	高	清代	散居为主
东北地区	黑吉辽		兼有	平原丘陵	高	清末	散居为主

* 华南农村包括湘南、浙东、皖南、鄂东南部分地区在内。
** 华北农村包括皖北、苏北地区。

三 村庄结构的定型

20世纪革命来袭之前,全国不同地区村庄结构差异很大,从而使得这些不同结构的村庄在面对革命时会有相当不同的应对方式。从上述讨论来看,在进入20世纪之前,中国南中北方已经形成了差异极大的村庄结构形态。

到了明清时期,以华南为代表的南方地区,地缘与血缘高度结合,村庄结构与宗族规范完善匹配,团结型宗族村庄已占据绝对主导地位,在农村社会中,"族权"成为影响农民生活、决定乡村治理的最为重要的一项权力。

进入20世纪之前,华北地区形成多姓村庄为主的聚居格局,同一村庄往往有多个姓氏和门派,地缘与血缘并不重合,村庄与宗族并不同一,且在村庄地缘关系之内的血缘关系因为缺少地缘力量的支持,而难以得到充分发育,血缘关系相对薄弱。华北生态环境不稳定,且生态缺少多样性,为应对严酷环境,以地缘关系为基础形成了强有力的村庄规范,村庄规范强过宗族组织。在强有力的村庄规范下面,血缘组织成为具有很强功能性特点的村庄内部组织。

在进入20世纪之前,华南地区和华北地区的村庄结构均已定型。这里讲的定型不仅是指村庄社会结构已经形成,而且指这种社会结构已经与各种社会制度安排(如土地买卖制度、家庭制度、祭祀制度、继承制度、族规家法等)相匹配,并且也与国家的相关制度安排相衔接。最为重要的是,村庄已经成熟,村庄社会结构与村庄社会规范(受大传统强烈影响但并不完全一致)构成了相互支持和相互强化。

相对于南方地区和华北农村中村庄社会结构的定型,长江流域居住往往相当分散,村庄内的地缘关系与血缘关系可谓高度不重合,甚至有大量居民半耕半渔生活,居所不定。长江流域仍在发展中的不稳定的地缘关系中,强有力的支撑性规范就难以发育出来。因为居住分散和仍有开发空间,居民逃离约束性规范的空间也比较大。

也就是说,在长江流域,因为居住分散和可开发空间的存在,村庄仍在成长过程中,意味着村庄仍然可以通过量的扩张而非对内施加规范性压力来保持地方秩序。居民并未因为强大的环境压力而产生合作动力,在物质性的村庄与文化性的规范之间,并未形成相互契合匹配的紧密关系,各种理性利益行为都有比较大的伸张空间。[①]

小结一下,在进入20世纪之前,中国南方地区、北方地区(典型为华北)和长江流域即已形成了有相当差异的村庄社会结构,虽然总体来讲,基于血缘关系的宗族在农村基层治理中发挥着十分重要的作用,但宗族在不同区域发挥作用的程度是完全不同

---

① 比如,长江流域土地买卖一直是自由程度最高的,几乎不受地方规范的约束。再如通婚制度,长江流域一直是婚姻最为自由的地区,一些居民为了扩大自己的社会关系网络和获得有力的社会支持,而有意将女儿嫁到本地农村,这在南方宗族农村和华北农村都是不可思议的事情。

的。在南方农村，宗族是笼罩性的力量；在北方农村，基于血缘关系的家族是重要的功能性组织。无论是南方地区还是华北农村，因为居住关系的稳定，在地缘关系之上都已经建立起强有力的社会规范，这种社会规范，南方农村更多血缘的内涵，北方农村仍有地缘的含义（如北方多村庙，南方多祠堂，等等）。长江流域因为地缘关系一直不够稳定，村庄仍处在成长状态，而使无论是基于地缘还是基于血缘的社会规范性力量都不够强大，村庄结构与社会规范之间存在若干的张力与弹性空间（见表3）。

表3　中国不同区域的特点

区域	规范程度	血缘组织	商品化程度	个人选择空间
华南地区	宗族规范强	多内生性强宗大族	高	小
华北地区	村庄规范强	功能性家族组织	低	小
中部地区	内生规范弱	外生性散居宗族组织	高	大

四　村庄社会结构的嬗变

进入20世纪以后，随着国家现代化建设的启动，现代的国家权力快速向村庄渗透，各种现代性的革命力量借此深入乡村社会。其中最为重要的有两点：一是国家越来越有能力垄断所有的公权力，过去基层社会中具有公权力特征的结构性力量只能回归到私人生活的领域；二是基于个人自由平等基础上的现代观念取代了过去基于身份、血缘和财产占有关系的传统观念，个人越来越独立，自己对自己负责。基于国家权力的普适的法律制度取代了传统的地方性的规范。

在20世纪现代性的革命来袭时，村庄社会结构受到强大冲击而发生了巨大改变。因为之前村庄社会结构存在差异，不同地区在应对这种现代性来袭时，回应方式及改变程度也有所不同。21世纪，我们在全国不同区域农村调研时所看到的村庄社会结构的差异，即是不同区域农村回应现代性来袭时所遗留下来的成果。

简单梳理一下现代性来袭的后果。

第一，随着国家垄断所有的公权力，传统的血缘与地缘组织合法行使暴力的空间没有了，宗族组织不再能打人骂人，不再能强制村民，所有人都可以从地方性的约束中解放出来，硬规范即限制人们行动自由的规范不再合法。

第二，宗族和村庄的公共财产被没收然后分给农民，并且最后归并到集体，族田和族产被分掉了。"文革"中，族谱和祠堂也一度被当作"四旧"而被破坏，祭祖被当作封建迷信，很少有公开举办的可能。

在国家权力摧枯拉朽的打击下，传统宗族与地方社会力量尤其是其外显的硬性部分的力量很快便被消灭掉了，在传统被消灭的地方，现代性开始生长。这也是当前在农村调查时当地农民总是说农村已发生巨变的原因。传统力量中，硬的力量不再硬。

但在南方地区和华北农村，传统的结构性力量并非销声匿迹了，在观念层面（即软的方面），仍在起着作用，所谓"软的不软"。比如，在南方农村，宗族意识仍然存在，甚至在改革开放之初发生了相当普遍的传统复兴和宗族再造。[①] 在华北农村，在"文革"时期，村庄两派斗争往往只是传统的结构性力量以派系斗争的形式的再度复活，到了分田到户以后，因为农民负担重而引发村民群体上访背后，也大多是村庄传统结构性力量在起作用。

也就是说，南方农村与北方农村在村庄社会结构上的差异，使它们回应现代性来袭的方式十分不同，传统的结构性力量不仅决定了回应现代性的方式的差异，而且这种结构性力量至今仍在发挥着重要作用，并正在回应新一轮的以市场经济为核心的现代

---

① 见王铭铭《社区的历程》，天津人民出版社，2001。

性的来袭。

有趣的是,长江流域这个被我们称作中部地区的村庄社会结构的回应方式及结果。这主要表现在以下三个方面。

一是长江流域的村庄地方性规范薄弱,之前在地方社会秩序生产中具有一定作用的结构性力量遇到强有力的革命力量的冲击,很快便瓦解、消散。在华南的宗族农村,宗族想方设法阻拦革命力量,外来冲击被减缓。① 在华北农村,面对强有力的革命力量,村庄内不同门派各自借用革命话语以强化本门派的力量,革命因此被更加激进地引入。在长江流域,革命来了就来了,走了也就走了,既无结构性力量阻挡,也无结构性力量利用和挽留。

但革命并非在中部地区没有成果,因为革命曾经来过,革命话语便在中部地区每个个体心中留下印痕,中部地区的农民最快接过现代性的话语并利用这些话语来谋取个人利益。在可能的条件下,中部地区农民最顺利地成长为现代人。

二是传统的结构性力量一去不复返,在改革开放以后,中部地区没有出现传统的复兴。

三是因为中部地区缺乏强有力的结构性力量可以依托,而中部地区恰好又是散居且多姓杂居,中部地区就更多地且更快地通过村内通婚来增加社会资本,提升抗风险能力。普遍的村内通婚,使得姻亲关系彻底地分割了宗亲关系,村庄内的所有人之间都有着复杂的理不清楚的关系。② 这样一来,在村庄内,所有基于血缘关系的小群体都因为复杂姻亲关系的切割而难有行动能力。中部地区农村彻底地原子化,变成我们今天所看到的分散型的村庄结构。

不同区域村庄社会结构的差异,使得村庄面对现代性来袭时,

---

① 人民公社时期,在华南农村,上级为了进入村庄,往往不得不任命独门小姓当村支书,以打破村庄的封闭与团结。
② 对全国不同地区通婚圈及其区域差异进行研究,尤其是研究通婚圈对村庄结构的影响,是非常有意义的工作。

会有不同的表现和不同的后果。第一轮的现代性来袭是以赤裸裸的国家权力的介入为特征的,第二轮的现代性来袭则是以市场经济的形式进入的。马克思讲商品是天生的平等派,这个天生的平等派在中国特定区域的村庄社会结构中会如何表现,一定是有趣的事情。

虽然在国家权力渗透的背景下,中国所有农村地区的传统力量都被削弱了,但南方地区,村庄内的团结型结构仍在,并且仍然在一些被当地人所忽视的领域发挥作用,华北地区的情形同样如此,因为村庄内有着不同的门派,村庄分裂的小亲族之间的斗争仍然影响着村庄治理和村民生活的各个方面。最为有趣的是,在那些村庄仍然处在生长期,其社会结构与村庄规范尚未成熟即遇到现代性来袭的中部地区,现代性最有效地改变了农村社会及其中的人们,中部地区的人们最快地转变为这个国家的公民,并最快地丧失了地方性力量的保护。他们为了自保,试图通过村内通婚来应对各种生产生活风险的努力,却进一步地瓦解了所有基于地缘关系的血缘关系,从而使他们变得更加孤立。好在市场经济条件下,他们有着足够多的机会。他们似乎也不再需要地方性力量对自己的保护。

五 一个政策性的讨论:乡村治理的社会基础

依据前述分析,当前中国南中北方农村,在村庄社会结构上存在团结、分散和分裂这三种理想类型,下面,我们试图通过对乡村治理社会基础的讨论来探析不同类型村庄乡村治理机制的差异,及由此表现出来的区域政策实践后果的差异。以下以农民负担为例来说明。

温铁军认为,中国农民剩余很少,人数众多,国家很难直接从农民那里提取赋税,如何及能否解决国家从农民那里提取赋税,成为国家能力的关键。① 尤其是分田到户以后，虽然理论上讲，"交够国家的，留足集体的，剩下都是自己的"，这样一种机制可以调动农民从事农业生产的积极性，但这句话所内含的机制，却依然没有脱离数千年来国家与农民的关系，其中的核心是，若农民没有"交"的积极性怎么办，若国家"要"太多又怎么办。这两个问题不解决，国家与农民的关系很快就会再度陷入混乱。事实也是，仅在分田到户不到十年，"三农"问题即成为全党工作的重中之重，李昌平概括的"农民真苦，农村真穷，农业真危险"成为全国人民的共识。最终，进入21世纪后，国家通过取消农业税来缓解"三农"问题。

但分田到户以后，"三农"问题尤其是农民负担问题表现最严重、最激烈也最为复杂难解的正是李昌平所在的湖北省等中部农村，南方农村情况稍好，北方农村次之。其中一个原因，即与不同区域村庄结构的差异有关。

1. 团结型村庄

从村庄社会结构上讲，虽然南方宗族性的团结型村庄一般不存在一个强有力的具备完全行动能力的宗族组织，但一般来讲，村民仍然具有宗族认同，宗族具备较强的号召力和一定的一致行动能力。因此，20世纪90年代，当农民负担过重和农民负担不合理时，南方团结型的宗族村庄的村民有联合起来抗争的能力，这种抗争往往通过强力事件比如集体上访来表达。1999年笔者到江西崇仁调研，在之前一年因为地方政府将生猪屠宰税按户平摊，就将"猪头税变成了人头税"，有农户没有养猪，地方政府却强制摊派"猪头税"，引起农民不满。下村收税的县乡干部为此与农户发生争执和打斗，农民很快聚集起来，不仅围攻了收税的下乡干部，而且很快就围攻了乡政府。经此一事，地方政府再也不会向农民平摊

---

① 温铁军：《百年中国，一波四折》，《读书》2001年第3期。

"猪头税"了,而离开平摊,在农户散养且非定点屠宰的情况下,要想征收屠宰税几乎没有可能。这也是在20世纪90年代几乎全国农村生猪屠宰税都是按户平摊的原因。差异仅在于,在原子化程度很高的分散型村庄,农民一般倾向认为,他人都接受了平摊的"猪头税",自己也随大流了。农民很少会起而反抗,更不会因此集结起来,而大多采用消极逃避的办法。①

在团结型村庄,因为村庄存在认同,存在一致行动的能力,村庄内的舆论压力就可以发挥很大作用。村干部一方面是整个自上而下行政体系的最末梢部分,是国家在农村基层的代理人,另一方面,其身份是农民,理论上讲是由村民选举产生出来的,更重要的是,村干部是村庄熟人社会中的一员,他们的言行会受到村民严厉的评判。因此,村干部在代理国家任务时,会照顾村庄内的情绪,以至于在人民公社时期,南方团结型村庄瞒产私分的情况十分普遍。国家为了解决村庄的瞒产私分问题,倾向让村庄中的独门小户来当村支书,独门小户在村庄内没有依靠,他们唯有通过对上级的忠诚来获得权力。独门小户担任村支书后,就会冒着与全村人敌对的风险,一旦敌对起来,为了巩固权力,他们就可能借国家权力对带头敌对的村庄精英进行残酷打击。到了改革开放以后,因为国家权力后撤,独门小户的村支书不再有国家力量的支持,因此快速退出历史舞台,他们打击过的村庄精英得以上台,他们甚至无法再待在村庄,不得不弃村而去。②

在分田到户后国家直接向农民征收税费时,村干部是村庄熟人社会的成员,又是自上而下行政体系的一部分,离开村干部,县乡干部进村收税费几无可能。在农民负担合理且不重的情况下,村干

---

① 关于原子化地区农民负担的讨论可以参看李昌平《我向总理说实话》,光明日报出版社,2001。
② 可以参看吕德文《涧村的圈子》,山东人民出版社,2009。

部协助县乡干部收税是不难的。若县乡干部乱收费,且税费负担太重,村干部就会逃离。没有村干部的协助,县乡干部直接向农民收税费容易引发冲突。一旦收税费成本高且易引发冲突,地方政府就不大会胡乱加重农民负担。

这样一来,在农民负担最重的20世纪90年代,南方团结型村庄农民负担相对较轻,且大致合理,农村中出现了标志性的与农民负担相关的群体性事件。因为村干部受到强有力的村庄力量的约束,村干部并未成为"乡村利益共同体"的一部分,乡村社会仍然具有发展的活力。换句话说,即使农民负担最重、"三农"问题最严峻的20世纪90年代,南方团结型村庄中仍然保有活力。

2. 分裂型村庄

分裂型村庄中,当村庄内不同门派之间可以合作时,村庄内的绝大多数事情都可以办成,办成事不是靠某个权威人物的专制,而是靠一个领导人能充分发挥民主,在由各门派代表人物组成的"委员会"基础上充分协商,以达成集体的共识。"少数服从多数"的表决是分裂型村庄治理中的大忌,因为被否定的少数很快就可以从占优势的多数中找到同盟军,从而很快即改变村庄的政治格局。一旦村庄内不同门派的竞争关系超过协作关系,村庄内不同"小亲族"的合纵连横就会带来村庄内的严重冲突。

在20世纪90年代农民负担最重的时候,地方政府有加重农民负担的积极性,而地方政府加重农民负担的具体落实还是得靠村干部。村干部加重农民负担,中央电视台又天天在播放减轻农民负担的新闻,村庄非现任村干部所在门派的精英就联合起来上访告状,他们要借农民负担问题将现任村干部告下台,以便自己一派上台。如前所述,2002年笔者到安徽阜阳的临泉县调查,即发现这种轮番群体性上访的普遍存在。有趣的是,这种轮番上访不是削弱了地方政府的权力,而是强化了地方政府的权力,因为地方政府才是决定是否查处加重农民负担村干部的决定人。阜阳临泉县属皖北地区，淮河流域的腹地，华北大平原或黄淮海大平原的一部分，属于典型北方农村。

因为存在农民的轮番上访，虽然这种上访最终可能是强化了地方政府的权力，但其中诸多上访已经越过地方政府，到达中央。这样看起来，华北农村尤其是淮海流域农村在20世纪90年代时是乱象丛生，《中国农民调查》①一书中看起来不可思议的事情大都发生在这个地区，但实际上，华北农村的农民负担远轻于长江流域的农民负担，其中的机理是，在华北分裂型村庄，农民还有一定的组织能力，可以阻止明显存在问题的政策及其执行。正是在这些地区，农民为村庄内部矛盾而群体上访，时间一长，他们就提高了与各级政府打交道的能力，不仅成为村庄政治斗争的高手（因为村庄内的合纵连横），而且越来越精通国家政治了。②

3. 分散型村庄

我们再来讨论分散型村庄。分散型村庄的主要特征是农民的原子化程度很高，也就是说，农民的认同与行动单位已收缩到了家庭以内，甚至兄弟之间也少有强有力的一致行动能力。因为缺乏一致行动能力，在村庄政治舞台上活跃着的就只有个人而没有集团，只有利益而没有政治。

分散型村庄中，缺少能够协同行动的村民集团，并不是说所有农民之间就没有亲缘关系，也不是说所有农民之间没有利益联系，而是说，在村庄政治舞台上或乡村治理结构中，没有基于公的集团利益的政治，而只有基于个人利益关系的私下活动。村民与村民之间的关系薄弱且多元，往往是姻亲关系和个人朋友关系超过了基于地缘基础的血缘联系。没有永恒的朋友，只有永恒的利益，是对分散型农村的有效描述，地缘关系基础上的血缘关系往往被非地缘的

---

① 陈桂棣、春桃：《中国农民调查》，人民文学出版社，2004。
② 南方宗族村庄的村民则普遍缺乏这样的与各级政府打交道的能力。

姻亲关系和朋友关系所切割，每个人的亲戚和朋友都是不同的，这与基于地缘基础上的血缘联系形成的宗族或小亲族是根本不同的。

因为地缘关系基础上难以形成强有力的集团行动，村庄内的集体行动成本极高，以村内协作为基础的行动往往因为少数人的"搭便车"而无法进行。在农民负担最高的20世纪90年代，分散型村庄农民的应对策略是拖。因为农民分散，地方政府就比较容易通过加重农民负担来做好事或谋利益。做好事如修路、建学校等，谋利益如通过集资来建政绩工程而不考虑其实际功效。农民负担重，农民就不愿交也无力交，地方政府就通过奖励来提高村干部收取税费积极性，村干部就通过亲戚朋友带头、与县乡合谋打击钉子户、收买村庄势力人物（比如减免税费，或通过其他途径给予好处）来完成上级任务。总之是通过差别化策略来完成任务，并从中获取好处。农民负担最重的时期，也是分散型农村村组干部收入最多的时期，当然这只在开始的时候有效，因为村干部还可以从农民那里收到税费。到了20世纪90年代后期，税费越来越高，农民逃税费的行为越来越普遍，通过一般措施已很难完成收取税费任务了，这个时候，好人村干部就退出村政舞台，带有黑社会性质的狠人出任村干部。这些狠人通过威胁来收取税费，就一定要在收取税费时谋取私利（不然他没必要来当村干部），县乡为了完成税费任务，对这些狠人村干部的谋利行为不闻不问，甚至有意包庇，乡村利益共同体形成。结果仅仅用了几年时间，村庄中的所有可能利益都被这帮狠人村干部瓜分一空，农民负担重、村级债务高、村集体资源全被消耗掉了，农民面对狠人村干部的逼迫只能以死抗争。

显然，分散型的中部农村是农民负担最重、"三农"问题最严峻的地区，但分散型村庄因为缺少强有力的组织载体，而无法形成对地方政府不良行为的有效反抗。中部地区"三农"问题已严重到无解的时候，农民只是逃避而没有通过集群事件或群体上访来表达出自己的诉求。

这样一来，在"三农"问题看起来很严重的南方或者北方地区，因为有农民抗争，"三农"问题还有解。在中部分散型村庄，因为农民没有积极抗争而只是消极逃避，"三农"问题变成死结。

4. 小结

以上主要借20世纪90年代农民负担问题讨论了不同类型村庄政策实践机制和后果的差异。在过去的研究中，笔者曾以村级债务为切入点讨论了村庄类型与村级债务数量的关系，得出了同样的结论。①

六 结语

中国是一个巨型国家，中国的研究既需要深入进去，又需要概括起来。最近10多年，笔者在全国农村调研，一方面见证了中国不同地区农村的差异，另一方面又发现了不同地区的相似性。村庄社会结构的差异是当前中国农村区域差异的重要组成部分。如果说东中西部农村的差异是经济发展水平的差异的话，南中北方农村的差异则更多是文化和社会结构的差异。通过村庄社会结构（团结型、分裂型和分散型），可以比较好地揭示出中国农村区域的文化和社会结构类型，从而可以为农村社会学研究提供一个比较有力的理论模型，这也就为撰写一部真正研究中国农村的《农村社会学》提供了基本的分析框架。

村庄是农民生产、生活和娱乐的主要场所，是一个真正的熟人社会。农民是在村庄这个熟人社会成长、生活的，这个场所养成了农民的基本性情，支配了农民的日常生活，成为农民人生的归宿。正是在村庄这个熟人社会潜移默化的影响下，中国农民形成特定的

---

① 有兴趣的读者可参看贺雪峰《论村级债务的区域差异——农民行动单位的视角》，《管理世界》2007年第9期。

性格特点和行为模式，中国不同区域村庄结构及其规范的差异，导致生活于不同区域村庄的农民在性情、行为模式及归宿感上的差异。可以说，中国社会至今在本质上仍然是农村底色的，因为中国还有9.4亿以上的农村户籍人口，还有数以亿计的从农村进入城市的人口。理解了不同区域农民行为模式的差异，就可以进一步理解中国不同区域社会的差异。这个意义上讲，从村庄结构角度来讨论中国农村区域差异，不仅是理解中国农村的重要步骤，而且是理解中国的重要一环。

撰稿：贺雪峰

再论中国农村区域差异
——一个农村研究的中层理论建构

中层理论是美国社会学家默顿（Robert K. Merton）提出的一种社会学的研究策略和理论建构方法，中层理论的本质在于将经验事实与理论抽象结合起来。中国农村研究要借鉴和吸收既有的理论资源来认识农村社会的性质和规律，中层理论能够在丰富的理论资源和复杂的农村经验事实之间建立契合，因此，农村研究要重视建构中层理论。"农村区域差异"是我们在多年农村研究中积累形成的一个理论观点，本文拟论述"农村区域差异"的理论意义，并尝试以此为例，讨论中国农村社会学研究中如何由农村经验上升为理论抽象的方法论层面问题。

一 中国农村区域差异研究

在《论中国农村的区域差异——村庄社会结构的视角》[①] 一文中，我们从村庄社会结构的角度，建构了团结型、分裂型和分散型三种村庄理想类型（民族地区和边疆地区除外），并从自然生态和历史变迁两方面搜集资料，解释了村庄社会结构形态的区域性，最后将中国农村划分为南方团结型村庄、北方分裂型村庄与中部分散型村庄。该文的主要意义是提出了与依照经济发展水平标准将中国农村划分为东中西三部分不同的另一种划分方法，为进一步的理论

---

① 该文刊于《开放时代》2012 年第 10 期，下文简称《论中国农村的区域差异》。

研究和政策研究提供了视角。

关于中国农村区域差异的认识，产生于我们及所在团队10多年来的农村调研。《论中国农村的区域差异》的目的在于，结合学界既有的农村研究成果，将我们调研中所直观到的"不同地区农村具有差异极大的现象"的朴素认识进行理论抽象，将其提炼为一种关于中国农村社会的一般性认识。如果我们所建构的村庄类型是有效的，且地理意义上的区域划分大致准确的话，那么，"农村区域差异"就可以算作一种既产生于经验事实，又高于现象罗列层次的中层理论。

我们在做农村政策的实践基础研究过程中，由政策实践的区域差异现象中发现了农村社会性质的区域差异性。区域差异性构成中国农村的一个重要特征，并构成一个十分重要的农村社会学研究对象。农村区域差异有各个层面的表现，如生态环境、村庄外观、生活方式、生产模式、历史传统、风俗习惯，等等。在这些纷繁复杂的差异现象中，我们逐步厘清"村庄社会结构"这一要素，将它作为解释村庄构成和性质，区分不同地区村庄性质差别的基本标准。村庄是中国农民最基本的生产、生活和娱乐单元，在这一"熟人社会"边界内，各个农户之间相互交往所形成的社会关系特征和样态就是本文所说的"村庄社会结构"。

在"村庄社会结构"的视角下，中国农村中大致存在三种村庄类型，即团结型村庄、分裂型村庄和分散型村庄，并且这三种类型的村庄存在一定的地理分布规律。至此，形成了关于中国农村区域差异研究的初步构想和基本假设。之后，我们及所在华中科技大学中国乡村治理研究中心研究团队经过更加广泛和深入的调查，获得了更多的可以验证上述假设的田野资料，同时，我们回顾了与之相关的中国农村研究，并查阅历史学、地理学等方面的资料，对上述构想进行了深化和修正，提出了中国农村区域差异的观点。"农村区域差异"的具体内容在《论中国农村的区域差异——村庄社会结构的视角》一文中已经有过相对完整的阐述,本文仅从理论层面上对"中国农村区域差异"进行补充说明。

"农村区域差异"是一种基于经验事实的理论认识。对于中国不同地区农村存在差异这一客观事实,不少学者意识到并直接或者间接地涉及了。比如林耀华[①]、葛学溥[②](Daniel H. Kulp Ⅱ)关于南方地区农村的家族、宗族研究,黄宗智[③]和杜赞奇[④](Prasenjit Duara)关于华北农村的研究,以及费孝通[⑤]、黄宗智[⑥]关于长三角地区农村的研究。无论这些作者本人主观上是否如同弗里德曼研究中国东南地区的宗族组织那样明确地将自己的研究限定在区域内,这些研究成果都客观地反映出了中国不同地区农村的巨大差异。尽管如此,不同地区农村的差异性这个现象并没有获得过完整系统的解释。黄宗智先生曾对华北农村与长江三角洲地区农村进行过初步的区域比较研究,有很强的开创性,不过区域比较本身在他的研究中也仅为次要的工作。总体而言,在既有的研究中,将"农村区域差异性"当作直接研究对象并不常见[⑦]。

我们通过对不同地区农村的社会现象进行分类、总结、提炼、解释,将"农村区域差异"当作中国农村基本性质提出来,将中国农村划分为南方、北方、中部三种区域类型,细致分析每个地区农村的特性,并将逻辑推演与经验验证结合起来研究,目的是将

[①] 参见林耀华《义序的宗族研究》,生活·读书·新知三联书店,2000。
[②] 参见葛学溥(Daniel H. Kulp Ⅱ)《华南的乡村生活》,周大鸣译,知识产权出版社,2006。
[③] 参见黄宗智《华北的小农经济与社会变迁》,中华书局,2000。
[④] 参见杜赞奇(Prasenjit Duara)《文化、权力与国家——1900~1942年的华北农村》,王福明译,江苏人民出版社,2008。
[⑤] 参见费孝通《江村经济》,商务印书馆,2001。
[⑥] 参见黄宗智《长江三角洲的小农家庭与乡村发展》,中华书局,2006。
[⑦] 日本学者关于中国"村落共同体"的讨论涉及了村庄社会结构,其中武福直也从村庄的内部结构与对外关系方面区分了华南、华中和华北地区村庄的差异,与本文的观点有契合之处。参见李国庆《关于中国村落共同体的论战——以"戒能—平野论战"为核心》,《社会学研究》2005年第6期。

"农村区域差异"建构为一个从中国农村社会现象中抽象出来,并能够反过来运用于理解中国农村中的社会现象的中层理论。

"农村区域差异"的理论脉络最早可以回溯到对村庄"社会关联"的研究中,我们当时已经关注到了村庄内部社会关系对于村庄社会秩序、村民自治等方面的影响①;随后,我们又提出了"认同与行动单位"的概念,认为村庄社会内部形成了"家庭"和"家族或者以家族为基础"的双层认同和行动结构,并对其进行了功能性解释;最后,我们又在《论中国农村的区域差异》一文提出了"村庄社会结构"的视角。其中,一以贯之的是我们对村庄内部社会关系样态的关注,这既是对梁漱溟先生的"伦理本位"文化说的社会学化,也是对费孝通先生的"差序格局"概念的深化。

在《村治的逻辑》② 一书中,我们按照"认同与行动单位"的标准,从逻辑上建构了一个关于中国村庄结构样态的模型,其中,我们假设不同地区农村结构差异是由于现代性冲击程度差异造成的,即假设不同地区农村中的"认同与行动单位"差异的皆为"宗族"瓦解的不同残留形态。然而,由于自然和历史条件等方面的影响,在遭遇现代化冲击之前,不同地区的村庄样态就存在差异,这就是说,《村治的逻辑》的理论框架是与历史过程相悖的。为了弥补这一缺憾,我们在《论中国农村的区域差异》中引入了自然生态学与历史学方面的知识,论述了不同地区村庄生长过程及其性质差序。至此,我们提出的南方团结型村庄、北方分裂型村庄、中部分散型村庄,既符合经验事实,也完成了理论建构。

---

① 参见贺雪峰、仝志辉《论村庄社会关联——兼论村庄秩序的社会基础》,《中国社会科学》2002 年第 3 期。
② 参见贺雪峰《村治的逻辑》,中国社会科学出版社,2009。

二 作为中层理论的"农村区域差异"

我们认为,中国农村社会学研究的基本目标是从农村社会现象中提炼抽象出一套具有解释力的概念、命题和理论框架,农村研究的目的是更好地认识中国农村性质及其变迁规律,即理论建设服务于"认识中国"这个根本目标。在此目标下,农村研究中大致有两类表述"中国农村社会"的方式。一是抽象的总体概括方式,包括早期传教士的描述、文化和国民性的研究,如梁漱溟先生的《中国文化要义》、许烺光的《宗族·种姓·俱乐部》等;二是具体的细致描述方式,如许烺光的《祖荫下》、杨懋春的《山东台头》、阎云翔的《私人生活的变革》等。还有一些,比如黄宗智对华北与长江三角洲地区农业生产和社会变迁的研究、施坚雅（G. William Skinner）对成都平原的基层市场研究[1]、弗里德曼（Maurice Freedman）对广东、福建地区的宗族组织研究[2],偏向研究某些研究专题,不全然属于对整体农村社会性质的关注,在表述方式上介于上述二者之间。在第一种表述中,被想象为"铁板一块"的中国乡村社会被抽象为一种文化和社会类型,脱离于中国农村实际,忽视和掩盖了中国乡村社会内部的复杂性。第二种采用人类学"深描"的书写方式,以生动的村庄个案展示了中国乡村社会的某些特性,但是,关于整体性中国农村社会的认识却是存在问题的。

费孝通先生在中国农村研究中贡献与影响至今无人出其右,他的最为流传的两本著作《江村经济》和《乡土中国》恰恰为上述

---

[1] 参见施坚雅（G. William Skinner）《中国农村的市场和社会结构》,史建云译,中国社会科学出版社,1998。

[2] 参见弗里德曼（Maurice Freedman）《中国东南的宗族组织》,刘晓春译,上海人民出版社,2000。

两种表述方式的代表作,我们将结合费孝通先生的这两本著作,来探讨农村研究中的理论性质问题。

《江村经济》是费孝通的博士论文,在国际学术界广为流传,开社会人类学研究从"简单社会"向"文明社会"转型之先河。正是这一转型,在方法上为《江村经济》日后遭受国际学术界的质疑埋下伏笔。社会人类学研究方法与中国研究的张力,正如弗里德曼的批评,"小地方的描述难以反映大社会,功能的整体分析不足以把握有长远历史的文明大国的特点,社区不是社会的缩影"①。相对于由千千万万个"江村"组成的"中国农村"整体,《江村经济》所描述的仅属于"地方性知识",这样的批评是很难辩驳的。

与《江村经济》相比,由报刊文章汇编而成的《乡土中国》算不上一本逻辑严整的学术著作,但这本书在国内社会科学界和普通大众中的流传度却是费孝通先生所有著作中最高的。《乡土中国》是基于作者的感悟和体会写出的,相关概念和命题皆不具严格的逻辑推理和经验验证(我们可以看到,作者在行文过程中,更多地是借用其日常生活经验和古典文献阅读感悟)。尽管如此,《乡土中国》依然构成当前缺乏实际经验的中国社会科学界想象中国农村社会的来源。费孝通先生固然在《乡土中国》中提出了很多关于中国农村社会真知灼见的理论认识,对于不了解农村生活的普通大众而言,作为普及常识读物也是不错的,然而,高度抽象概括的《乡土中国》对于农村社会学研究却是不够的。我们曾经在《乡村社会关键词》的自序中批评说:《乡土中国》的不足在于,"将庞大复杂的中国农村当做一个整体,作为一种理想型。这种理想型显然远离中国的现实,既无时间概念,又无空间概念"②。农

---

① 参见王铭铭《社会人类学与中国研究》,广西师范大学出版社,2005,第34页。
② 参见贺雪峰《乡村社会关键词》,山东人民出版社,2010,自序第3页。

村区域差异研究旨在将中国农村社会的空间性揭示出来。

以认识中国农村社会性质为目标的农村研究的理论观点要具备如下特征：要能够对农村中各种相互关联的社会现象做出解释，探讨各个现象发生的原因和机制；并且其解释力要能够超出个别村庄或者个别现象，具有一定的普遍性。符合上述特性的社会理论具有一定的抽象性，但是这些理论并没有脱离中国农村的经验事实，不属于一般人类学和普通社会学的抽象理论，这些理论观点的目的不是要"发现人类行为和文化的一般规则"[1]，它们的价值在于对中国农村社会现象做出解释，因此，在这个层面上抽象提炼的理论也可以被看作对于中国农村的经验性认识。只有当我们能够将农村社会中从农民心理、价值观念、私人生活、社会生活、社会变迁一直到政治治理等各个层面的现象都能够做出合理的解释，并将这些经验性认识汇总为一幅关于"中国农村"整体图景的经验性认识后，农村社会学认识中国农村社会的目标才算达到了。

由此，反观《江村经济》，我们可以发现，"江村"不是"中国农村"，即《江村经济》描述农村社会经验仅仅构成"中国农村"整体图景的局部，相对于整体的"中国农村"，"江村"中的经验具有偶然性、片面性，与其他地区农村中的经验事实存在差异和矛盾。因此，在经验性认识层面，将"江村"上升为对于整体"中国农村"的一般认识是不可行的。当然，在一般人类学与普通社会学理论建构的层面上，从这种偶然现象中抽象出来的理论，可以达到理论反思的目的，也能够在纯粹理论层面上与西方理论对话，但是这样得到的理论相对于"中国农村"却是抽象的，即脱离经验事实的。

对于《乡土中国》，前面已经提到过，"乡土中国"能够作为

---

[1] 见王铭铭《社会人类学与中国研究》，广西师范大学出版社，2005，第23~48页。

一种与"现代社会"相对的理想类型,"熟人社会"也是在与"陌生人社会"相比较的层面上具有意义的,就算是"差序格局"这一被广泛接受的概念也是相对于西方社会人际关系中的"团体格局"提出来的。《乡土中国》之所以以这种方式进行理论建构,原因是它不是一本经验研究著作,它或可以看作用社会学语言表述的文化比较研究著作。因此,《乡土中国》描述的"乡土社会"相对于具体时空中的"中国农村"也过于抽象,它也不属于关于"中国农村"的经验性认识。

我们的进路是,将不同地区农村社会现象差异及其原因作为研究对象,打破了关于"中国农村"的"铁板一块"的想象,将中国农村的差异性陈述出来,不仅抽象出三种村庄类型,将地理性的区域转化为类型学意义上的区域,并且通过历史、地理等方面的资料论证了这种关于中国农村区域类型划分的有效性。"农村区域类型"属于为一种既异于抽象概括表述也异于具体现象描述的理论建构方式。另外,"农村区域差异"避免了"个案研究"代表性的问题。尽管我们也将具体村庄当作调研对象,不过我们在研究过程中既不是将"个案"当作抽象理论表述的对象,也不是将对具体村庄的认识推论至对整体"中国农村"的认识,而是尝试在"个案"与"中国农村"之间加入"区域"和"类型",其中,以"类型"来建构不同地区间的差异性,以"区域"来概括内部的同质性,我们在《个案研究与区域比较》[①]一文中对此有过较为详细的分析。本文从"村庄社会结构"角度论述的中国农村区域差异,可以看作该方法的运用成果之一。

下面结合"农村区域差异"的内涵来展示其理论层次。

正如前文所提到的,村庄内部社会关系一直是我们关注的对象

---

① 参见贺雪峰《个案研究与区域比较》,《华中科技大学学报》(社会科学版) 2007年第1期。

之一。社会关系是社会学的基本概念,村庄的社会关系也就应该成为农村社会学研究的基本问题。目前,既有的关于中国农村社会关系最具解释力的概念当数费孝通提出的"差序格局","差序格局"是对"乡土社会"中社会关系样态的描述和抽象。鉴于这个抽象概念与农村经验事实的张力,我们在《村治的逻辑》中提出中国农村社会中的人际关系不是如"差序格局"所描述的"愈推愈远、愈推愈薄"的均质样态,从而提出了"家庭—宗族村落"的"双层结构"。并且,我们在调查中还发现全国各地农村社会关系样态并不是一样的,"差序格局"掩盖了这种空间上的明显差异性。

我们将在不同地区农村观察到的村庄社会关系样态进行比较,发现存在如下规律:华南地区的村庄历史较长、姓氏单一、宗族组织发达、社会规范完整,村庄内部社会关系紧密,社会结构与社会规范相互强化,形成了团结的村庄社会结构样态;华北、西北地区的村庄多为宋元明时期移民形成,少数几个姓氏杂居,村庄封闭,地方规矩显著,村庄内部派系林立,生产生活中分门分派现象突出,派系间竞争性强,形成了分裂的社会结构;而长江流域、西南地区和东北地区农村历史较短,村庄规范发育不足,多姓杂居,村庄开放程度高,村内通婚多,地缘关系重于血缘关系,造成村庄内部社会关系涣散,形成了分散的社会结构。我们从调查中寻找造成每种村庄社会结构样态的基本原因,通过比较和归纳发现,具有相同条件的村庄一般都会形成相同的村庄社会结构,即在自然生态和历史条件大致相似地区的村庄属于同一种类型,在此逻辑判断的基础上,我们又对全国农村进行了空间划分,并在进一步的农村调查中进行验证,才形成了"农村区域差异"认识。

在"村庄社会结构"视角下提出的三种类型的村庄社会关系样态,推进了对中国农村社会关系的描述和概括。与"差序格局"相比,团结型、分裂型和分散型三种类型更加具体,既符合各个地区农村社会关系的特征,也比照出了区域差异性。而三种村庄类型的提出也打破了对中国农村"铁板一块"的想象,如果说村庄是组成中国农村基本单元的话,那么至少也是由三种不同类型的村庄构成了"中国农村"这个整体。并且,我们还可以将村庄类型与区域结合起来,从村庄社会结构的角度,重新描绘出了一幅"中国农村"的图景,突破了"乡土中国"这样的笼统概括。

另外,"农村区域差异"并不是对不同地区、不同村庄中纯粹现象及其差异的描述和汇总。很多研究已经在不同层面上关注到了各个地区农村的差异,比如族田数量的南北方差异、庙宇形态区域差异、宗族性质的差异、国家权力对地方渗透能力的差异,等等,这类差异可谓无穷无尽,甚至相邻的两个村庄都存在现象差异。但是,这些描述多是停留在现象层面,只能强化已经直观到的"不同地区农村有差异"这样的朴素认识。从"村庄社会结构"的角度论证了区域内部的同质性与区域间的差异性而提出的"农村区域差异",属于超越现象的普遍性认识,是与上述朴素印象不同的。因此,"农村区域差异"也就具有了基于现象又超越现象的理论性质。

默顿在界定"中层理论"时说:"中层理论既非日常研究中大批涌现的微观而且必要的操作性假设,也不是一个包罗一切,用以解释所有我们可以观察到的社会行为、社会组织和社会变迁的一致性的自成体系的统一理论,而是指介于这两者之间的理论。"[①] 依照上述说法,默顿总结出了三种层次的社会学"理论",一种是抽象宏大的"综合理论体系",一种是对社会现象的纯粹描述性说明,介于二者之间的则是中层理论。

基于这样的区分,我们可以发现,对于获取关于整体"中国农村"经验认识的农村社会学研究而言,《乡土中国》这样的作品对于中国农村的描述以及理论概括过于抽象,因此,我们说它仅具有泛文化比较的意义。故而我们将这类作品和结论归属于"综合

---

① 参见默顿《论理论社会学》,何凡兴等译,华夏出版社,1990,第54页。

理论体系"的层次。而对于《江村经济》这样的作品，我们认为它描述的具体现象相对于复杂的"中国农村"整体过于片面和单薄，抛开《江村经济》这类作品所具有的纯粹人类学理论对话的贡献不讲，在认识"中国农村"的层面上，"江村"中发生的现象具有很强的偶然性和片面性。《江村经济》这类作品避开了统一性的"综合理论体系"的弊端，却在关于"中国农村"的经验性认识层面上陷入了特殊性与一般性的矛盾。

相较而言，"农村区域差异"既不是对个案村庄现象的描述，也不是对中国农村整体图景的抽象想象，而是在具体的农村社会现象中提炼出一般要素，并在经过理论抽象与经验验证双向互动后，提炼出关于整体"中国农村"的某种认识和概括。"农村区域差异"与"综合理论体系"相比，具有经验基础，与纯粹现象描述相比，又具有一定的理论抽象，因此，它属于中层理论。中层理论是经验与理论的统一，是普遍性与特殊性的统一，具有一定的可靠性但又不追求绝对的准确，是可以被经验检验和修正的。

三 与若干理论的对话

"农村区域差异"作为一种中层理论，由于其包含经验成分，因此，拿它与其他的关于中国农村社会的理论观点对话时，就不会陷入单纯的概念辨析和逻辑推演中。在认识"中国农村"性质的目标下所提出的理论观点能否被接受，根本在于同中国农村社会的经验现实相符与否。因此，"农村区域差异"所包含的经验性认识便具有检验其他理论观点的功能。接下来我们将以理论对话的形式来说明"农村区域差异"的理论价值。

1. 区域差异视角下的"基层市场理论"

首先是施坚雅的"基层市场理论"（区域体系理论）。施坚雅运用经济空间地理理论，将传统中国社会体系进行了图解和分析，包含了诸多真知灼见的成分。但在对中国基层社会结构的分析上,我们不同意他的某些认识,施坚雅最大的失误在于将成都平原的情况推论至整个中国。

据施坚雅自己介绍,他最开始是带着人类学社区研究的目的到四川从事田野调查的,但在调查过程中,他发现以"集市"为中心的经济区域而非村落社区才是中国基层社会的基本单元。① 施坚雅由之提出了一种带有革命性的观点:"研究中国社会的人类学著作,由于几乎把注意力完全集中于村庄,除了很少的例外,都歪曲了农村社会结构的实际。如果可以说农民是生活在一个自给自足的社会中,那么这个社会不是村庄而是基层市场社区。我要论证的是,农民的实际社会区域的边界不是由他所住村庄的狭窄的范围决定,而是由他的基层市场区域的边界决定的。"② 如是,施坚雅便以市场为核心来分析作为中国社会层级结构的市场层级结构,并依此对中国进行了经济区域划分,并讨论了经济区域与行政区域的关系等诸多问题。在施坚雅的描述下,中国农村社会不再是由一个个相对孤立的村庄社区机械叠加构成的(而一般的观点却是如此),而是呈现层次鲜明的市场结构图景。

施坚雅的理论自提出来以后也遭受到了一系列的批评,有些学者从经验层面进行批评,比如黄宗智认为华北地区是村庄而非"集市"构成基层社会基本单元,还有些学者从理论层面上进行批评,认为规范的经济学理论以及经济理性人的假设不适用于对中国农民的研究③。当我们将施坚雅的理论追溯到其逻辑起点时就发现

---

① 参见施坚雅主编《中华帝国晚期的城市》,叶光庭等译,中华书局,2000,序言第9页。
② 参见施坚雅《中国农村的市场和社会结构》,史建云等译,中国社会科学出版社,1998,第40页。
③ 王铭铭说:"我认为,施坚雅忽视了一个值得我们加以认真思考的大问题:西方理性经济空间理论人的概念是否适用于传统中国这个非西方、非资本主义社会?"参见《社会人类学与中国研究》,第100页。

该理论存在巨大的问题。我们发现，唯有在包括四川农村在内的中部地区，才存在由于村庄历史较短所造成的村庄结构发育不完善和村庄边界开放现象，也只有这些地区的农村生活才符合施坚雅在《中国农村的市场和社会结构》一书中描述的情况。而在南方地区，村庄历史长、村庄边界比较封闭、村庄发育程度高、宗族组织明显，每个农民必须要属于或者依附于一个血缘性的家族组织，才能够获得村庄资格，并在日常生产生活中获得援助。对于南方地区的农民而言，村庄远较基层市场重要。同样，在北方地区，村庄边界明晰、地方规范强，且北方农村商品化程度较低，在北方村庄中街坊邻居与家族组织组成的功能性单元是每个农民进行生产生活互助的依托。因此，如黄宗智描述的北方农村的街坊邻居关系、家族关系而非基层市场上的经济关系才是形成北方农村社会结构的基本关系，所以黄宗智认为华北农村中"村庄"才是最根本的基本社会单元[①]。

运用我们提出的"农村区域差异"观点，很容易就检视出施坚雅"基层市场理论"的缺陷。在南方团结型村庄与北方分裂型村庄中，熟人社会关系以及由熟人社会关系构成的"认同与行动单位"很重要，一家一户的生产生活中无法完成的事务都要求助于特定的村庄社会结构（如宗族、房头、门分、小亲族等），市场在农民的生活中处于较次的地位。以"集市"为基本社会单元的判断在南方地区和北方地区都是不符合实际的，但这一判断比较接近包括四川在内的以长江流域为代表的中部地区农村，因此，"基层市场理论"仅仅对某些商品化程度较高的中部农村具备解释力。

受到施坚雅的启发，我们可以抽象出三种基本的农村社会关系：血缘关系、地缘关系和商品经济关系。由于自然生态和历史社

---

① 参见黄宗智《华北的小农经济与社会变迁》，中华书局，2000。

会等方面不同，这三种关系在不同地区农村中的重要性是不一样的：在南方村庄中，血缘关系与地缘关系重合，形成了明显的宗族组织和宗族规范；在北方村庄中，血缘关系受到地缘关系的切割，五服范围内的家族关系凸显，家族之间高度竞争，街坊邻居关系也在日常生活中扮演重要角色；中部地区农村的血缘关系不发达且被普遍的村内通婚所形成的姻缘关系所切割，商品经济发达造成经济关系显著，跨越村庄的基层市场在农民的生产生活中占据重要地位。从村庄社会结构上来看，南方农村内部的宗族结构便造成了团结型村庄形态，北方村庄内部的派系结构造成了分裂型村庄形态，中部农村的商品关系发达抑制了地缘与血缘关系的发育而造成了分散型村庄结构。

2. 区域差异视角下的"宗族范式"

弗里德曼提出的"宗族范式"也同样关注村庄内部的社会关系和社会结构。他以广东和福建农村二手资料为基础，建构了一套中国农村社会中的"宗族"结构模式。弗里德曼认为东南宗族发育条件有三：政治上的边陲性、水稻种植的生产剩余以及与水利合作等功能性需求[①]。由于以上三个条件都具有地方性，这便注定了"宗族范式"属于"地方性知识"。比如，杜赞奇描述的华北农村的国家权力与基层社会结合形成的"权力文化网络"形态[②]，以及施坚雅描述的市场层级与行政层级交叉的权力形态，都不同于东南社会的"边陲"形态；而在种植和水利上，南北差异更加明显。从逻辑上看，"宗族范式"在东南地区以外并不适用。

既有的研究证明了这一点。学界有影响的宗族研究成果多是以

---

① 参见弗里德曼（Maurice Freedman）《中国东南的宗族组织》。
② 参见杜赞奇（Prasenjit Duara）《文化、权力与国家——1900~1942年的华北农村》。

南方农村为对象的,早期的研究如林耀华的《金翼——中国家族制度的社会学研究》和《义序的宗族研究》、葛学溥的《华南农村生活——家族主义社会学》。改革开放以后对华南宗族的研究,代表性人物如叶显恩对广东珠三角和安徽徽州宗族的研究①,郑振满对福建明清家族组织的研究②,钱杭、谢维扬对江西泰和县农村的研究③,等等。南方农村的宗族组织不仅发达,而且与北方农村的家族组织性质存在差异。冯尔康认为,就清代宗族活动而言,"南北方表现形式颇有不同,南方似乎更规范一些,在一定意义上说南方宗族活动盛于北方"④。王询曾系统分析了南方农村和北方农村宗族差异的三大原因,分别是:人口迁移,人口定居后的同族集聚,国家政权组织与宗族的关系。⑤

所谓的华南地区,主要包括福建、广东、江西、广西、海南等南方省份,以华南为代表的南方农村还包括皖南、浙西南、鄂东南、湘南等区域,宗族组织发达是这些南方农村的突出特征。华南地区的宗族研究与我们的"农村区域差异"观点互为印证,即"宗族范式"适用的范围是南方团结型村庄,在北方分裂型村庄与中部分散型村庄中很少存在弗里德曼意义上的宗族。

3. 区域社会史研究中的"区域"

区域社会史研究除了能够发掘一些被屏蔽掉的"史实"之外,还包含一种相对于传统史学的新方法论和知识论的纯粹理论诉求。区域社会史吸收了年鉴学派的方法,将研究视野转向"区域",是

---

① 参见叶显恩《珠江三角洲社会经济史研究》,稻禾出版社,2001;《明清徽州农村社会与佃仆制》,安徽人民出版社,1983。
② 参见郑振满《明清福建家族组织与社会变迁》,湖南教育出版社,1992。
③ 参见钱杭、谢维扬《传统与转型:江西泰和农村宗族形态》,上海社会科学院出版社,1995。
④ 参见冯尔康《18世纪以来中国家族的现代转向》,上海人民出版社,2005,第76页。
⑤ 参见王询《中国南北方汉族聚居区宗族聚居差异的原因》,《财经问题研究》2007年第11期。

为了获得一种相对于"大传统"的"小传统"知识。因此,作为区域社会史对象的"区域"表面上看是一种历史地理学意义上的"区域",但是在本质上,"区域"仅仅象征着"地方性",实体"区域"的真正意义是作为"地方性知识"的载体而存在的。因此,行龙说"'区域'可大可小,只是一个相对的概念"[1],即否定实体性"区域"的本体性。区域社会史的研究获得了关于某一地理意义上区域的资料和经验性认识,这些知识的价值在于构成对于传统历史学叙述中的"大传统"挑战。可以说,区域社会史的首要价值在于对传统史学方法的反叛。

与区域社会史研究不同,农村社会学视野下的"区域"是实体性的,由各类社会现象综合而成的区域对象是经验性的本体,即我们的区域差异研究所选择的"区域"不是作为理论表述的载体而存在,包含经验事实的"区域"本身便是研究对象,"区域"的经验事实是社会理论的来源。因此,我们必须要按照一定的标准,根据内在同质性和外在异质性来划定"区域",如本文中的"村庄社会结构"的标准。进行"区域"研究的目的不是抽象理论对话和方法反思,我们在"区域差异"视角下获得的知识可能是"地方性"的,但是它们可以通过区域比较而进行更高层次的抽象,进而产生出关于中国农村的普遍性认识,至少研究的目的在于此。区域社会史的目标是获取"地方性知识",并没有尝试从区域走向对整个中国社会图景的认识,从某种意义上讲,区域社会史恰恰正是反对这样的抱负的。而我们进行区域差异研究,恰恰是为了通过对作为实体区域农村性质的研究,描述一幅整体性的"中国农村"图景。这是我们与区域社会史研究的根本差异之所在。

---

[1] 参见行龙《从社会史到区域社会史》,人民出版社,2008,第159页。

四　对若干农村社会现象的解释

如果"农村区域差异"能够成为一个中层理论，那么，我们就能够运用经验材料证明其有效性，而且能够运用该观点去解释农村其他社会现象，并能够从该命题中推导出若干具体的可以被进一步验证的理论假设。提出"农村区域差异"的构想之后，我们进行更加广泛的农村调研来对其检验和修正（相关成果可参阅我们主编的由山东人民出版社出版的"村治模式"丛书），并将其运用于具体的农村研究中。接下来介绍我们团队近年运用"农村区域差异"理论对中国农村进行的若干研究。

1. 国家与农民关系的研究

在农村研究中，国家与农民的关系可以界定为正式的国家权力（包括法律）与农民和农村社会的互动过程及其产生的实践后果，"国家与社会"的关系、"法律下乡"、农民负担、农民上访等具体问题，皆可纳入国家与农民关系的研究中。在对这方面问题的研究中，我们提出了一个如下的假设：国家权力进入基层社会时，要遭受到村庄社会结构的阻隔，因此，"农村区域差异"会造成同样的政策和制度在不同地区农村的不同实践后果。

在《论中国农村的区域差异》一文中，我们以农民负担为例讨论了不同类型村庄中的政府征收税费与农民反抗行为的关系，以及造成税费负担的区域差异。基本结论是，南方团结型村庄中，国家权力遭受了村庄社会的一致抵抗，抑制乡村干部随意增加农民负担；北方村庄派系分裂，不同派系借农民负担问题轮番告状造成了基层治理混乱；在分散型的中部村庄，农民的原子化程度高，集体抗税能力弱，从而成为中国农民负担最重的区域。《论村级负债的区域差异》[①]

---

① 参见贺雪峰《论村级负债的区域差异》，《管理世界》2005年第11期。

一文亦可验证这个推论。

"法律下乡"也表现出明显的区域差异。法律社会科学对法律下乡的研究,展示了现代法律制度与中国乡村社会不适的图景①。实际上,这方面的研究存在经验的错位,即将传统的"乡土中国"移植到当代农村社会中,纵然作了若干经验调查,这些调查也大多是片面的和片段的,忽视了农村的区域差异性。我们关注农村纠纷调解时发现,南方村庄纠纷大多数是在村庄内部解决的,而中部村庄的矛盾则很容易演变为司法案件,在北方村庄的情况则介于二者之间。运用"农村区域差异"概念则很容易解释这个现象,南方团结型村庄中的村庄规范至今保持完好,民间长老式人物的权威较高,大多数民间纠纷可以被社会内部力量消化;中部分散型村庄的社会结构涣散,地方规范弱且缺乏民间权威,所以民间纠纷要依靠法律解决;与中部村庄相比,北方分裂型村庄存在一定的化解纠纷的内部力量,但又不如南方村庄强,所以只有部分纠纷被内部化解,还有部分进入了司法渠道,董磊明对华北宋村的研究展示了现代法律制度规范与民间社会调解力量间此消彼长的逻辑关系与历史变迁②,验证了上述逻辑。

2. 人情的社会基础研究

人情(即礼物交换,农民口头语为"送礼")是建构和维系人际关系的一种手段,是十分常见的农村社会现象。阎云翔基于东北下岬村"礼物流动"的田野调查,对话西方人类学礼物交换的理论,提出中国礼物流动所具有的社会互动的文化意义,并提出中国礼物中包含的工具性和情感性特征。③ 与阎云翔理论对话的问题意识不同,我们提出了人情的社会基础研究,即"以仪式性人情为

---

① 参见苏力《法治及其本土资源》,中国政法大学出版社,2004。
② 参见董磊明《宋村的调解》,法律出版社,2008。
③ 参见阎云翔《礼物的流动》,上海人民出版社,2000。

主要的表述对象，以转型期乡村社会性质为主要的理论旨趣，以区域差异为主要的研究视野和研究方法"①，提出从村庄社会结构来分析人情现象的研究框架，分析不同地区人情的性质和差异。

既然人情与村庄社会关系高度相关，那么，它必然与"村庄社会结构"关联，并体现出区域差异特征。带着这样的假说，我们对不同地区农村的人情现象进行了调查，结果发现：南方农村中人情关系稳定，且人情活动具有较强的规则性；北方村庄的人情主要发挥着界定"自己人"与"外人"边界的功能，对内具有公共性，对外具有私人性；中部村庄中人情关系的自由度高，具有很强的私人性特征。

人情的区域差异现象，也可以被"农村区域差异"所解释。在南方团结型村庄中，依照血缘关系建构的社会关系，不仅稳固，而且亲疏远近差别很明晰，这套稳固而又明晰的社会关系就构成农民社会交往的基础，在这样的社区中，不需要借助人情活动来维系先天形成的血缘关系，也不需要用人情来显示亲疏远近。因此，在南方农村中，人情频次低、数量少，并且不同亲疏关系的人情表述方式也有明确的规定，个人在人情互动中的自由度低，所以具有公共规范性。而北方村庄分裂为数个派系，每个农民都要维持"自己人"的圈子，并要区分竞争性的"外人"关系，人情发挥着沟通人际关系和划分"内外"界限的功能。在中部村庄中，血缘之不发达造成了人际关系涣散，且人际关系不稳定，所以每个农民都要主动地通过人情交往建立和维护稳固的社会关系，只有存在人情往来才会建立互助合作，这是由中部农村的分散结构决定的。中部农村的"人情圈"与"互助圈"重合，人情关系是社会交往的基础，所以人情频次高、人情礼金高，并且人情交往的自由度高，具

---

① 参见宋丽娜《人情的社会基础》，华中科技大学 2011 年博士学位论文，第 14 页。

有高度私人性。

3. 面子观的区域差异研究

面子是中国社会中的重要现象,也是社会学研究的重要对象。在西方社会学微观行动理论中以及本土心理学对面子的研究中,面子代表着行动者对于角色的认知,面子类似于"印象",维持面子是为了保障每一次单一的、偶然的社会互动能够顺利完成,对面子现象的分析,侧重于其策略性和技巧性。在中国社会生活语境中,面子是在长期生活中形成和积累的,建立在行动者间熟悉感、亲密感与相互预期的基础上的。农村生活中的面子现象,必须要放到"熟人社会"中才能够被理解,并且,农民的面子观与村庄社会结构相关联而具有区域特征。

关于面子区域差异的理论假说,也被农村经验事实证实了。在南方村庄中,南方农民的面子观是建立在村庄道德价值规范意识基础上的,符合村庄社会中道德规范的行为才会有面子;在北方村庄中,面子与个人的能力直接相关,在村庄社会中的势力大就能够"说话算话",就算得上有面子;在中部村庄中,面子与人情往来高度相关,中部农民眼中的面子既不是北方农民所看重的"地位和尊严",也不是南方农民所看重的"规范和意义",对于中部农民而言,面子具有很强的工具性,"礼尚往来"就是相互给面子①。

农民面子观的差异与村庄社会结构高度相关。南方团结型村庄的社会结构稳固、社会规范完整,对个体角色和行为的要求较高,道德规范的规制力强,面子是村庄价值规范的派生物,因此,在南方村庄中,仅仅有钱有势并不一定能够被其他村民所接纳和尊重。北方农村中派系结构明显,派系之间存在明显的竞争性,派系内部的农户之间也暗含着竞争性,就是兄弟家庭之间也相互攀比,每个

---

① 参见桂华、欧阳静《论熟人社会面子》,《中央民族大学学报》(哲学社会科学版)2012年第1期。

村民都试图通过竞争跻身于村庄社会上层（有面子的群体），因此，面子的基础是社会势力和社会影响力。中部村庄关系松散，农户之间的竞争性不强，谁在村庄中的人际关系广，他的社会影响力就大，就具有面子。

4. 小结

我们还可以从"农村区域差异"中引申出很多可被检验的研究假设。比如，在《论中国农村的区域差异》一文中我们提出村庄社会变迁逻辑，认为市场与国家等现代性力量进入村庄以后，村庄不仅仅被冲击，而且能够以自身的结构回应外部力量，并产生出的新的村庄面貌。其实，"农村区域差异"并不局限于"村庄社会结构"方面的差异，还包括家庭形态、民间文化、基层组织等方面的差异，近些年我们逐步拓展了对"农村区域差异"的研究，较好地将"农村区域差异"观点运用于农村的代际关系、农民分家、农民自杀、宗教传播等社会现象的研究中，实践证明区域差异是一个很好的研究视角。

五　中层理论与中国农村研究

默顿说："社会学只有（但不是仅仅）侧重中层理论的研究，才会有所进展；否则，只注重发展综合社会学理论，社会学就会停滞不前。"[①] 默顿关于普通社会学发展道路的论述，也可以套用到中国农村研究上来，即中国农村研究要重视发展中层理论。下面，以本文提出的"农村区域差异"观点为例，结合学界某些研究套路，讨论农村研究的中层理论的价值。

1. 农村研究的中层理论

首先需讨论什么样的理论观点才算得上是农村研究的中层

---

① 参见默顿《论理论社会学》，何凡兴等译，华夏出版社，1990，第69页。

理论。

我们提出,对于农村中的经验事实存在三种性质的认识:一是对农村社会现象的纯粹描述;二是关于农村的经验性认识;三是关于农村社会的抽象概括。

所谓关于农村现象的纯粹描述,是指研究者所获得的材料不是中国农村中普遍存在的经验事实,即这些现象是偶然出现的,或者研究者从农村经验事实中不能够提炼出普遍性的认识,仅局限于材料本身而获取的片面认识。而经验性认识是指研究者对农村社会现象的描述和分析符合经验事实,并且还超越现象本身而获得某种具有一定抽象性和普遍性的认识,而非如第一种将纷繁复杂的现象进行罗列。所谓抽象概括是指研究者脱离经验事实而直接对中国农村社会整体性质进行高度抽象描述。

这种区分是从认识的性质上作出的,而非表述形式上。比如,以游记、随笔形式完成的陈述,也有可能是经验性的认识,或者是抽象的理论概括,而以复杂的理论词汇包装出来的学术论文,也可能只是对某种偶然现象的主观阐述而已。

当然,这种区分具有相对性。比如,施坚雅提出的"集市社区"而非村庄是中国最基本的基层社会单元的观点,如果仅仅局限于对四川农村或者某些商品经济发达的中部农村社会的话,是符合客观事实的,也就构成了一种经验性认识。但是,由于南方地区和北方地区农村社会结构的基本单元是村庄而非"集市社区",那么,对于整体"中国农村"而言,施坚雅的观点就是不正确的,也就是说,他在成都平原看到的"集市社区"现象,相对于整体"中国农村"而言,仅仅是一种偶然性的现象,属于"地方性知识",而非关于整体"中国农村"有效的经验性认识。另外,经验性认识与抽象的理论概括之间也不存在决然区别,比如"乡土社会"的概念,在跨文化比较研究的层面上,属于对于中国社会的经验性认识,而在具体的农村社会学研究层面上,就显得过于抽象。

什么才算得上是农村研究的中层理论,要参照中国农村研究的基本对象——由千千万万个村庄组成的整体"中国农村"才能够判断。《乡土中国》、《中国文化要义》以及"国民性"研究一类作品,对中国农村面貌做出了文化类型层面上的描述,这种层面的认识远离农村事实,属于"综合理论体系"。还有一类作品,是基于采风式调研或者通过阅读间接获得的关于农村社会的片面认识的基础上进行科学研究,这样的作品具有很强的理论色彩,但是,如果除开其理论思辨的意义不讲,对于认识"中国农村"性质而言,它可能只是讲述了某些关于"中国农村"的偶然现象。这样的认识同样不属于农村研究的中层理论。

农村研究中的中层理论既不属于对农村社会现象的描述罗列,也不是脱离农村经验事实的抽象认识,而是在综合社会现象之后而获得的经验性认识,这些经验性认识是关于整体"中国农村"普遍性质的认识,通过不断的研究,可以在纷繁复杂的各类社会现象中提炼出更多的经验性认识而积累形成整体"中国农村"越来越丰满的图景。由于这些经验性认识也具有抽象性、概括性和理论性,"中国农村"经验性认识的丰富过程,可同时积累更多的以"中国农村"为本体的概念、命题和理论框架,农村研究的发展也是农村社会理论的发展和农村社会学的发展。

归结起来,农村研究的中层理论具有如下几个特征。

其一,研究的根本目标是获得关于整体"中国农村"的经验性认识,而不是获得关于"人类一般行为和规则"的理论认识;

其二,结论是从经验研究得出的,接受了经验检验,理论概括包含了对"中国农村"的经验性认识;

其三,理论观点不是关于"中国农村"性质的高度抽象概括,高度抽象概括的认识是思辨得到的,是不能够被经验所检验的;

其四,具有可积累性,所提出的理论观点不是一组完美的命

题,而是相对准确的,可以在研究中被扩充和修正;

其五,理论观点具有与学界其他理论观点对话的能力,但不陷入逻辑思辨层面的抽象讨论,而是在扩展关于"中国农村"的经验性认识的层面上进行讨论;

其六,建构中层理论时并不排斥其他研究中包含的有价值的材料和理论资源,这些都应该成为农村研究的资源和启发。

2. 对中国农村研究的若干讨论

以"初民社会"为对象的社会人类学被引用到中国研究,一方面产生出巨大影响,另一方面也带来诸多质疑。一般是从方法上,如民族志的代表性问题,或者理论适用性上讨论的①。鉴于社会人类学方法在中国农村研究中的重要地位,我们也略作讨论。站在本文的立场上看,社会人类学与中国农村研究间的张力主要在于是否能够在研究中产生出中层理论。或者说运用社会人类学研究而抽象出的理论观点与整体"中国农村"的经验事实存在错位的可能性。这点借由《江村经济》引发的争论来说明。

利奇(Edmund Leach)认为,如果《江村经济》有意义的话,"它们的意义在于它们本身……它们能够告诉我们的是有关人类社会行为的一般特点"②。即利奇将《江村经济》的研究成果作为"有关人类社会行为的一般特点",而非关于本文所说的对整体"中国农村"性质的认识。这表明利奇根本上否定社会人类学的方法能够认识"中国农村"。弗里德曼也持同样的观点,认为西方人类学进行中国研究时,存在理论建构与"认识中国"的矛

---

① 比如王铭铭就认为:"西方人类学者在从事中国研究时,常常面临一个理论上的自相矛盾:一方面,他们力图运用中国素材来研究西方社会理论的一般性问题,使其研究在理论界获得一席之地;另一方面,为突出其研究的独创意义,他们也十分强调西方理论在解释中国素材时所表现出来的弱点。"参见《社会人类学与中国研究》,第54页。
② 转引自王铭铭《社会人类学与中国研究》,第30页。

盾，否定通过《江村经济》这样的社区研究来认识中国社会的可能性①。

对此，费孝通先生多次②表明，他做研究的根本目的是"了解中国社会"，而不是如同某些西方人类学者（可能包括利奇）"把它作为表演才华的戏台，或者是更平易一些，是一种智力的操练或游戏，或竟是生活中的消遣"③。费孝通的回应抓住了问题的关键，"认识中国"而非抽象理论建设才是他做农村研究的目的，也就是说，在社会人类学与中国研究的关系中，重点是"中国研究"，中国研究是体，社会人类学是用。

假若费孝通先生接受利奇和弗里德曼的批评，将《江村经济》研究的意义仅仅局限于"江村"本身，并放弃"了解中国社会"的目标的话，那么《江村经济》只能等同于一部对太平洋岛屿上某部落的民族志，"江村"仅类同西方人类学视野中的"他者"，目标在于从中进行"人类行为的一般特点"层面上的理论抽象。运用中国农村的经验事实来反思和修正关于"人类行为与文化一般规则"而得出的理论观点不能够成为关于"中国农村"的认识，这样的研究属于一般的人类学研究或者普通社会学研究，而不属于农村研究的中层理论。

费孝通先生自己对于社会人类学与中国研究的张力是很清楚的，他明白"个案"研究不足以代表整体"中国农村"，因此，他在进行更多的社区研究之后，提出了对中国农村进行类型学建构的设想，并做了初步尝试。在社会学重建以后，费孝通将研究单元从"社区"上升为"小城镇"，而他提出的"苏南模式"和"温州模

---

① 参见王铭铭《从民族志方法到中国社区论》一文的讨论，《社会人类学与中国研究》，第23~48页。
② 参见《江村经济》（商务印书馆2009年版）的前言、《乡土中国 生育制度》（北京大学出版社1998年版）的前言、《人的研究在中国》（选入《费孝通集》，中国社会科学出版社2005年版）。
③ 参见《费孝通集》，中国社会科学出版社，2005，第340页。

式"等同样可以看作类型比较研究。费孝通先生的研究目标自始至终是定位于"了解中国社会",他的研究方法探索服务于这个目标。受费孝通先生的启发,我们提出村庄研究的"类型建构"与区域比较的研究方法,最终得出了"中国农村区域差异"的认识。

与费孝通先生坚持农村研究指向"了解中国社会"的学术立场不同,多数国内外的中国农村研究的学者走上了另外一条路。比如弗里德曼,表面上看"摇椅上"的弗里德曼跳出了人类学社区研究方法的局限,提出了认识"中国社会"的"宗族范式"。"宗族范式"影响巨大,但是却造成了很多误解,不少国内学者没有意识到,在弗里德曼那里,"宗族范式只是他的切入点,而不是他研究的目的",即弗里德曼本人并不是想"了解中国社会",而希望借助中国"这个有国家的社会同样存在宗族"的现象,来反思和对话西方人类学在非洲部落研究中提出的"宗族"理论问题①。也就是说,以中国对研究对象的弗里德曼,并不是为了"了解中国社会",而仅仅是为了进行理论对话。忽视这一点,便会错误地将弗里德曼对话人类学理论所得的理论观点当作关于"中国社会"的经验性认识。

在以理论对话为目的的研究中,作为研究对象的"中国农村"构成表述理论的载体和工具。可借用某学者的一句自我评价来表达此研究立场,他说:"我是在农村做研究,而不是做农村研究。"不是做农村研究便是不以认识农村为目的。这样的研究也就不属于我们所讲的指向认识"中国农村"的农村研究之列,也不会产生出包含关于整体"中国农村"经验性认识的中层理论。

放弃"了解中国社会"目标的中国研究是从理论对话中获取合法性的。个别地看,这样的研究立场可看作学者个人的自由选择,而从整体上看,当前中国农村研究中"在农村做研究,而不

---

① 参见王铭铭《社会人类学与中国研究》,第92页。

是做农村研究"的研究是太多了。将农村经验变成任理论打扮的"小女孩",实在是不利于研究的进步。由于不能坚持对农村进行广泛深入正确的调查,导致研究不能建立在对农村经验事实的深厚认识基础上,那么,摆在研究者面前的只有某些农村偶然现象和国内外学术界庞杂的理论。在此情况下进行的中国农村研究,必然是用复杂的理论对单薄的现象进行包装和阐释,这样的研究结论只具有费孝通先生所言的"智力游戏"的意义了。

农村研究需依靠更多的以认识整体"中国农村"为目的的研究才能够发展起来,即我们所倡导的农村经验研究。这样说并不是否定农村研究中的理论对话。那么,农村研究该如何进行对话呢?由于中国农村研究目标不是"人类行为和一般规则"层面上的理论问题,农村研究中的对话应该保持在经验性认识的层面上。下面以施坚雅的"基层市场理论"为例来说明这个问题。

学者主要在两个层面上对施坚雅的理论进行批评。一是抽象理论层次的批评,比如讨论中国农民是否符合经济人假设,以及规范经济学理论在中国社会的适用性;二是经验事实层面的批评,比如黄宗智发现华北农村中村落而非基层市场是基本社会单元。

对于认识整体"中国农村"的性质而言,这两个层面的批评都不恰当。首先,第一个层面的批评是对施坚雅"基层市场理论"背后的一般概念和理论假说的批评,这样的批评是无法被验证的,比如,中国农民是否符合理性人假设,这个问题无法在经验研究中得到确切答案。因此,这个层面的对话,仅仅有益于澄清施坚雅"基层市场理论"的内涵,对于认识"中国农村"无直接裨益。其次,第二个层面的批评,仅仅是停留在现象层面,假若用华北农村中的现象来反驳"基层市场理论",很可能如施坚雅一样,将"地方性知识"不恰当地推论到整体"中国农村"。由于任何理论建构都有一定的抽象性,即剔除偶然因素,也就是说,任何关于中国农村的理论都不可能将所有的农村现象都包含进去,那么,用某些片面现象来反驳理论也是不恰当的。

农村研究中的对话应该保持在经验性认识的层面。比如，前文中对施坚雅基层市场理论的专门讨论就属于"经验性认识"层面的对话。我们既不是找到某种偶然现象来反驳施坚雅，也不是在元理论层面抽象地讨论其理论的有效性，运用"农村区域差异"观点来对话"基层市场理论"，是在经验性认识层面解释和修正了"基层市场理论"。经验性认识具有一定的抽象性，是对农村某种现象的普遍性因素的总结和提炼，通过对话来不断增加、扩展和修正某些经验性认识，能够提高认识的准确性。

坚持中层理论研究，可以避免将"中国农村"变成思辨抽象理论的"跑马场"。社会学科是自西方引入中国的，"中国农村"是社会科学已经比较成熟之后才成为研究对象的，即已经存在比较完善的研究方法和丰富的理论资源可以被运用。相对于抽象理论对话，立足于经验事实来认识"中国农村"的难度要大得多。"在农村做研究"式的抽象理论对话，本质上是将关于"人类行为和规则"的抽象理论与中国农村中的片面现象糅合在一起，以这种方式完成的理论抽象，不是具体的抽象，因为这种方式抽象出来的理论不包含关于"中国农村"的经验性认识。以这种方式研究农村得出的结论，表面上高度抽象，内在基础却是中国农村社会中的某些偶然现象。

当前中国农村研究，既不缺乏抽象理论资源，也不存在获取资料的困难（当前各种资料足够丰富），而是缺乏处理二者关系的能力。中国农村研究的发展应该表现为关于"中国农村"的经验性认识的积累，以及越来越多中层理论的生产。这也决定了中国农村研究的发展和农村社会学的发展是一个长期积累的过程，而非靠在"综合理论体系"层面上的抽象思辨而一劳永逸地实现。因此，中国农村研究期待出现更多费孝通式的人物，而非帕森斯（Talcott Parsons）式的人物。

农村研究的中层理论是经验性认识与理论抽象的统一,是具体的抽象。坚持在中层理论的层面上进行农村研究,就是坚持在实现认识"中国农村"的基本目标下的理论建构。中层理论是中国农村研究的基本方法,也是农村社会学发展的必由之路。

六 结语

中国农村社会学不是一般人类学和普通社会学的理论和方法在中国农村领域的应用性研究,而是以对中国农村的经验事实为基础的理论概括,研究的根本目的不是构造"人类行为的一般规则"意义上的抽象理论,而是通过关于中国农村的"经验性认识"的积累,而实现对整体"中国农村"性质的认识。基于中国农村经验事实,并作出一定概括的抽象的经验性认识,属于中层理论建构。中国农村研究要重视发展中层理论。"农村区域差异"是从"村庄社会结构"角度建构的一种中层理论,农村研究期待更多类此的中层理论。

撰稿:桂华、贺雪峰

南北中国

家 庭

②

家庭继替的区域类型差异

一 问题的提出

既有学术关于家庭的研究主要是沿着两条路径：一是家庭社会学的研究；二是文化人类学关于家庭的研究。既有研究对家庭概念进行界定时，往往喜欢研究家庭有哪些组成要素。比如，费孝通先生将家庭视为一个社会团体、社会组织，家庭是组成大社会的基本单位，是社会细胞，无论多么复杂的家庭结构，都是由父母子"基本三角"①的关系演变而成的。因此，在传统家庭社会学研究中，这一"基本三角"形成了最为简单完整的核心家庭结构，成为其他复杂结构或者残缺结构的基准。杨懋春则认为"人和土地"是构成中国农业家庭的两个基本要素，家庭不外乎是由人和物两种要素组合而成的。②莫礼斯·弗里德曼对中国农村家庭的描述与杨懋春相似，他说："家产、群体与生计是构成家庭的三个基本成分。"③日本学者滋贺秀三也认为"人和财产为中国的家的要素"④，所以"同居共财"是他界定中国农民家庭的核心概念。受费孝通先生"三角结构"家庭概念的影响，有学者对家庭进行了类型学划分：区分出单亲家庭、

---

① 费孝通：《乡土中国 生育制度》，北京大学出版社，1998，第163页。
② 杨懋春：《一个中国村庄：山东台头》，江苏人民出版社，2001，第74页。
③ 〔英〕弗里德曼：《中国东南的宗族组织》，刘晓春译，上海人民出版社，2000，第26页。
④ 〔日〕滋贺秀三：《中国家族法原理》，张建国、李力译，法律出版社，2002，第56页。

夫妻家庭、扩大家庭、联合家庭等几种基本类型，以及次级类型，以之分析历史上或者当代的中国农村家庭形态及其变迁。① 雷洁琼在研究各地农村家庭生活差异时，借鉴现代化理论，将空间上的差异现象化约为结构性的家庭类型差异，并将其解释为由经济发展水平造成的家庭现代化程度差异。② 这种研究思路也是将家庭化约为社会学意义的一般社会组织，但却忽视了乡土社会农民家庭本身所蕴含的政治、经济、文化、宗教和价值等深层次复杂文化内涵，掩盖了不同地区农村家庭乡土特性而非结构性的差异。

以上既有研究的学术积累，对本文研究颇有启发，但是我们认为他们的研究更多局限于家庭内部的关系重构和财产分割等家庭属性，而忽视了家庭的社会属性研究。既有研究也没有关注到我国农民家庭财产权如何更替、父权如何传递、子代家庭脱离母家庭之后如何社会化成为符合地方性知识要求的组织。更重要的是，既有研究很少关注相同的家庭现象在不同区域文化语境下呈现的差异。如为何华北平原村落农民分家是系列分家，华南地区宗族性村落则更多是一次性分家。因此，我们的问题意识是我国农民家庭继替与地方社会结构存在高度关联。

众所周知，中国是地域广阔、不同区域文化存在很大差异的国家。贺雪峰通过长期在农村调研敏锐地发现不同地区农村具有不同的性质和特征，同处一定地域的农村又表现出高度的相似性和同构性，因此，他从社会结构视角把我国农村大致划分为三种类型，即华北是以分裂型村庄为主，华南宗族地区则以团结型村落为主，中部地区则以分散型村落为主。③ 本文试图基于这样的区域类型的视

---

① 杨善华编著《家庭社会学》，高等教育出版社，2006，第58页。另参见王跃生《家庭结构转化和变动的理论分析》，《社会科学》2008年第7期。
② 雷洁琼：《家庭社会学二十年》，《社会学研究》2000年第6期。
③ 贺雪峰：《论中国农村的区域差异——村庄社会结构的视角》，《开放时代》2012年第10期。

角来对华北、华南和中部三个地区的家庭三元素（财产权、伦理责任和社区性家）进行比较，以便我们对中国不同区域类型村庄家庭延续的内在逻辑有更加深刻的认识，从而促进我们对不同农民观念中家的文化内涵及其性质有本质上的把握，最终尝试建构出三种不同区域的家庭理想类型。

二 区域类型比较视野下家庭财产权的差异

中国农村社会地域范围广大且呈现非均衡性特征，不同区域社会村落历史、社会结构、农民之间的社会关联度、宗族发育程度、农民生活的面向和村庄价值生产能力等都存在明显的差异。在这样的社会基础之上，农民家庭财产的生成方式、财产范畴、财产权及其传承等在不同区域类型的村庄中也呈现不同的实践形态。

（一）华北村落农民家庭财产权：家庭财产性质明显

我们在华北农村调研看到，儿子尚未成家之前，父亲可以完全掌控家庭财产，儿子结婚成家之后，父亲就难以控制联合家庭的财产权，就必须采取结婚一个就分家一个的家庭策略。其背后的社会逻辑是父子两个家庭的财产权冲突。要理解为何华北平原父子家庭财产权冲突就应该从其财产权如何生成和财产权性质切入研究。

在传统时代，农民家庭财产基本是依赖于土地作为主要生产要素来创造财富的，但是我们知道华北平原一直以来人地关系都是非常紧张。根据章有义先生的计算，在 1812～1949 年这 137 年间华北人均耕地面积从 4.2 亩降到 3.0 亩。[①] 20 世纪 30 年代全国土地

---

① 章有义：《近代中国人口和耕地的再估计》，《中国经济史研究》1991 年第 1 期。

委员会对华北地区各省农民家庭耕地的调查统计显示,华北平原人均耕地面积最多的是山西省,为4.83亩,最少的是山东省,为2.7亩。①

换而言之,从农业剩余与祖产关系来看,华北农村传统农业经济决定了很多普通农民家庭难以在动荡的社会中积累起足够的农业盈余,也很难为血缘组织的发展提供必要的物质基础——族田(祖产)。没有祖产就意味着,华北平原历史上父子共享祖产的程度很低,或者说父亲掌控祖产的能力几乎没有,家庭财产基本上是每一代人后置的,那么在子代没有成家之前,整个家庭财产就是父亲控制,一旦子代成家,子代创造的财产也就只能归子代家庭掌控。子代家庭的财产很大程度上不是通过祖先传承下来,因此,父亲难以借助祖先的名义来压制子代分家,所以华北平原农民家庭就出现了儿子结婚一个就分家一个的现象。

从农民家庭财产生成与财产性质来看,华北农村很少有联合大家庭的家庭财产形态,其财产边界以核心家庭为主,即华北平原农民家庭很少有祖产而是以家产为主要形态。那么,缺乏祖产支撑的父权就显得相对较弱,他难以对大家庭财产进行支配和处置。因此,华北平原农民家庭财产权在实践中呈现两个突出的特征:一是财产始终为核心家庭所控制,而且只允许有一个当家权存在,在子代未成家时父亲可以对自己当家的核心家庭的财产进行有效支配和处置。二是华北平原家庭财产权只能有一个支配主体,一旦儿子结婚,大家庭就产生两个相对独立的财产权支配主体,父母就难以掌管子代小家庭的财产了,连父权对大家庭财产的象征性控制权也有可能完全丧失,父亲的财产权的边界就会退回到自己的核心家庭。简言之,我们认为华北平原农民家庭财产权始终属于当下核心家庭独有,农民家庭在同一份财产上很少会出现"祖先→我→子孙"

---

① 全国土地委员会:《全国土地调查报告纲要》,1937,第23页。

三重人格并存的现象,一旦家庭中出现两个财产权就会导致家庭迅速分裂,从而使子代能够尽快拥有独立的财产权。

(二) 华南农民家庭财产权:祖产性质明显

尽管华南地区开发较晚,但由于长期免受战乱的破坏,弗里德曼认为"华南宗族村落普遍有延续近25代的历史"①。可见,华南单姓聚族而居的村落,远离国家政权中心,血缘组织非常发达,地缘并不是华南宗族型村落显著的标志。从土地产出来看,华南除了稻作经济产量比较高之外,这一区域的生物多样性资源也为农民家庭人口再生产提供了天然的保障,一定程度上奠定了家庭实现终极期望的经济基础,那么宗族在长足的发展周期中就有机会为子代积累更多的财产。这就是弗里德曼所谓的"稻作农业盈余能够为血缘共同体提供公共财产"②。这与华北平原地权高度分散,旱作农业本身产量较低,而且近代以来社会动荡不安等多种因素影响下,农民家庭难以在较短的发展周期内把家产发展成为祖产形成了鲜明的对比。

就华南家庭财产形态来看,无论是传统时代还是当下,通过调查可发现,华南宗族型农民家庭的土地占有包括两部分:一是分配到户的责任田和宅基地(即家产);二是从祖辈手上继承下来的共有祖产,包括祖坟地、林地、祠堂、老祖屋、河流和池塘等不动产。两种土地所有权中都包含了浓厚的祖业色彩,这些财产都归亲房或整个宗族共同支配。从财产的"三重范畴"来看,华南宗族型村落农民家庭的财产是以家产和祖产为主要形态的,如华南子代常分到祖传的老祖屋,可见农民财产依然具有很浓厚的祖产色彩。

---

① 〔英〕弗里德曼:《中国东南的宗族组织》,刘晓春译,上海人民出版社,2000,第5页。
② Freedman Maurice. *Chinese Lineage and Society*, *Fukien and Kwangmung*, The Athlone Press of University of London, 1966.

基于这样的一种财产生成方式,不论是家产还是祖产,从本质上来说华南农民家庭财产都带有明显的伦理性和公共性。华南农民家庭财产伦理等级性在生活实践中主要体现在两个方面:一是不同的财物之间存在等级伦理性,如华南宗族型村落中的开基祖坟、祠堂和祖屋等不动产就具有很高的伦理性或象征性,农民把它们视为本宗族共有的"精神财产"和家族延续的象征;二是同一财产的多元权力主体之间具有伦理等级关联性。

换句话说,华南农民家庭的财产性质具有"祖先→我→子孙"三重人格并存的代际伦理色彩。从财产的权属来看,当下活着的男性都不是唯一的财产所有者,财产主体包含"过去的祖先→当下的我→未来的子孙",即由虚拟的产权人"祖先和子孙"与具体的产权人"我"共享同一财产,或者说其财产主体更加偏向于整个家族而非家庭。在祖产形态之上内生出的华南父权就有很高的威望,尽管他也不是财产的唯一支配主体,但他作为祖产的守护者和传承者,对远去的祖先和未来的子孙负有不可推卸的伦理责任。由于父子之间、兄弟之间共享祖产程度很高,内生出的父子一体伦理责任很强,由此衍生出来的兄弟一体伦理责任也很强,父亲就能够整合所有子代一起完成每个儿子的婚姻使命,从而完成传宗接代的任务。那么结婚之后的儿子就不能马上脱离父家庭,而要协助父母完成其他兄弟的婚姻才能一次性分家。

基于以上对华南农民家庭财产生成与财产性质,我们认为华南农民家庭财产权继替过程中存在凸显的特征:华南宗族型村落农民家庭财产带有浓厚的祖业色彩,在核心家庭财产权之上还存在父权的象征性控制权,那么基于祖业观之上的财产是由"祖先→我→子孙"三重人格构成"家系"①,成为财产权的主体。因

---

① 高永平:《中国传统财产继承背后的文化逻辑——家系主义》,《社会学研究》2006年第3期。

此，我们认为华南宗族型农民家庭财产权继承背后所反映出的文化逻辑更倾向于"家族本位"而非"家庭本位和个人本位"。父亲对家庭财产具有很强的控制权。子代财产权"共有"关系底色浓厚。从财产的继替来看，华南财产权在父子一体中能够得以完整传承，父权能够统合子家庭于母家庭之下，并且父子兄弟共享祖产程度很高，因此，子家庭之间容易以母家庭为重心，形成大家庭的意识。

（三）中部农民家庭财产权：私人财产性质明显

从经济基础来看，中部地区种植稻作经济，农业剩余也相对充足，而且历史上中部地权分配高度集中于少量地主手中。我们在成都平原、渝北地区的调研得知，传统时代95%的农户都是佃农。换句话说，传统时代成都平原是"地主—佃农"的土地资源配置模式，地权高度不平衡就衍生出"高剥削率"。如曹芬研究得出，"成都平原的实物地租率一般为50%，最高为80%，佃户交完租后扣除自己劳动几乎一无所有"[①]。由于佃户家庭对生产资料的拥有程度极低且承担高剥削率的负担，所以会出现严重的社会后果：一是佃耕面积比例高达80.72%，即租佃关系高度市场化，这导致农民流动性极强；二是缺乏土地和流动性的家庭生活，致使农民没有长足的时空条件来积累家产。[②] 也就是说，近代以来成都平原的农民通过土地生财难以维系人口再生产和积累家庭财富，家庭所创造的财产甚至不能维持最低限度的生活。

由于家庭缺乏土地资源，父亲很少有机会整合人力资源来依赖土地创造财富，农民常从事非农行业来养家糊口。我们在中部农村

---

① 曹芬：《田地与租佃问题——民国时期川西农村经济研究》，《成都大学学报》2000年第4期。
② 郭汉鸣、孟光宇：《四川租佃问题》，商务印书馆，1944。

调研了解到，一直以来这一区域子代进入"基层市场体系"① 的时间相对较早，父亲希望子女早日进入劳动市场来自谋生路，减轻大家庭经济负担。从逻辑上来讲，当家庭中的个人能够自由地把自己的劳动力在市场上出租兑换成货币时，实际上个体劳动力进入市场就有了价值判断，这样，过早投入劳务市场的子代就容易被形塑出独立的私有财产权意识。在缺乏祖产经济基础上，财产很大程度上不是通过家庭成员合作，依赖土地共同创造的，而是个人在高度商品化市场中来获得生存资源，那么个人选择生存的空间很大。这样，家庭成员就容易内生出"自我生存"的方式，即个体通过出租劳力创造的财产纯属私人财产，哪怕不与家庭成员共同分享也不会遭受道德舆论谴责，"同财共居"的意识就非常弱，私人产权意识则非常强烈。中部地区农民家庭经济行为不需要承载更重的代际伦理责任，它是一种生活型或消费型的经济，在生活实践中表现为"谁挣钱，谁消费"，家庭成员所积攒的财产不必上交给大家庭，而容易被个体即时消费掉。如果从家庭财产范畴来看，原子化地区没有祖产，主要以家产和私产为主要形态，甚至可以说，家庭内部私有财产权的色彩还非常浓厚。

因此，我们认为原子化地区家庭财产权在继替过程中有如下三个显著的地域社会特征：一是从代际财产权传承来看，母子家庭之间的财产权始终都是相对独立的；二是子代家庭之间的财产权是非常清晰的；三是中部原子化地区农民家庭"男女无别"财产权继承原则较为明显。

三 家庭伦理责任实践的区域类型差异

我们所在的学术团队关于华北、华南和中部三个区域农民家庭

---

① 施坚雅：《中国农村的市场和社会结构》，史建云译，中国社会科学出版社，1998。

的研究已经有了较为厚重的学术积累。例如，贺雪峰和郭俊霞对11个省区的15个农村家庭进行深入调查后，从代际交换的程度、代际之间的紧张性、代际关系的平衡性和代际关系的价值基础四个维度来分析不同区域农民家庭代际关系的差异。① 这四个维度为本文进一步具体分析华北、华南和中部农民家庭伦理责任差异提供了理论框架。

（一）华北小亲族地区家庭伦理责任：为儿子操心

我们在华北平原开展农村家庭调研时，问及当地父母在过日子中必须完成哪些人生任务，当地农民用一句话来描述自己沉重的人生任务，即"父母一辈子欠儿子一个媳妇，而儿子则只欠父母一副棺木"。这句话一语道破了华北农村父母一生中"过日子"是以儿子成家为核心目标。

那么，华北农民要完成哪些人生任务？农民们说"三大"人生任务是"建房、娶媳妇和办孙子满月酒"。它们是一个责任链条，这三者之间环环相扣，而且前者是实现后者的基础，因此，华北农民说"做生做死"就是为了儿子建房子。反之，正如华北农民们说，即使自己的家庭生了儿子，如果自己没有能力建房，儿子在婚姻市场上就失去婚姻谈判能力，儿子就不能成家立户，自己也就不可能看到孙子的出世，如果这样的结局发生在自己的家庭身上，就会被村庄其他村民嘲笑是"生得起，养不起，更讨不起"的父母。可见华北平原农民家庭在"过日子"实践中非常在乎村庄的社会舆论压力，这也说明华北村庄还存在很强的价值生产能力，农民家庭的生活是面向村庄内部的，父母"圆满"自己的人生也是在村庄意义生活世界中得以实现的。

---

① 贺雪峰、郭俊霞：《试论农村代际关系的四个维度》，《社会科学》2012年第7期。

尽管"建房、娶媳妇和办孙子满月酒"构成华北平原母家庭刚性的"三大"人生任务，但从客观上来说，未必每个农民家庭中的父母在过日子的实践中都有能力来顺利完成这样沉重的代际伦理责任。因此，在华北平原农业产出量低的情况下，父母必须通过"摸天摸黑"的手段来积累财富，以作为子代成家的资本。这就形成华北平原厚重的代际伦理责任。

就华北平原农民家庭子代反馈而言，如前论述，华北平原母家庭"过日子"是为儿子而活着的，这样的一种生存伦理就决定了母家庭的资源都是流向子代，所形成的家庭伦理是朝着下一代，用华北农民的话说是"向下孝"。那么在母家庭完成子代成家立业的人生任务之后，子代又要为新生代的人生任务而努力，于是华北平原农民家庭子代反馈父母的责任要远远低于父母为子代的付出。

（二）华南宗族型地区家庭伦理责任：为香火延续操心

从经济基础来看，华南稻作经济产量剩余相对较多，农业剩余有利于维系家庭的人口繁衍和实现大家庭的终极理想。在传统时代，父辈农业生产经验是创造财富的主要源泉。在日常生产中是由父亲统筹家庭资源共同创造财富，随着父亲控制更多的财产，实际上父亲的财产权也得以不断增强。经过世代的传承，华南宗族型家庭的老祖屋、厅堂和山场等不动产就演变成祖产并归整个亲房或宗族共有，因此，父子共享祖产的程度很高，而且父亲是作为祖产的代管人，他可以通过控制财产来制止子代分离的行为，从而不断积累更多家产。随着家产不断累积和家庭不断延续，大家庭就会发展成为强宗大族，形成强有力的地方性宗族价值规范。这一地方性宗族价值规范表现为家庭内部衍生出权威与服从的代际权力结构，以及在村庄中形成超强的价值生产能力和道德舆论。父亲在家庭内部是主导性力量，他整合家庭资源旨在让子代共同创造财富和共享财产来完成每个儿子的婚姻大事，因为只有每个子代都成家并生育男丁，家庭的祖产和宗祧责任才能不断得以继替，从而实现宗族"香火延续"的终极期望。

换句话说，华南宗族型农民家庭的本质是以世系绵延为目的的宗教与伦理血缘共同体，即在注重祖先崇拜和香火延续的宗族型农民家庭中，确保每个人都可以娶到媳妇，让每个儿子都能够有资格继承母家庭特质成为符合宗族村落的地方性价值规范的要求。在生活中以父子共同完成子代成家立业为伦理责任的核心内容。父母只有完成子代人生任务之后，才能获得进入祖宗行列的资格。如我们在赣南调研了解到，如果父母没有完成子代的任务，死后只能在墓碑上刻上"父"字，完成的就可以刻上"公"字，说明此人已经有资格进入"老祖公"行列，就会成为被子孙后代永远敬仰和祭祀的对象。基于这样的宗族文化制度设置，父子兄弟之间形成的是一种向内凝聚的"义务型伦理"，每个人活着就不是为了享受眼下的物质生活，而是为了完成传宗接代的任务。宗族型村落的农民只有经历"传宗接代→入土为安"所构成"生命伦理"[①] 的历程，自己的人生意义才是圆满的。

从代际伦理来看，强父权可以整合子家庭于母家庭之下，形成以父子一体为主轴的血缘单位。换句话说，父在子不能专权，子代的权力是依附于父权的，儿子对父亲基本上是处于服从地位。父亲当家带领子代共同努力来完成传宗接代的人生任务，具有很强的合理性并受到道义支持。子家庭在经济上和权威上都处于依附的地位，它们的边界是不明晰的，不具有独立的社区性家庭身份，仅仅是大家庭中的一个成员，整个家庭财产都被父权控制，当子代都成家之后，才能一次性分家，这说明"父子一体"连带伦理凝聚力很强。华南农民家庭"兄弟一体"伦理责任较强，实际上是由强的"父兄一体"伦理衍生而来的。因此，大家庭是举全家之力来

---

① 杨华：《传统村落中的伦理》，《湛江师范学院学报》2008年第2期。

完成每个儿子的婚姻大事。每个儿子的婚姻不是个人私事,而是整个大家庭的任务。做父母的要承担,做兄弟的也要出力,即使已经分家单过。人们是将大家庭作为一个整体来评价的,如果一个儿子沦为"孤头老"(光棍),那么大家庭乃至整个宗族都会颜面扫地。

综上所述,华南地区存在较强的父权和规范的宗族价值评价体系,家庭伦理责任更加凸显传统性特征:首先是父子、兄弟之间的伦理连带责任较强。其次是代际"反馈"模式能够得以很好地实践。华南宗族型农民家庭父子、兄弟之间存在高度的连带伦理责任,每个家庭要对"祖先和子孙"这两端负有宗教性的伦理责任,也就是说,人人都要把自己的生活嵌入"上对得起祖先,下对得起子孙"的宗族"香火延续"链条中,才能体验到生命无限绵延的宗教性意义。

(三) 中部原子化地区家庭伦理责任:缺乏传宗接代的动力

由于家庭经济基础薄弱和宗族发育极不成熟,在这样的社会基础上所形成的原子化农民家庭会呈现明显的区域特征:农民传宗接代的宗教性价值追求非常弱化,而农民追求世俗性的物质生活观念则较强。换句话说,原子化地区农民家庭生活的面向是现实性和物质性的世俗生活,人们难以被形塑出具有活在过去祖宗的庇护之下的"历史感"(即祖先崇拜的观念很淡薄),也没有未来的延续香火之类意义深远的长远预期。这导致每一个家庭只从自己开始算起,祖祖辈辈他弄不清楚,他也没有必要去搞清楚,子孙能否延续香火并不是他操心的事情。可见,原子化地区的农民不是走出"祖荫",而是根本没有"祖荫"。在传统家族制度下,父亲愿意为儿子付出的前提是父子一体,而在原子化川西地区,农民家庭父子分离,家庭成员的劳动只能转化为个人消费,而不是为了积累家产,这是一种实用主义,父子之间非常讲究付出与收益的平衡。

在原子化地区农民家庭消费型的生计模式中,个人的劳动成果只能在同一主体上实现,而不能由两代人共享。由于父子分离,原子化地区代际之间缺乏合作完成传宗接代的强劲动力,父子之间是一种功能性理性算计的合作关系,都是注重眼前的物质享受,农民生活的意义不是把自己的有限生命寄托于远去的祖先和未来的子孙身上。

这是一种代际伦理很淡薄的具体表现,从而决定了原子化地区农民生活的意义在于当下的物质享受,缺乏超越世俗性价值追求,农民家庭传宗接代观念极为弱化。原子化地区农民家庭不是一个人可以寄托全部生命价值意义的宗教祭祀单位,而是一个提供家庭成员追求物质享受的生活场所。儿子能否成家并不构成父母最大的"操心",兄弟打光棍,其他兄弟不会"多余操心"。由于原子化家庭父子之间缺乏传宗接代的价值支撑,代际合作的经济态度就不是为了积累家庭财富,也不是为了创家业,而是为了满足每个人现实生活的需求。由此而生长出来的家庭代际关系是功能性与交换性的、现实性强的、松散的、人格平等的,伦理性角色要求较低的。在生活实践中,原子化家庭的农民生活态度是随意的、安逸的,没有长远预期,非常注重当下的物质享受,不承载代际伦理责任。因此,代际之间形成的是一种功能性和交换性的合作关系而非伦理性和义务本位的伦理责任。

四 家庭融入熟人社会路径的区域类型差异

如果从区域类型比较的视角来看,不同村落社会基础中新成立的家庭在社区化过程中的行动逻辑会呈现明显的差异。我们将从村落的社会结构、母子家庭社区性身份交替关系和家庭社区性意义三个维度来展开分析三种不同类型村落的家庭是如何社区化的。

（一）家庭融入熟人社会的社会结构差异

华南以单姓聚族而居形成的宗族型村落社区记忆较强，血缘组织发育非常成熟，村落内部地缘与血缘边界往往是高度重合的。在整个村落社区中，如果以家庭为中心往外推延，那么在核心家庭之上还存在房头（支）和宗族这种规模更大的血缘组织认同单位，即村落是由"核心家庭→房头→宗族"形成的血缘组织等级社会结构。从社会层面来看，在华南宗族型村落中，从母家庭脱离的子家庭在社区化过程中遵循的是"家庭+宗族"的人际关联模式，那就是最具有代表性的"差序格局"[①]。就华南单姓宗族村落而言，在整个差序格局中是一个没有陌生人存在而完全由自己人构成的血缘关系共同体。

华北村落由多姓杂居构成地缘和血缘交织的关系共同体，即由"核心家庭→兄弟、堂兄弟→门子→村落"形成的社会结构，它是"差序格局"衍生出的一种社会结构，但它与差序格局不同之处在于圈层认同结构中并不是由单一的血缘关系构成，它是由血缘与地缘互嵌构成的。在这一圈层认同结构中存在"家庭+门子"和"家庭+村落"两种人际关联模式，前者是由血缘关系建构起来的"自己人圈子"，是属于自己人的社会，后者则是基于地缘关系所建构起来的"熟人社会圈子"。

就中部原子化社会结构而言，由于中部原子化地区的村落历史比较短，家族发育程度极不成熟，超越家庭之上就难以形成如华北的小亲族集团、华南宗族型村落的房头和宗族这样明显的结构性力量。王习明对四川罗江县井村调研后指出，新中国成立前，"井村自耕农很少，普通农民分家之后，兄弟常常不能到同一个地方租地维持生存，因此，分家之后的兄弟大部分不在一起生活，他们一般

---

① 费孝通：《乡土中国　生育制度》，北京大学出版社，1998，第24页。

只是在红白喜事及重大节庆时才相互来往,很少共享资源,更无法形成聚族而居的宗族"①。贺雪峰把这样的村落称为"缺乏分层与缺失记忆"的村落。② 换句话说,在中部农村,地缘关系高度发达,很大程度上地缘替代血缘成为村落社会关系的基础,形成了结构松散的地缘性村落。

(二) 代际家庭社区性身份交替的差异

在华南宗族型村落中,所有家庭都是同一祖先传承下来的,村落内部血缘组织已经发展成为具有等级性的社会结构,每个家庭在村落中的伦理地位是先赋性的。那么母子家庭并存时,即使子代成家立户了,只要父亲健在,母家庭社区性身份的伦理地位就高于子代家庭,父亲是大家庭的代表。换句话说,即使父母丧失劳动能力,但是父权作为大家庭的象征性权威仍然能够统合子家庭,凡是涉及宗族的红白喜事,依然以父亲为"一房"的名义参与人情交往。用华南宗族型村落农民的话说,"父在为大,子不能专权",父亲作为大家庭符号的象征性意义比实际当家的意义更为重要。这主要是在母家庭存在时,华南社区性家的基本主体是母家庭,子家庭只能是大家庭中的"一员",小家庭只具备"私人性",还不具备自己独立的社区性家庭身份。因此,华南宗族型村落母家庭的"社区性身份"与"生物学"意义上身份的生命周期基本是重合的,当父母去世时,母家庭的社区性身份才消失,这时子代家庭才能真正获得社区性身份。

就华北母子家庭社区性身份关系来说,对于多子家庭,一旦子家庭脱离母家庭获得独立的社区性家庭身份之后,子家庭就要开始构建和维护其自身的社会关系,维持相对稳定的社区性人际圈。这

---

① 王习明:《川西平原的村社治理》,山东人民出版社,2009,第41页。
② 贺雪峰:《新乡土中国》,广西师范大学出版社,2003,第22页。

个时候，母家庭也依然维系其自身的社会关系。此时的母家庭之所以继续成为社区生活的行动主体，是因为母家庭中还有未成家立户的儿子。母家庭还需要积极参加村庄公共生活来获得各种社会资源的帮助。但是当所有的儿子都成家立户并从母家庭中剥离出来以后，母家庭依赖社区的功能性需求就基本丧失，母家庭的社区性身份就开始隐退了。因此，华北村落母子家庭的社区性身份是一种更替关系。

在原子化地区，母子家庭在日常生活中财产权是相对独立的，代际之间的合作性弱，功能性比较强。当然在子代成家之前，母家庭肯定就是一个人情单位。但是一旦子代成家之后，即使母家庭不分家，那么家里同样会出现两个人情单位，母家庭只会管自己的人情往来，子代也只会参与自己的人情往来。这主要是因为原子化地区家庭不能提供个人实现价值的功能，母子家庭都要通过积极参与社区性活动来获得。换句话说，原子化地区母子家庭的社区性身份是并立的，母子家庭都是比较独立自由的社区行动单位，母子家庭互不干涉。

（三）家庭获得社会价值建构的差异

在华南单姓聚族而居的宗族型村落，血缘是联结农民家庭之间互动往来的最重要的纽带，血缘把"远去的祖先→当下的我→未来的子孙"连接在一起。华南宗族型村落是由"一杆插到底"的父系组成的血缘伦理共同体。因此，生活于宗族之下的每个家庭有强烈的"一家人"的血缘认同感，而且每个家庭都只是宗族的一员。在宗族型村落中，基于整个村落都是"自家人"的血缘关系认同，人情是一种伦理性义务的互动，送人情和办酒席量力而行，在整个红白喜事中没有外姓家庭参加，每个家庭参与人情往来不是为了获得村落面子和讨好其他家庭，农民家庭在社区互动过程中遵循的是"差序格局"的人际交往准则。这样的人情性质决定了华南宗族型村落每个家庭并不是通过人情往来建构起自己家庭的社区性意义，而是从参加宗族组织的舞龙灯、接太公、家族祭祖等集体性活动来强化宗族内部的凝聚性。因此，华南宗族型村落农民家庭的认同与行动单位是宗族而非个体家庭。

华北村落不像华南宗族型村落是地缘和血缘边界高度重合，而是一种地缘与血缘关系交错构成的关系共同体。在这样的社会结构之中，由于家族发育不完善，每个门子在村落中势力相当，村落中门子之间是一种相互竞争、打压和排挤的关系。在这样复杂的关系共同体中，每个家庭想在社区互动中不断建构自己家庭的社区性地位，就必须学会"两条腿"走路，一方面自己的家庭不能得罪门子中的家庭，另一方面也要通过后天的人情往来建构地缘关系。只有自己的家庭能够处理由血缘关系组成的"自己人圈子"和由地缘组成的"熟人社会圈子"这两种关系，并得到两股势力的支持，自己的家庭在社区中的地位才能得以提升，自己的家庭才能真正获得社区性意义。在华北平原，村落圈层认同结构中既有自己人的圈子，也有熟人社会的圈子，因此，每个家庭在社区性意义建构过程中不像华南宗族型村落只是按照差序格局来行动，而是遵循两套规则，即在自己人圈子中是以差序格局的原则来互动，在熟人社会圈子中则以功能性目的来进行互动。

就原子化家庭社区化的行动逻辑来说，这一区域村落历史较短，家族难以发展成为完整的具有宗族色彩的社会价值规范体系。这样的村庄中的社会结构的关联度极为松散，每个家庭在社区交往中表现为"家庭+家庭"的人际关联模式。子家庭从母家庭分裂出来之后，由于缺乏兄弟连带责任，兄弟家庭之间的关系非常淡薄，都是"各管各"，人们的利益关注点都是自己的核心家庭，超越家庭之上不再有房头、门子和宗族等更高差序的认同结构。换句话说，基于这样的社会基础之上形成的村落有明显特征：村庄内部没有很强的宗族结构和家族集体记忆，村落内部农民家庭之间的社会关联程度极低。在这样的社会结构中，家庭就是一个独立的行动单位,其行动不受制于任何社会结构力量的规制,人们的行动逻辑就是"家庭本位"。由于原子化家庭缺乏传宗接代的本体性价值诉求,人们不需要通过完成子代人生任务来获得村庄的认可,而是注重通过积极参与村落频繁的人情往来实现家庭的社会性价值,用成都平原农民的话说就是"不赶人情的家庭就不是家了"。

五 家庭继替模式的区域类型差异

受吉尔兹"地方性知识"①(local knowledge)概念的启发,我们提出了"地方性共识"这一概念,即在一定村落场域中农民分享共同的地方生活文化习俗,遵守相同的道德价值规范。由于我国农村是一个地缘范围广大的巨型社会,不同区域的农村,因村落开发时期、宗族发育程度、居住结构、经济种植方式、传统地权的分配以及传统文化积淀等方面差异巨大,在这样的社会基础之上所形塑出来的农民家庭的生活方式、财产权、伦理责任和家庭社区化的行动逻辑都表现出明显的差异。

"过日子"成为乡土社会农民生活的主要内容,也是解读农民生活意义世界的关键词。它既体现了农民自己对生活意义的理解,也包含了农民想当然的行为方式,指导农民家庭生活的观念属于地方性共识的一部分,那么,它必然体现出浓厚区域社会的色彩。我们在全国不同区域类型的农村进行社会调研,发现不同地区农村家庭生活现象及其特性确实存在明显的差异,也证明了这一点。为了展示三种区域类型村庄家庭继替内在机制的差异,我们在下文将运用区域类型比较的方法,粗略分析华北分裂型村落、华南团结型村落和中部分散型村落中家庭继替模式现象的差异。

---

① 〔美〕吉尔兹:《地方性知识——阐释人类学论文集》,王海龙、张家瑄译,中央编译出版社,2000。

（一）华南团结型村落的共同体模型

对家庭继替的分析表明，华南家庭的母家庭相对子家庭在财产权、资源配置和社区参与资格上表现出很强的优势，父权家长特色明显。子家庭从母家庭中脱离出来，需要较长的时期，表明分的力量受到父权的抑制。华南宗族型村落集体祭祀祖先活动发达，父系文化传承延续性很强，家庭纵向延绵性强，表明继的力量强大。从子家庭间关系来看，兄弟家庭之间具有很强的连带伦理责任，华南农民家庭至今存在"长兄如父，长嫂如母"的地方性共识，即父亲不在世时，兄长要负担起弟弟成家立业的责任。兄弟家庭甚至是叔伯堂兄弟家庭之间，有很强的血缘认同感和一致行动力，体现了强大的合力。

华南宗族型农村家庭中继的力量强大，分的力量受到压制，合的力量是被鼓励的，三种力量交织在一起，形成了同财共居范围大、父权发达、家庭传承性强、兄弟家庭关系紧密、宗族记忆长的家庭生活形式，当下的每个家庭依然是活在"祖荫下"，我们将其称之为共同体模型。

（二）华北分裂型村庄的联合体模型

华北农村家庭中，母子家庭在财产权、资源和社区参与资格上存在冲突，母家庭对子家庭的控制力不强，父权微弱，表明继的力量不明显；子家庭有强烈的分家独立冲动，能够向母家庭争取权力和资源，表明分的力量强；兄弟家庭通过索取高额彩礼和分家竞相分割母家庭公产，造成潜在的竞争性。在对外方面，兄弟家庭能够联合起来对付来自其他门子家庭的压力，具有一定的合力。华北兄弟家庭的合力与华南农村不一样，华北农村兄弟家庭不存在很强的连带责任，亲兄弟明算账，只有受到外部威胁时才能够暂时整合起来。

由于继的力量弱，母家庭随子家庭成长而消失，使得兄弟家庭之上不存在笼罩性组织。兄弟家庭在竞争性与合作性方面存在微妙平衡：竞争性彰显，就会造成兄弟冲突；合作性占上风，兄弟家庭团结。华北农村中以兄弟核心家庭为单位，形成"对内竞争、对外合作"的联合体模型。①

（三）中部分散型农村的原子化模型

中部农村的母子家庭间替代性弱，兄弟家庭间独立性强，在财产权、资源和社区参与资格上，母家庭与子家庭，兄弟家庭间，各自具有独立的权利和权力，基本无继的力量，因此，父权很弱；兄弟家庭间相互期待低，"各种各的地，各吃各的饭"，关系疏远，既无连带责任，也无明显冲突，合力和分力间低度平衡。由此，在中部村庄生活中，表现出母家庭和子家庭连带责任弱化，如江汉平原父亲生产的粮食不会白送儿子和孙子，要拿到市场上全部卖完；川西兄弟家庭之间关系非常淡薄，由于兄弟之间对父母生养和送葬责任有明确的划分，兄弟家庭之间可以不帮忙处理父母后事，互不干涉，独立平等，关系松散，形成了原子化模型。

六 结语

本文从村落历史、家庭经济基础、农民之间的社会关联度、血缘组织发育程度、农民生活的面向和村庄价值生产能力等多个维度来对比分析华北分裂型村落、华南团结型村落和中部分散型村落农民家庭继替内在机制的区域类型差异。通过粗略的比较分析，我们对家庭三元素，即家庭财产权、家庭伦理责任和社区性家庭在农民生活实践中呈现出来的现象有了进一步的深度认识。从区域类型比较的视角来看，家庭三元素在农民家庭延续过程中所表现的差异主

---

① 陶自祥、桂华：《论家庭继替——兼论中国农村家庭区域类型》，2012，未刊稿。

要有如下几方面。

首先,就三个区域类型村庄的财产权来看,华北分裂型村落农民家庭的财产权始终是为核心家庭所掌控,母子家庭的财产权是相互冲突的,当子家庭成家立户之后,母家庭的财产权就被子代分割殆尽,子家庭更替了母家庭的财产权。华南宗族型村落中,母家庭在自己家庭生命周期中对子家庭的财产具有持续性的影响,待父亲去世或父亲主动移交当家权之后,子家庭才真正获得财产的控制权,否则子代就要受到"父不父,子不子"的村落社会舆论的压力。中部原子化地区的母子家庭自始至终财产权都是相对独立的,子家庭从母家庭剥离之后,母子家庭之间的财产权是独立的,母家庭是无法掌控子家庭财产的。

其次,家庭伦理责任方面,由于华北家庭经济基础薄弱,在人地关系高度紧张的情况下,母家庭的人生任务是采取一切家庭策略和手段来为子代成家立户积累家产,这样的生活目标就决定了母家庭要承担残酷的代际剥削,子代成家立户之后,同样要接替这样的人生任务继续奋斗下去,那么子代反馈母家庭的赡养责任要远远低于亲代的付出。在家庭资源分配上,就表现为"恩往下流",在家庭伦理责任上则表现为厚重失衡的代际关系。华南农民家庭由于宗族发育成熟,宗族社会价值体系完整,父子兄弟之间能够形成义务型伦理责任,父母有责任和义务来完成子代的人生任务,子代也有责任来赡养父母,父子之间是一种厚重平衡的代际关系。而中部原子化地区农民家庭,由于家庭缺乏传宗接代的价值基础来支撑家庭延续,父子之间缺乏长远预期和共同奋斗的目标,父母只需要把子代抚养成人就算完成了人生任务。在这样低度的代际伦理责任下,子代也不会很好地赡养父母。父子之间形成的是一种交换淡薄和低度平衡的代际伦理责任。

最后,家庭社会化方面,华北分裂型村落的农民家庭,由于父权弱化,子代成家之后,母家庭难以代表大家庭参与社区性人际交往活动,当子代成家立户之后,母家庭功能性需求弱化时,它就退出社区公共生活，由子代来建构新的社区关系网络。这样，华北母子家庭在村落活动的社区性家庭身份表现为一种更替的关系。华南宗族型村落中的农民家庭，由于父权很强，"父在，子不能专权"成为人们的地方性共识，只要父亲健在，就必须由父亲代表大家庭来参加社区公共活动，父亲去世之后，子家庭才继承母家庭的社区性身份来参加村落公共生活。这样，母子家庭的社区性身份表现出一种继替关系。中部分散型村落，由于父权极为弱化，子代成家之后，母子家庭就成为两个独立的社区性人情单位，母子家庭既不存在更替关系，也不存在承继关系，家庭生活自由度较大，母子家庭互不干涉生活。

综上所述，在华北平原农民家庭中，由于继的力量弱，母家庭随子家庭成长而消失，兄弟家庭之上难以内生出笼罩性血缘组织。兄弟家庭在竞争性与合作性之间存在微妙平衡：竞争性彰显，就会造成兄弟冲突；合作性占上风，兄弟家庭团结。当面对外部压力时，兄弟之间就暂时合作。因此，华北村落中以兄弟核心家庭为单位，形成"对内竞争、对外合作"的联合体模型。

在华南宗族型村落中，农民家庭中继的力量强大，分力受到压制，合力是被鼓励的，三种力量交织在一起，形成了同财共居范围大、父权发达、家庭传承性强、兄弟家庭关系紧密团结、宗族记忆长的家庭生活形式，我们将其称为共同体模型。

中部原子化农村的子代成家之后，父子、兄弟家庭之间"各自为政"，在母子家庭之间基本无继的力量，在父权很弱的情况下，兄弟家庭之间的连带伦理责任非常弱化，关系疏远，既无连带责任，也无明显冲突，合力和分力间低度平衡。由此，在社区生活中，母子家庭、兄弟家庭之间互不干涉，独立平等，关系松散，形成了原子化模型。

撰稿：陶自祥

中国农村分家模式的区域差异

一 问题的提出

分家是中国家庭制度的重要内容，也是理解中国家庭制度与家庭性质的重要窗口。分家是子家庭从母家庭中分裂和子家庭对母家庭的继替过程。[①] 分家是家庭延续的基本方式，分家研究与家庭研究因而存在密切关联：家庭理论构成理解分家的重要资源，家庭转型的问题意识也主导了分家制度的研究指向。目前的分家研究存在两种倾向：一种是社会学的研究路径，关注分家之于家庭结构的分裂意义；另一种是文化学的研究路径，将分家置于乡土文化语境，关注分家过程中家庭生命的伦理延续。

具体来看，社会学以"父母子"基本三角构造的核心家庭[②]作为研究起点，建构了家庭结构的类型，分家被视为家庭结构裂变的标志性事件。社会学对分家的研究主要有两个方向：首先是对分家制度本身的解剖和阐释[③]，其次是透过分家制度的变迁理解中国家庭结构的变动[④]。不同于家庭社会学研究，文化学视角则着眼于家庭的文化意义，并且基于家的伸缩性而推及对中国人文化心理、国

[①] 陶自祥：《分裂与继替：农村家庭延续机制的研究——兼论农村家庭的区域类型》，华中科技大学博士学位论文，2013。
[②] 费孝通：《乡土中国 生育制度》，北京大学出版社，2010，第164页。
[③] 麻国庆：《分家：分中有继也有合——中国分家制度研究》，《中国社会科学》1999年第1期。
[④] 阎云翔：《私人生活的变革：一个中国村庄里的爱情、家庭与亲密关系（1949~1999）》，龚小夏译，上海书店出版社，2006。

民性格和中国社会结构的认识。① 文化学视角立足于家的文化延续性和伦理整合性,强调了分家之于家庭继替的文化意义②,拓展了分家制度的文化内涵。

在不同的理论视角下,农民的分家行为呈现不同的意义,但既有研究也存在明显的局限:一方面,分家制度的社会学研究偏重于分家行为的微观分析与制度分析,强调分家的横向分裂效应及其解释,忽视了分家之于家庭再生产的实践意义;另一方面,家庭的伦理性建构强调了分家的纵向承继之维,但因为脱离了家庭再生产的具体过程,未能呈现分家实践的复杂性。实际上,横向分裂与纵向延续共同构成分家的完整内涵。③ 分裂侧重于具体的家庭结构,延续则侧重于相对抽象的伦理。麻国庆基于对中国分家制度的考察,认为分家之"分"出自农民的现实生活需要,分家之"合"体现了儒学价值的实现方式,从而揭示了"分中有继也有合"的分家制度。"分合机制"构成了家的基本运行机制。④ 抽象来看,"分"与"合"统一于家庭再生产过程中,但是,"分"与"合"的力量配置与结合方式之于家庭再生产模式的影响则有待于经验基础上的进一步分析。

近几年来,我们在全国多个地区的调研中一直关注农村分家现象,并且注意到了农民分家行为的历史变动与区域差异⑤。受这些经验的启发,我们意识到并不存在一套抽象和普遍的分家制度,农民的分家逻辑深深地嵌入家庭再生产过程与村庄社会结构,分家模

---

① 梁簌溟:《中国文化要义》,上海人民出版社,2011。
② 肖倩:《制度再生产:中国农民的分家实践——以赣中南冈村为例》,上海大学博士学位论文,2006,第 326~342 页。
③ 张佩国:《制度与话语:近代江南乡村的分家析产》,《福建论坛》(人文社会科学版)2002 年第 2 期。
④ 麻国庆:《分家:分中有继也有合——中国分家制度研究》,《中国社会科学》1999 年第 1 期。
⑤ 龚为纲:《分家模式与家庭规模的相关分析》,《南方人口》2012 年第 3 期。

式呈现较为明显的区域差异。① 中国农村的区域差异是基于中国村庄社会结构的差异而形成的理解中国农村社会性质的中层理论。② 不同于分家的制度研究与文化建构，区域差异的视角为分家的中观机制提供了重要框架。我们将以中国农村社会结构为基础，具体研究农民的分家机制及其区域分布，进而建构中国农民分家模式的区域类型。就方法论而言，机制分析的路径强调超越分家的事件性，从而在家庭再生产过程中延伸性地理解农民的分家行为；区域差异视角提供了分家经验的内部对话空间，为"分合机制"的具体化和实践化提供了操作平台。

二　分家的制度与实践

（一）分家的制度视野

分家是农民日常生活实践中的普遍现象。农民常常以"树大分枝"来形容"人大分家"的自然过程。一些学者的研究已经表明，大家庭并非农村社会的普遍状态③，分家是农民"过日子"的常态。麻国庆指出，"分家是家庭再生产的主要方式"，只有经过分家，大家庭中的一个分子才成为一个门户独立的家庭。④ 因此，

---

① 需要说明的是，相对于中国村庄社会结构区域类型的初始差异，中国农村分家模式的区域差异在更大程度上源于变迁过程中的差异。因此，从发生学来看，农村分家模式的区域差异实际上可以看作变迁速率差异的空间分布。变迁速率差异在相当程度上植根于村庄社会结构的差异。因此，这并不影响本文的讨论和目标。
② 贺雪峰：《论中国农村的区域差异——村庄社会结构的视角》，《开放时代》2012年第10期；桂华、贺雪峰：《再论中国农村区域差异——一个农村研究的中层理论建构》，《开放时代》2013年第4期。
③ 麻国庆：《永远的家》，北京大学出版社，2009。
④ 麻国庆：《分家：分中有继也有合——中国分家制度研究》，《中国社会科学》1999年第1期。

分家是家庭再生产的重大事件。围绕分家事件，目前的分家研究主要关注以下三个方面的内容：第一，分家标准。主要集中于"分产"与"分灶"之间的争论。① 第二，分家方式。主要集中于阶层差异、家产形态等变量对分家方式（间隔、次数等）的影响。② 第三，分家原因。主要集中于兄弟矛盾、妯娌矛盾、经济分化、代际紧张、责任规避等可能构成分家的触发因素。此外，一些学者进一步研究了分家制度的变迁，强调了土地制度、打工经济等宏观变量对分家制度的影响。在这些变量的影响下，分家制度变迁主要表现为：分家主体由兄弟分家向父子分家转变，分家方式由一次性分家向多次性分家转变，分爨③和分产逐渐合并进行，分家时间日益提前。

由于家庭社会学的还原论倾向，家庭再生产主要指家庭结构的再生产，即家庭生命周期的阶段转换（新核心家庭产生），分家之于家庭再生产的意义被简化。但是，家庭再生产发生于特定的村庄社会结构之中，同时也是农民日常生活的基本框架。分家制度不仅受到农民生活逻辑的塑造，而且也是农民生活逻辑的表达。现有的分家研究在一定程度上切割了农民日常生活与家庭再生产的关联，家庭再生产不仅是家庭形式的再生产，而且也是家庭内在丰富要素的再生产。由于制度视野的局限，分家主要作为一个相对独立的因变量，与家庭系统的其他变量（例如，子女数量、权威结构、家产性质、阶层状况，等等）发生制度性关联。分家研究的制度视野聚焦于"孤立"和"静态"的家庭，忽视了家庭嵌入的村庄社

---

① 胡台丽：《分与合之间：台湾农村家庭与工业化》，载于乔健主编《中国家庭及其变迁》，香港中文大学社会科学院暨香港亚太研究所，1991，第213页；罗红光：《不平等交换——围绕财富的劳动与消费》，浙江人民出版社，2000。

② 王跃生：《20世纪三四十年代冀南农村分家行为研究》，《近代史研究》2002年第4期。

③ 本文中，"分爨"与"分灶"两个概念并无差异，行文中统一使用"分爨"，援引文献时则忠于原文。

会场域以及由此展开的丰富的家庭再生产实践。

事实上，中国乡村社会地域广阔、数量庞大，不同变量之间的关联方式和运作逻辑并不相同。制度视角既无法充分解释中国农村分家的复杂性，同时，也难以解释分家制度变迁路径和速率的差异性。实践的视角将分家视为家庭再生产逻辑的产物，强调分家事件的延伸性和过程性。家庭再生产是母家庭基于特定家庭目标实现家庭继替的过程。[①] 分家嵌入家庭再生产过程，它不仅是家庭再生产的基本方式，同时也是家庭再生产的实践表达。分家制度在不同的家庭再生产逻辑中表现出不同的实践形态和功能。只有进入家庭再生产的脉络，才能理解分家的实践机制以及由此形成分家模式。

制度视角试图将分家的微观过程提炼为一套制度模型，但忽视了这套制度模型与家庭运行模式和村庄社会结构的关联。从制度到实践的视角转变要求从家庭再生产的实践过程和运行逻辑的角度理解分家，体现了"过程—机制"的分析策略。[②] 在笔者看来，只有通过机制分析，才能激活分家制度内在的要素关系，呈现为经验坐标基础上的分家模式，进一步开拓分家研究和家庭研究的理论空间。

（二）分家机制的实践要素

费孝通认为，三角结构的破裂是家庭功能的完成与实现。[③] 然而，分家之于家庭再生产的意义不仅体现在分家事件的结构裂变作用，而且也是对家庭内部权利义务关系的调整与配置，从而满足特

[①] 关于家庭再生产，学界一般特指家庭结构的再生产，即名义上的"家"的生产。本文强调家庭再生产的过程性，关注的是一个完整的家的生产。按照陶自祥的定义，财产权、伦理责任和社区性家构成家的三元素，子家庭只有获得这些要素，才成为一个完整的家。

[②] "过程—事件"分析策略是反结构的，但是，"过程—机制"分析则不排斥结构，而是可以包容结构分析，形成一种融合。这也是本文的方法论定位。

[③] 费孝通：《乡土中国 生育制度》，北京大学出版社，2010年。

定的家庭再生产目标。三角结构的裂变主要指涉家庭再生产的形式，但分家并不意味着本家与分家的彻底分离，而是形成了"扩大的家"①。"扩大的家"不仅具有抽象的文化意义，而且也是中国式家庭再生产的基本路径。家庭再生产意味着子家庭从母家庭中分裂并成长为完整的家的过程。在这个过程中，分家机制通过配置家庭要素，调控着家庭再生产的模式与路径。家庭再生产主要围绕财产、权力和伦理这三个家庭要素展开，并分别构成分家的实践形态、动力机制与约束条件。

1. 实践形态

家庭财产是家的基本构成要素，也是分家的基本内容。滋贺秀三认为，家庭是一个同居共财的单位，"共财"是家庭的基本条件。② 无论家庭分裂的标志为何，财产配置都是分家必不可少的内容。分家集中体现了法理层面的家产整体性与生活实践层面家产的功能性的张力。家产的整体性体现为"祖业权"③ 的权属特征，"祖先—我—子孙"构成了时间绵延中的财产主体，财产主体的绵延和财产的代际传递主要通过分家实现。但是，在现实的生活实践中，家产的所有权与控制权遵循着不同的运作逻辑，即母家庭和子家庭虽然同为家产的所有权主体，但是在不同的家庭再生产方式下形成了不同的调控和配置家产的模式，满足不同的家庭再生产目标，农民的分家模式由此呈现为不同的实践形态，即分继型、分割型与分离型三种形态。

2. 动力机制

权力关系是家庭生活的重要元素，并且构成了家庭内部关系实践的基本动力。一般认为分家是家庭矛盾与冲突积累到一定程度的

---

① 费孝通：《乡土中国　生育制度》，北京大学出版社，2010。
② 滋贺秀三：《中国家族法原理》，张建国、李力译，商务印书馆，2013。
③ 桂华等：《乡土中国的产权基础》，《二十一世纪》2012 年第 4 期。

产物①，权力运作和权力冲突是分家发生的主要和直接动因。然而，权力的运行不是抽象的，而是嵌入家庭生活与家庭场域，因此，家庭生活中的权力运行逻辑并不同于公共政治的权力逻辑，权力的运行既植根于特定的家庭权力结构中，同时也需要依托"道德资本"和伦理期待。②权力结构的稳定性程度与权力目标的激励程度共同决定了家庭内部的权力势能和关系张力。不同的权力格局蕴含着不同的分家动力，决定着分家的时间和分家的方式。因此，只有穿过家庭权力游戏的迷雾，才能洞察分家的动力机制。在本文中，笔者区分了权威主导、家庭政治与理性协商三种动力机制，体现了不同的权力关系和权力势能。

3. 约束条件

约束条件是对分家事件分裂效应的约束。家庭不仅是一个财产单位和政治单位，而且是一个宗教单位，构成了中国农民生命价值实现的载体③，这是家庭凝聚力的根本基础。家的宗教性赋予家庭高于个体的地位，形成了家庭本位。同时，家庭也因为植根于特定的村庄社会结构而获得了社区性，家庭由此也具有社区性价值并受到村庄社区性规则的约束。家庭的宗教性和社区性均可以构成分家的伦理约束条件。因此，分家虽以家产析分为主要内容，以权力运作为动力，但是，家庭的分裂有其特定的原则、规律和限度，表现为"分中有合"的特征，不仅约束了分家事件本身，而且也约束着分家之后本家与分家、分家之间的关系。结合中国农村区域差异的现实经验，本文将分家的约束条件进一步划分为伦理自觉、规则约

---

① 家庭矛盾导致分家是一种普遍说法。准确说来，家庭矛盾是分家发生的契机，父代的掌控力和子代的离心力则是分家行为在何时发生的决定因素。详情可见后文的进一步分析。
② 吴飞：《浮生取义——对华北某县自杀现象的文化解读》，中国人民大学出版社，2009。
③ 桂华：《礼与生命价值——家庭生活中的道德、宗教与法律》，商务印书馆，2014。

束和交换逻辑三种类型。因此,分家逻辑既包括分裂因素,也包括组合因素。① 家庭生活不仅受到家庭政治的冲击和扰动,同时也受到家庭伦理的支配和社区规范的约束,从而限制了分家的分裂效应。

三 分家机制的类型建构与区域分布

分家的实践内涵具有超越于分家制度本身的丰富性。家产配置形态、家庭政治格局和伦理限制程度塑造了不同的分家机制。在本文中,笔者结合中国农村分家的区域经验,提炼出三种分家机制,分别是整合性分家、竞争性分家和协商性分家,它们分别构成南方农村、北方农村和中部农村主导的分家机制。分家机制是理解分家模式的基础,分家机制通过激活分家的制度内容,展现了特定时空坐标上的分家模式。

(一)整合性分家

1. 分家机制的构造

整合性分家指的是由母家庭主导的分家机制,体现了母家庭的权威和联合家庭的利益。整合性分家是南方农村主导的分家机制。

第一,整合性分家表现为分继型的实践形态。母家庭以联合家庭的形态行使财产控制权,并且通过分家实现财产由母家庭向子家庭的一次性和整体性转移,体现了财产的承继②色彩。同时,核心家庭始终不是完全独立和彻底清晰的财产单位,所有家产均是"祖业"的一个部分,母家庭对子家庭的支配性财产关系一直延续

---

① 龚为纲:《农村分家类型与三代直系家庭的变动——基于对全国人口普查数据的分析》,《南方人口》2013年第1期。
② "承继"与继承不同,后者指的是明确的权利主体与对象之间的一种财产处分行为。但是,中国传统的家产制并不存在明确的权利主体,因此,家庭内部的财产转移是伴随着家庭继替而发生的。详情可参考俞江《论分家习惯与家的整体性》,《政法论坛》2006年第1期。

至分家之后,强调母家庭的公对私的整合。

第二,整合性分家是父权主导下的产物。强大的父权是整合性分家维持的基本条件,它不仅可以抑制子家庭之间的利益冲突,而且可以有效遏制子代的分家要求。父代基于联合家庭的整体利益有效配置家庭责任,从而减少家庭再生产的风险。父代一般尽可能维持同居共财的联合家庭模式,当父代自身老化,子代逐渐成熟,才会在父代家庭的主导之下分家。在强有力的父权主导之下,家庭政治空间压缩,分家过程有序而平稳。

第三,伦理自觉有效地约束了整合性分家的分裂效应。厚重均衡的伦理责任体现在代际之间的"父子一体"和代内之间的"兄弟一体",后者实际上由前者衍生而来。[①] "父子一体"意味着母子家庭厚重的伦理凝聚力,"兄弟一体"意味着兄弟之间深度的伦理关联。母子家庭之间、子家庭之间的关联并不因分家而中断。父代通过维持兄弟合力的联合家庭模式,实现各个核心家庭的再生产,分家是母家庭完成人生任务之后的自然结果。分家之后,母家庭逐渐成为子家庭基于伦理自觉的"反馈"对象。

在南方农村,横向关系服从于纵向关系,夫妻关系按照传宗接代安排。[②] 因此,分家后母家庭一般不再保留单独的财产,母家庭拆散并分别与不同的子家庭结合成为新的纵向家庭结构,形成"分养"模式,"分继"到"分养"构成完整循环,形成以父子轴为核心的"继养体系"。[③] 在这个体系中,母家庭始终不是以独立核心家庭的身份进行角色扮演,"父子一体"的纵向伦理责任有效

---

① 陶自祥:《分裂与继替:农村家庭延续机制的研究——兼论农村家庭的区域类型》,华中科技大学博士学位论文,2013,第190~191页。
② 贺雪峰:《农村代际关系论:兼论代际关系的价值基础》,《社会科学研究》2009年第5期。
③ 张建雷:《分家析产、家庭伦理与农村代际关系变动———个浙北村庄的社会学诠释》,载于黄宗智主编《中国乡村研究》(第十二辑),福建教育出版社,2015。

约束了横向家庭结构的利益意识。在这个意义上，母家庭的父权并非基于母家庭自身利益，而是指向联合家庭的整体目标，即家的绵延。因此，整合性分家突出了"继"的色彩，并在此基础上形成了弱"分"、强"合"的色彩。分家之后，母子家庭之间、子家庭之间仍然存在紧密的伦理关联。

2. 分家模式的经验讨论

某种程度上看，整合性分家与竞争性分家属于正相反对的类型。基于整合性分家的实践机制，笔者结合南方农村的田野经验，呈现整合性分家的特征与模式，具体如表1所示。

表1　南方农村的分家模式（1980～2000年）*

区域	分家方式	分家形式	分家时间	养老
赣南农村	一次性分家	分产与分爨同步	所有儿子结婚后	轮流居住
桂东南农村	多次分家，与幼子不分家	合居分爨，财产上模糊	结婚不久	一般与幼子同住
粤北农村	一次性分家	分产与分爨同步	所有儿子结婚后	分养的方式为主
赣西北农村	一次性分家	分爨，父母不能劳动或去世之后分产	所有儿子结婚后	父母自愿选择

* 这些区域的田野经验主要来自笔者以及团队成员的驻村调研报告。其中，赣南农村的经验主要来源于赣州宁都县，可参考杜鹏《江西宁都莲子村调查报告》，2013年。桂东南农村的经验主要来源于广西陆川县，详情可参考《广西陆川县调研报告汇编》，华中科技大学中国乡村治理研究中心，2013年。粤北农村的经验主要来源于广东南雄、英德、阳山等地，可参考《广东南雄报告汇编》，2014年。赣西北农村的经验主要来源于江西修水县等地，详情可参考《江西修水县调研报告汇编》，华中科技大学中国乡村治理研究中心，2015年。

在整合性分家机制的主导下，南方农村的分家模式表现出如下共同特征。

第一，联合家庭本位。就分家方式而言，南方农村以一次性分家为主，分家一般发生在所有儿子均婚配之后。分家一般由父辈提出，先结婚的儿子一般不会提出分家要求。一次性分家的盛行必然导致家庭生命周期中联合家庭形态的广泛存在，通过对核心家庭的伦理整合，形成了联合家庭再生产模式。同时，即使是在采取多次性分家的桂东南地区，分家的逻辑也不同于北方农村。当地采取的多次性分家主要由父代提出，其目的是通过分出成婚的子代，减轻大家庭的负担，使得母家庭能够更为有力地扶持未婚的儿子。子代之间并不因为多次性分家而形成明确的财产边界，而是仍然保持了家产的模糊性。由此可见，分爨是南方农村分家的主要形式。

案例1 江西修水县一直盛行一次性分家，即等到所有儿子都结婚以后再分。若是只有一个儿子，那么父代与子代一般不分家，如果分了，村民会有负面评论，"没有道德，连生身父母都不要"。并且，当地的分家有两个阶段：第一，分灶，即等到所有儿子结婚之后，各个小家庭就单独开火；第二，分财产，其时间可以延续到父母不能劳动或直至父母去世为止。当地人认为，"分家不是什么好事，越晚越好"，一个大家庭分家早了不好，别人会认为是因为这个家庭内部有矛盾才提前分家。因此，除一些特殊情况之外，大部分家庭都是在所有儿子结婚再分家，甚至有的家庭在所有儿子结婚之后还维持了一段时间的大家庭生活。

第二，重视分爨而模糊分产。分家的重心不在于产权的清晰彻底分割，这意味着分爨的意义大于分产，分家具有更强的仪式性和较弱的政治性。案例2是鄂东南某村分家仪式中的"分单"[①]，南

[①] 需要说明的是，在南方农村，正式的"分单"文书相对于北方而言不那么普遍。例如，我们在粤北农村调研中并没有发现"分单"的存在。但是，没有"分单"，并不意味着分家是各家各户的任意行为。相反，分家一般也需要家族房头里的长辈或村干部在场见证。但是，在当地农民看来，"契约"的履行只需要"口头协议"即可，一般并不需要正式协议的清晰约束，这恰恰说明了南方村庄厚重的社区规范和家庭伦理。

方农村"分单"的意义重在分家的仪式性表达。具体来看,"分单"中"父母年老体弱,难以管理家务"体现了"分继"的形态,不同于"协商请愿"等字眼所表征的子代主动分割倾向。

案例2　　　　　　　分　单

立契人××:因本人所生×子,各皆婚配,家成立亲,兹父母年老体弱,难以管理家务,今特请族戚人等共同商议择日分灶,所有房屋财产平均分配给诸兄弟各人执掌。年老父母由诸兄弟共同赡养,每人每月付生活费各××元整,自分家后兄弟各宜安分守己,不许倚强欺弱,混赖不遵。"分单"一式×份,各执一份。空口无凭,特立此契约为证。

兄弟签字:
亲房签字:
执笔签字:

×年×月×日　立约

第三,权责统一。整合性分家侧重于义务和责任分配的优先性,不同于竞争性分家侧重于权利和利益分割的优先倾向。子代的核心家庭利益服从于母家庭的整体调控,表现出强烈的伦理自觉。此外,由于"分继"是对母家庭权利和责任的整体承继,分家因而意味着母家庭人生任务的完成,母家庭不再有义务为子代付出,进入退养环节。在母家庭残缺的情况下,为了实现所有子代的顺利成家,长子一般会承担父母的责任,成为实际上的"家长",子代家庭横向的竞争服务于纵向家系绵延的需要。"长兄如父"和"兄弟一体"的伦理规范也足以成为联合家庭再生产的基础。

案例3　江西修水县何村的钟某,今年57岁,家里三兄弟,他是老大。钟某本人是1984年结婚,老二1992年结婚,老三1995年结婚,他们家是在1996年分家(即等到老三结婚后第二年才分)。钟某的父亲在1989年就去世了,父亲去世后,家里由钟某当家,走一份人情,写钟某的名字。钟某说,"有的家庭父母去世了,家里肯定要分家。但我们没有分,因为弟弟还没有结婚,还要帮忙。有钱就给钱,没有钱有事也好商量一下"。1996年分家后,由于老三的小孩还比较小,所以母亲跟着老三过,方便给老三带小孩。

(二) 竞争性分家

1. 分家机制的构造

竞争性分家指的是子家庭之间通过相互竞争的方式从母家庭中分离的机制,表现为母子家庭的内在冲突与子家庭之间的相互竞争。竞争性分家体现了以子家庭为中心的家庭再生产模式。竞争性分家是北方农村的主导性分家机制。

第一,竞争性分家的实践形态表现为子代主导的家产分割。在北方农村,核心家庭是基本的财产权单位,家产的绵延链条主要由一个个的核心家庭构成。随着子代成家,子代家庭很快就有了分家的要求和冲动,以建立"子宫家庭"[①]。子家庭之间围绕母家庭的财产展开的控制权竞争推动了家产控制单位的核心家庭化,分家之后,母家庭也成为一个与子家庭独立的家产单位。在北方农村,分家中一般都为母家庭保留一定的土地("养老地")和房屋。母家庭以核心家庭的形态保留家产的方式既维持了母家庭的相对独立性,同时,这种相对明确的财产分割方式也在一定程度上锁定了各

---

① Wolf Margery. "Woman and the Family in Rural Taiwan," *Journal of Women's Health*, 1972, 34(4).

个子代家庭的赡养责任，消除了大家庭中的"公"的领域。分割型分家凸显了分家过程中子代家庭的主动性，母子家庭之间的产权分割比较彻底，子家庭的家产边界非常明晰。

第二，家庭政治的权力冲突是竞争性分家的动力机制。在北方农村的家庭权力结构中，父权主要局限于核心家庭之内，衰弱的父权难以有效地抵挡子家庭的离心倾向。随着子代结婚成家，母家庭的父权就会受到子家庭的挑战，联合家庭内部关系趋于紧张。由于父权缺乏有效的统合力量，家庭政治获得较大的运行空间，分家往往在激烈的家庭政治中发生。从调研来看，20世纪八九十年代，北方农村与分家有关的纠纷非常普遍，分家具有强烈的事件性。分家之后，母家庭不再具有干预子家庭事务的权力，同时也逐渐失去参与亲属关系和社区关系的资格。因此，在冲突格局下，分家实现了当家权的替代。

第三，社区性规则构成竞争性分家的约束条件。激烈的家庭政治往往会受到社区规则的约束，为了抑制竞争性分家可能导致家庭关系的崩解，"分单"往往是竞争性分家必不可少的元素。"分单"的目的是规定和确认本家与分家、分家之间的权利义务关系，分家契约的基本原则是子家庭之间的均衡。经过彻底而清晰的分割，子家庭逐渐成为独立的家庭实体，参与村庄社会交往。村庄社会交往中地位获得与面子维系的要求产生了兄弟力量联合、赡养义务履行的主要动力，从而塑造了分家之后的家庭关系形态：首先，分家后各个子家庭之间维持着清晰的边界，所谓"亲兄弟，明算账"，兄弟伦理性关联较弱，功能性关联较强；其次，子家庭对母家庭的反馈遵循着明显的"公平逻辑"[1]，具有"被动养老"和规则养老的特征。

---

[1] 郭于华：《代际关系中的公平逻辑及其变迁——对河北农村养老事件的分析》，载于刘东主编《中国学术》（第4辑），商务印书馆，2001。

总体而言，竞争性分家的机制分析呈现了子代主导的分家逻辑。竞争性分家机制是"化公为私"的分割过程，母子家庭逐渐实现财产分割和权力替代。竞争性分家是厚重失衡代际伦理和低度关联的代内伦理的体现，同时它也再生产了这种伦理关系。

2. 分家模式的经验讨论

竞争性分家机制有助于我们进一步理解北方农村的分家模式。结合我们在北方农村多个村庄的调研经验，笔者对北方农村的一些分家模式进行了如下梳理，详情可见表2。

表2 北方农村分家模式（1980~2000年）*

区域	分家方式	分家形式	分家时间	反馈模式
豫北农村	多次性分家	长子结婚后先分产，之后再相继分爨	结婚之后	轮养
豫东农村	多次性分家	分产与分爨同时进行	结婚之后	与幼子同居
关中农村	多次性分家	分产与分爨同时进行	结婚之后	与幼子同居
鲁中农村	多次性分家	先逐次分爨，再分产	结婚之后	轮养
豫中农村	多次性分家	分爨与分产同时进行	结婚之后	与幼子同居

* 豫北农村的经验主要来自河南安阳，详情可参考李永萍《河南安阳调研报告》，2016年。豫东农村的经验主要来自河南周口，详情可参考《河南周口调研报告》，华中科技大学中国乡村治理研究中心，2014年。关中农村的经验主要来自陕西眉县，详情可参考李永萍《关中村治模式》，2016年。鲁中农村经验主要来自山东桓台县，可参考《山东桓台调研报告汇编》，华中科技大学中国乡村治理研究中心，2016年。豫中农村经验主要来自河南汝南，详情可参考《理性化进程中的村庄——河南汝南县农村调查》，华中科技大学中国乡村治理研究中心，2007年。此外，王跃生对华北农村的调研也发现，20世纪70年代以后，儿子订婚时住房的产权归属已经言明，主要生活用品的所有权也已确定，一旦完成结婚程序，新婚夫妇即建立具有完全财产支配权的独立生活单位，多子家庭父母失去了约束已婚子女分家的能力，"骤然分家"成为常态。详情可见王跃生《从分爨、分产、分家看农村家庭代际关系——以冀东农村为分析基础》，载于黄宗智主编《中国乡村研究》（第九辑），福建教育出版社，2012。

表2呈现了北方农村分家模式的一些共同特征。

第一，子家庭本位。分家方式以多次性分家为主，突出分产的意义。竞争性分家体现了失衡的代际关系。母家庭以核心家庭的形态积累家产，但无法通过联合家庭的形态支配家产，家产分割往往随着子代成家即发生。豫北安阳农村虽然表现为一次性分家的方式，但其实质在于成家的子代急于通过分产明确核心家庭的责任边界。总体来看，分产型分家是北方农村分家的主要标准。因为聚焦于家产的分割，"诸子均分"的原则体现得也最为彻底。因此，分产成为北方农村分家的内核，反映了北方家庭的实体性。子家庭本位的分家模式还体现在结婚之后即分家的时间安排，它既转移了子代家庭的责任，又为子代创造了空间。因此，联合家庭存在周期比较短暂，表现出家庭核心化趋势。王跃生对北方农村家庭结构变动的研究表明，自1930年以来，核心家庭即为最大的家庭类别，家庭核心化局面在20世纪60年代中期之后逐渐开始形成。① 竞争性分家是家庭核心化的表现，在分家实践中鲜明地体现了子代主导的家庭继替过程。

第二，公平逻辑主导。竞争性分家的公平逻辑不仅体现在母家庭财产的均衡分割，而且体现在赡养义务的公平配置。母家庭财产的最终分割方式主要与赡养方式有关。如果幼子最终承担赡养责任，则父母去世之后名下的土地和房屋最终由他继承；如果父母实行轮养，则父母死后的财产由所有儿子均分。老人的赡养主要来自社区规则的压力。关中农村一位老人讲道："养老的事不好说，就看你是尽义务还是讲礼仪！"所谓"尽义务"，强调了子代行为的合乎规则，但距离"讲礼仪"的伦理自觉层次则尚有一段差距。北方农村分家的规则性鲜明地体现在广泛存在的正式的分家文书中。案例4是豫北农村的一个普通农民家庭的分家详情。

---

① 王跃生：《北方农村家庭结构变动研究——立足于冀南地区的分析》，《中国社会科学》2003年第4期。

案例4　　　　　分　单

徐林江、徐建林、徐福林弟兄三人，经协商请愿自立门户，情况如下：

现有三院（老院、南院、北院）房屋共十四间。

林江老院四间，建林南院五间，福林北院五间。由于老院常年失修，房子破旧，经说合建林需帮林江五千元，三年还清（九三年年底交三千元，九四年年底交两千元）。因福林未成家，林江需给福林一千三百元，九四年年底还清。福林除下北院，以后婚事林江、建林不再分担钱财责任。

赡养费：林江、建林弟兄二人每人每年伍佰元，六月份交二百元，年底交三百元。福林二十岁之后交赡养费。药费：五十元以上，林江、建林二人均分，二老失去劳动能力后，弟兄三人粮、棉、油均担责任。

除单①：北院桐树十棵，老院椿树一棵，弟兄三人每人除房两间让二老居住。立据为证，互不纠缠。

证明人：张新明、张长明、候桃。

一九九二年十一月十四日

北方农村分家普遍存在分家契约，规则的引入实际上与分家的事件性和冲突性有密切关联。笔者在河南、关中等地调研时发现，村庄中许多住宅大院的门联上都有"家和万事兴"之类的字句。悖谬的是，家庭和睦的理想往往产生于敏感脆弱的家庭现实关系。案例4中的"分单"呈现了北方农村分家的一种类型：分家方式呈现多次性分家的特征，分家并非发生于所有儿子成婚之后；分家内容上呈现分产先于分爨的特征，从而实现对母家庭财产的一次性

---

① 除单，当地的惯用语，主要指未纳入家产分配，由母家庭保留的财产。

分割，确保子代之间的公平。① 由此可见，与案例 2 中鄂东南农村"分单"形成鲜明反差：豫东农村的"分单"重在家产的细致规定，鄂东南地区的"分单"则对家产与责任的规定比较简单。北方农村的"分单"是社区规则对家庭政治介入和干预的产物，体现了家庭的政治性与社区性的均衡。

第三，重权利而轻责任。分家成为子代积累家产的手段，子代的分家竞争主要指向母家庭掌控的财产和资源，但是并不愿意承担责任。在北方农村，相对于家产的厚重转移，母家庭积累的债务（即使是因为替子代结婚或建房）很少会分给子代，普遍存在的轮养方式也说明了母家庭在完成人生任务后的负担属性。同时，分家并不意味着母家庭人生任务的完成，母家庭仍然需要力所能及地支持子家庭的成长与发展。

（三）协商性分家

1. 分家机制的构造

协商性分家指的是子家庭与母家庭之间通过相互协商的方式从母家庭分离的机制。在一定意义上，协商性分家体现了母家庭与子家庭的"共谋"：通过分家，母家庭可以减轻负担，实现母家庭的当下利益，子家庭则可以由此获得独立自主的生活空间。协商性分家是中部农村的主导性分家机制。

第一，协商性分家的实践形态表现为母子家庭的财产分离。协商性分家的本质是父子分家，不同于分割与分继形态下的兄弟分家，母家庭和子家庭是分家行为的直接主体。与此不同，协商性分家并不存在家产由母家庭向子家庭的厚重转移。通过分家，子家庭获得了自主积累和支配财产的权力，母家庭也基本上保留了原有家

---

① 长子婚后即进行的一次性分家具有不同于所有儿子结婚后一次性分家的不同逻辑，突出了子代的竞争性。

产。因此，不同于南方与北方多子家庭分家逻辑中的竞争或整合，中部农村独子分家也是一种正常现象。因此，协商性分家机制体现了母子家庭的低度关联。

第二，理性协商构成分家的主要动力。分家的要求既可能来自父代，也可能来自子代，分家不仅是子家庭或母家庭的要求，而且是双方理性协商的产物。分家并不意味着当家权的替代，而是意味着当家权的裂变和增生。因此，在母家庭和子家庭双方的合力推动之下，分家过程比较缓和，冲突性较低，分家的事件性和仪式性较弱。

第三，交换逻辑构成了分家的约束条件。低度均衡的伦理责任构造了协商性分家的价值基础。母子家庭以各自的核心家庭为本位的交换逻辑塑造了相对独立自主的母家庭和子家庭，并且受到交换性原则的支配。母子家庭之间的伦理关联较弱，责任连带程度较低。分家之后，子家庭与母家庭就成了相互对等的门户，相互之间不存在绝对的权威，也不存在强烈的依赖。双方之间的关联成为一种私人性和情感性的关联。同时，子家庭之间的伦理关联较弱，核心家庭呈现原子化的状态，个体化的"良心"成为家庭伦理的主要形态。

由此可见，协商性分家机制的核心原则是理性，分家是母子双方默契配合的产物。[①] 不过，协商性分家的理性精神并不必然排斥家庭伦理，相反，家庭伦理的基础实现了由规范向情感的转移。在母子家庭主体分离、权力均衡的格局之下，家庭伦理成为母子家庭

---

① 阎云翔在东北下岬村的考察也发现："为了相互不伤感情，而且与儿女建立良好的互动关系，父母往往积极帮助儿子去分家过，有的父母看到儿子急于分家，就在儿子结婚以前做好分家准备。更多的父母是在年轻人提出分家要求之后马上行动。对于那些四五十岁的父母来说，提早分家其实对双方都有好处……"详情可参阅阎云翔《私人生活的变革：一个中国村庄里的爱情、家庭与亲密关系（1949~1999）》，龚小夏译，上海书店出版社，2006，第197~199页。

的主体性表达,从而营造了家庭间关系的不确定性。刘锐基于湘中云村分家情况的考察后总结:"分家在当地并不是刚性的必须遵循的礼仪风俗,而是主体选择和自觉建构的结果,大多数人通过分家表达个体享受生活的意志,又通过合作和互助表达对家庭成员的尊重和关怀,让人感受到一种温情美满。"①

2. 分家模式的经验讨论

协商性分家强调分离而非分割与分继,母子家庭由此获得相互独立地位,形成了母子家庭共存的继替模式。表3呈现了协商性分家机制塑造的分家模式。

表3 中部农村的分家模式(1980~2000年)*

区域	分家方式	分家形式	分家时间	养老
江汉平原	多次性分家	分爨	结婚即分家	父母单独居住,自养为主
东北农村	多次性分家	分爨	结婚即分家	与幼子同住
川西平原	多次性分家	分爨	结婚即分家	老人独居,由儿子轮养或分别供养
浙东农村	多次性分家	分爨	结婚即分家	老人独居,自养

* 江汉平原经验主要来源于湖北沙洋、应城等地,详情可参考《湖北沙洋调研报告汇编》《湖北应城调研报告汇编》,2014年。东北农村经验主要来源于辽宁丹东等地,详情可参考《2012年暑期调查报告(辽宁凤城卷)》,华中科技大学中国乡村治理研究中心,2012年。川西平原经验主要来源于四川绵竹,详情可参考《不走极端的川西人——四川绵竹村治模式调查》,华中科技大学中国乡村治理研究中心,2007年。浙东农村经验来源浙江诸暨、宁海等地,详情可参考《2013年暑假浙江店口调查报告汇编》,华中科技大学中国乡村治理研究中心,2013年。

如表3所示,在协商性分家机制的支配下,中部农村的分家模式呈现如下特征。

第一,核心家庭本位。与北方农村不同,中部农村的系列分家主要表现为分爨,母子家庭并无实质性的财产转移。如果母家庭因为

---

① 刘锐:《主体性、多次分家与代际均衡——基于湘中云村分家实践的考察》,《武陵学刊》2012年第4期。

子代结婚而欠下债务，分出去的子代往往要承担债务。宋丽娜在湖北 J 县梭村的调研也发现，当地 80 年代的分家往往由父辈发起，并且体现出了明确的付出与回报的算计。① 理性算计的背后是母家庭对于子家庭养老反馈的低度预期。核心家庭本位的典型表现是独子也分家，体现了父子分家的逻辑。

第二，分家模式简单化。由于系列分家所具有的父子分家性质和分离形态不涉及其他第三方，分家过程比较简单，当地少有订立分家契约的传统。母家庭"公"的属性较弱，分家表现为"私"与"私"的分离。由于协商性分家的弱规则性，分家与否成为母子家庭的内部决策，一般不需要"中人"的见证和分家契约的规范。在中部地区，分家之后的兄弟既少矛盾，也少合作。分家之后，老人也盛行自养的方式，维持相对独立自由的老年生活。

因此，父子分家的理性化进一步瓦解了纵向家庭结构的权威性与连带性，弱化了"继"的色彩，突出了分家之"分"的意义。正如杨华在川西平原大乘村的调研报告中的总结：

> 父亲的地位无法防止家庭破裂，分家一直以来就是惯例，即使同住一个庭院，成家之后的儿子也要跟父母、兄弟分开过，各开各的灶，各吃各的饭。因为缺少父亲权威的依盾，兄长的权威也不那么牢固，"长兄如父，长嫂如母"的观念在这里并不是很强烈。因此，一旦儿子与父亲、兄弟分开过后，就成了相互对等的门户，谁对谁都没有绝对的权威，谁对谁都没有强烈的依赖，他们之间建立的是一种协商的机制，而非权力等级制。分家之后，也不再有"我们家"的称呼，更不会说

---

① 宋丽娜：《农民分家行为再认识——湖北省 J 县梭村调查》，《中共宁波市委党校学报》2009 年第 4 期。

我们是一户，户与户之间的差别，在兄弟、父子之间区分得很明白，界线很清楚。①

（四）分家模式的区域分布

在上文中，笔者基于分家的实践内涵和中国农村的区域差异，建构了整合性、竞争性和协商性三种分家机制，不同的分家机制形塑了不同的分家模式。如表4所示，由于中国农村地域广阔，不同地区的自然地理、历史文化、风俗习惯存在差异，分家模式因而表现出一定的区域差异：整合性分家、竞争性分家与协商性分家分别构成了南方农村、北方农村与中部农村的主导性分家机制。在上文中，笔者基于各区域部分农村田野调研资料对分家机制进行了阐释和说明，但分家机制与区域差异之间的相关性并不明朗。为了进一步呈现中国农村分家模式的区域差异特征，笔者试图结合1990年人口普查数据，进一步讨论分家模式的区域分布差异，从而支撑分家机制的类型建构。

表4 分家机制的类型

区域	分家机制	分家的实践内涵			家庭再生产
		实践形态	动力机制	约束条件	
北方农村	竞争性分家	家产分割	家庭政治	规则约束（中）	压力型
南方农村	整合性分家	家产分继	权威主导	伦理约束（强）	价值型
中部农村	协商性分家	家产分离	理性协商	交换逻辑（弱）	生活型

如表5所示，不同区域的分家模式呈现明显的数据分布特点。第一，南方农村呈现如下特点：独子分家比例最低；在多子情

---

① 杨华：《川西乡村的生活与治理逻辑——川西绵竹富田村治模式》，《华中科技大学中国乡村治理研究中心报告汇编》第3卷。

表 5 1990 年中国农村各区域分家模式的分布情况

单位：%

区域	省份	一个儿子的分家情况			两个儿子的分家情况				三个儿子的分家情况		
		父亲与独子分家	父子形成直系家庭	父母与所有儿子分家	两个儿子与其中一个儿子组成直系家庭	多次性分家	一次性分家		父亲与所有儿子分家	多次性分家	一次性分家
北方农村	河北	52.5	47.5	31.3	14.3	34.8	19.5		30.7	53.6	15.7
	山西	65.1	34.9	28.3	14.3	42.0	15.5		24.1	63.3	12.6
	山东	69.3	30.7	31.4	11.3	43.4	13.9		28.7	59.9	11.4
	河南	56.5	43.5	22.0	13.1	42.3	22.7		17.3	62.7	20.0
中部农村	内蒙古	81.8	18.2	27.1	12.4	46.1	14.5		22.3	64.7	13.0
	辽宁	70.6	29.4	31.0	14.5	40.6	13.8		32.8	58.2	9.1
	吉林	71.7	28.3	22.6	17.6	41.3	18.6		22.4	63.1	14.5
	黑龙江	76.8	23.2	26.2	13.9	43.7	16.2		21.9	65.0	13.1
	湖北	68.7	31.3	26.4	9.3	50.1	14.2		20.7	70.8	8.5
	湖南	69.4	30.6	29.7	7.5	52.9	9.9		22.4	71.5	6.1
	浙江	72.6	27.4	37.2	10.3	42.2	10.3		37.3	56.5	6.2
南方农村	福建	64.8	35.2	22.5	11.8	38.6	27.1		17.6	56.2	26.2
	江西	63.0	37.0	20.5	11.1	48.6	19.7		12.9	68.5	18.6
	广东	61.5	38.5	23.8	13.5	39.2	23.6		18.7	56.5	24.7
	广西	54.1	45.9	17.5	11.3	42.8	28.3		10.8	62.7	26.5
	Total	64.0	36.0	26.4	12.3	43.3	18.0		21.3	63.1	15.6

资料来源：龚为纲《分家模式与家庭规模的相关分析》，《南方人口》2012 年第 3 期。

况下,父亲与所有儿子分家的比例最低,盛行父子不分家。与此同时,南方农村的一次性分家比例最高。这几个特征体现了南方农村母家庭较强的整合能力,"父子一体"与"兄弟一体"的伦理仍然比较浓厚,体现了整合性分家机制。

第二,北方农村呈现如下特点:在独子情况下,父子分家的比例明显低于中部农村。在多子的情况下,北方农村一次性分家的比例最低,同时,北方农村的父亲与所有儿子分家的比重要明显高于南方农村,这意味着家庭政治的烈度高于南方农村,体现了竞争性分家的典型特征。竞争性分家中兄弟关系孕育的张力,导致多次性分家很快替代一次性分家并成为当地主导的分家类型。

第三,中部农村呈现如下特点:独子分家的比例明显高于北方农村与南方农村,同时,在多子情况下,多次性分家的比例也高于北方农村与南方农村。独子分家和多次性分家体现了较弱的代际关联和兄弟关联,是协商性分家的体现。

由此可见,改革开放以来,农村分家模式呈现比较鲜明的区域差异。需要说明的是,村庄社会结构的差异具有一定的原生性质,即植根于一定的历史地理基础,分家模式的区域差异则具有更强的次生属性。事实上,传统中国农村分家模式并不存在如此明显的区域差异,一次性分家是南北农村的普遍现象。但是,村庄社会结构的差异,导致地方社会回应现代性的能力的差异和分家模式变迁速率的差异,分家模式的区域差异因而主要是乡土社会转型的产物。①

四 分家模式的社会基础

笔者基于中国农村不同地域分家的实践内涵建构了分家机制的三种理想类型,并分别讨论了不同分家机制主导下的分家模式。事

---

① 本文的目标并非讨论分家模式区域差异形成的历史过程,故不在此展开。

实上，分家的时间、方式、主体、过程对应着特定的家庭再生产模式，因此，农民家庭生活的运行逻辑是理解分家制度的前提，这就意味着，特定的分家制度体现了特定类型的家庭再生产模式，同时，分家制度的实践本身又是调适家庭关系、配置家庭资源的基本方式。表5的数据呈现了分家模式的区域分布规律，建立了农民分家的机制类型与区域类型之间的相关性关系。接下来，笔者将以中国农村社会结构的区域差异为基础，阐述分家机制的社会基础，以解释分家制度差异生产的逻辑。

陶自祥从社区性家庭的角度讨论了农村家庭的延续机制，并就农村家庭的区域类型进行了讨论。[①] 社区性家庭这一概念突出了家庭的社区性，这就意味着农民家庭中并不存在绝对的内部行为，为勾连家庭与村庄提供了桥梁，启发了家庭与村庄的关联机制。不过，从区域差异的视角来看，由于社区本身结构属性存在差异，家庭与社区的关联方式以及社区对家庭的塑造模式显然存在差异。农民家庭生活在具体的村庄社会结构之中展开，并且受到村庄社会结构的引导和约束，从而形成了不同的家庭再生产模式和分家机制。在下文中，笔者将结合中国农村区域差异的逻辑，阐释农民分家模式的社会基础。具体而言，村庄社会结构分别从财产、权力和伦理三个方面塑造家庭再生产，进而通过实践形态、动力机制和约束条件三个维度形塑了不同的分家机制。

（一）南方团结型村庄

南方农村主要指华南地区的农村，例如江西、福建、广东等地区。南方农村一般单姓集聚，血缘组织发达，宗族成为凌驾于家庭

---

① 陶自祥：《分裂与继替：农村家庭延续机制的研究——兼论农村家庭的区域类型》，华中科技大学博士学位论文，2013。

之上的认同与行动单位。依托稳定有序的血缘关系网络，宗族性村庄发育形成了完整有效的价值生产能力和社会规范体系。宗族性村庄是理解整合性分家的社会基础。

第一，南方团结型村庄结构形塑了以传宗接代为基本目标的家庭生活逻辑。宗族结构先赋性地规定了个体和家庭的地位，抑制了社会交往和关系建构的空间。由于存在超越于核心家庭之上的认同与行动单位，核心家庭的自主性和独立性受到抑制，反而深深地嵌入在宗族结构之中，从而塑造了家产的"祖业"属性。"祖业权"观念典型地体现在土地、住房等不动产方面，往往由所在宗族共同持有，形成"祖先—我—子孙"共同持有的财产。在这个意义上，分家主要不是子家庭对母家庭的财产分割，而是对宗族财产的承继。农民的目标不是社会性价值的实现，而是被导入传宗接代的轨道之上，家庭资源配置遵循的不是家庭的意志和利益，而是"祖业"绵延过程中家庭整体利益的表达①，并且最终服务于本体性价值的实现。因此，在宗族性村庄，母家庭遵循的不是"为儿子而活"的逻辑，传宗接代这一本体性目标吸纳了社会性价值，构成了南方农民家庭运行的主导逻辑，从而约束了村庄社会竞争对家庭再生产逻辑的扭曲效应，塑造了有序的家产分继模式。

第二，南方地区的宗族不只是功能性的组织，而且具有伦理性的价值。② 强大的价值支撑建构了家庭成员的归属体系，从而为家庭权力的等级结构提供了结构支撑与价值基础。宗族结构下的"差序格局"不仅体现为横向的关系远近，而且体现为纵向的权力

---

① 即使在打工经济的情况下，尚未分家的子代在外打工赚取的收入，往往也要上交一部分给父代，粤北地区农民称之为"生活费"，并专门强调其与子代的养老费用并不相同。
② 贺雪峰：《论中国农村的区域差异——村庄社会结构的视角》，《开放时代》2012年第10期。

等差①，从而塑造了父权主导的家庭权力结构。事实上，母家庭是子家庭社区参与的媒介，稳态和闭合的宗族性村庄也没有为子代提供独立建构社区关系的空间。子家庭对母家庭的依附格局在很大程度上抑制了家庭政治的空间。强大的父权可以整合子代家庭利益，平衡子代家庭之间的利益分化，遏制子代家庭不合理的分家要求。稳定的权力结构使得母家庭可以基于联合家庭的利益调控分家时间和分家方式，形成权责均衡的代际关系。

第三，宗族性村庄具有浓厚的追求世系绵延和传宗接代的价值取向。围绕"生命价值"②的实现，形成了"父子一体"和"兄弟一体"的伦理规范。父代和子代、子代之间的伦理关联和责任连带并不因分家而中断。分家并不意味着分离，而是意味着世系的延续。也就是说，在"祖先—我—子孙"的链条中，分只是"继"的一种手段，"分"是暂时的，而"继"则是永恒的。传宗接代的价值目标产生了强大的凝聚力，形成了超越核心家庭的伦理自觉。因此，在南方村庄，兄弟之间并无清晰的边界，分家之后因为一些原因而合家的情况也并不少见。子代对老人的反馈则主要出于子代的伦理自觉。

由此可见，南方团结型村庄社会结构形塑了伦理型家庭再生产模式。农民家庭生活的目标受纵向家庭结构主导，聚焦于生命价值的实现。从宗族绵延的角度来看，横向的"分"最终服务于纵向的"继"，形成了整合性分家机制。

（二）北方分裂型村庄

北方农村社会结构的特点是，血缘与地缘关系不重合，村庄中

---

① 阎云翔：《差序格局与中国文化的等级观》，《社会学研究》2006年第4期。
② 桂华：《礼与生命价值——家庭生活中的道德、宗教与法律》，商务印书馆，2014。

存在数个单姓或杂姓的血缘单位，这些血缘单位规模较小，范围一般在五服以内。在不同的地方其称呼略有差异，例如，关中农村称之为"户族"，河南农村称之为"门子"、"门宗"等，我们统一称之为"小亲族"，它构成了超越于家庭之上的认同与行动单位。小亲族对农民的约束力较弱，农民的个体能动性较强，因此，在小亲族结构的主导之下，村庄内部形成了较大的竞争空间，农民家庭依托于小亲族进行"合纵连横"，实现村庄内部的社会流动。因此，北方村庄呈现为分裂型村庄。

第一，由于小亲族结构相对均衡，北方村庄表现出强烈的社会性竞争，并且塑造了"人缘取向"的文化心理和价值取向。在村庄生活中，普遍形成了围绕社会性价值①的竞争，典型地表现为仪式、建房、婚姻生育②等方面的村庄社会竞争，从而产生了"做人"的压力。村庄社会竞争塑造了以村庄社区价值实现为目标的农民家庭再生产模式：通过家庭资源积累实现参与社会竞争的目的。③ 社会性竞争的压力和村庄生活的长久预期，使得专注于个体现实的生活消费不仅没有意义，而且可能败坏家门的名声。相反，北方农民形成了一种"生计型经济态度"，即不计成本的生产投入以及重积累而轻享受的生活态度。④ 家产积累服务于子代家庭社区地位的获得，所谓"日子是为儿子过的"，为子代娶媳妇和建房是华北农民的应尽责任和人生任务。因此，在村庄社会竞争的压力下，家庭资源配置一定是向子代倾斜，通过子代的出类拔萃改变家

---

① 贺雪峰：《农民价值观的类型及相互关系——对当前中国农村严重伦理危机的讨论》，《开放时代》2008年第3期。
② 北方农村的生育观念具有更为浓厚的功能性需求。其中非常重要的原因是，生育行为可在较短的周期内改变小亲族结构的力量对比。正因为如此，小亲族结构基础上的权威秩序具有不稳定性。
③ 北方光棍很少。
④ 桂华：《"嵌入"家庭伦理的农民经济生活——基于华北与江汉地区农村的比较》，《中共宁波市委党校学报》2011年第3期。

庭的社区地位，赢得社区认同。由此可见，母家庭的行为逻辑超越了自身的利益属性。母家庭重积累的经济伦理以及面向子代的社会竞争，塑造了分割型的分家实践形态。

第二，相对于华南宗族型村庄的血缘结构，华北地区的血缘基础上的家族结构是依附于地缘关系并且是在地缘之内发挥作用的。[①] 村庄内部多元力量的并存导致北方村庄缺少稳定的权威结构。血缘关系结合而成的小亲族结构虽然构成了一个"自己人"单位，但是，小亲族的功能性色彩意味着家庭对结构的主导而非结构对家庭的吸纳，因此，小亲族结构难以为家长权威提供厚重的结构依托，小亲族之间的分裂性反而为子代家庭的社区性独立提供了空间。子代通过分家可以获得独立建构社会关系、赢得村庄社区地位的空间，这就为子代以核心家庭自主参与村庄社区提供了动力。因此，在北方村庄，父权权威主要局限于核心家庭内部，难以整合联合家庭形态下的离心力量。横向的夫妻关系取代纵向的父子关系成为家庭关系的重心。子代的能动性与父权的虚弱，导致了权力转移过程的波动和冲突，表现为家庭政治的普遍性和激烈性，这构成了北方农村家庭分裂的动力机制。

第三，北方的分裂型村庄具有强烈的村庄规范。在强有力的村庄规范下面，血缘组织成为具有很强功能性特点的村庄内部组织。因此，分裂型村庄的竞争结构虽然为个体和家庭提供了较大空间，但并非导向彻底的个体性竞争，相反，村庄竞争具有原则和底线，个体不能随意打破规则，村庄竞争一般需要在规则之下进行，并且往往需要援引并利用地方性规范，进而再生产地方性规范。王德福关于熟人社会中"做人之道"的研究呈现了熟人社会中农民自我

---

① 贺雪峰：《论中国农村的区域差异——村庄社会结构的视角》，《开放时代》2012年第10期。

实现的基本路径。① 家庭关系的有序和谐是"做人"的基础性条件,家庭事件的戏剧化可能导致"做人"危机,为了防止家庭冲突的外部化,形成了"家丑不可外扬"规范。村庄规范(自己人的团结、养老等基本规范)成为制约家庭成员关系实践的主要力量,从而在家庭的社区性与政治性之间达成制衡。因此,北方农村的兄弟关系具有对内竞争和对外合作的特征,子家庭对母家庭的反馈表现为明显的规则养老特征。②

总而言之,北方分裂型村庄社会结构在很大程度上塑造了压力型家庭再生产模式,家庭再生产的压力既通过母家庭高强度的人生任务表达出来,又通过子代家庭的内部竞争而体现。在竞争压力和竞争空间之下,北方农民分家行为需要维系"分"、"继"、"合"之间的均衡,"分"的力量主导了"继"的方式,但"分"的力量又不能打破基本规则的约束。

(三) 中部分散型村庄

中部农村的基本特征是,在村庄中不存在超越于家庭之上的认同与行动单位,而是形成了以核心家庭为基础的原子化状态。由于在家庭之上缺乏中间结构,因此呈现为分散型村庄,村庄社会的结构性和规则性很弱,核心家庭的利益凸显,形成了生活型家庭再生产模式,这是协商性分家机制的形成基础。

第一,中部农村的村庄结构与村庄规范未能充分发育和相互匹配,形成了分散型的村庄秩序。③ 由于结构与规范缺失,核心家庭

---

① 王德福:《做人之道:熟人社会里的自我实现》,商务印书馆,2014。
② 刘燕舞在山东青州调研中提出了"伪孝"这一概念,用以指称当地农民养老有其形而无其神的状态。详情可参考刘燕舞《伪孝:理解鲁中刘家庄老年人生存状况的视角》,《华中科技大学中国乡村治理研究中心老年人报告汇编(农村自杀卷)》,2009。
③ 贺雪峰:《论中国农村的区域差异——村庄社会结构的视角》,《开放时代》2012年第10期。

突出，并且构成农民基本的认同与行动单位。村庄社会记忆缺失，社会关联较弱，农民既缺乏绵延性的祖先认同，也缺乏稳定的村庄社会价值实现体系。因此，中部村庄的农民缺乏"历史感与当地感"[1]，农民并不关注熟人社会中本体性价值和社会性价值的实现，对村庄生活缺乏长远预期，普遍重视当下的生活状态，形成了核心家庭本位的生活逻辑，典型地表现为消费导向的家计模式。中部地区农民家庭较早走向理性化，表现为生活型经济态度和重视消费轻视积累的经济伦理，家庭资源的配置逻辑主要服务于基础性价值的实现。[2] 在中部地区，当地农民缺乏为子代结婚的强烈义务感，子代结婚建房主要是他们自己的任务。家庭再生产过程中母家庭向子家庭的财产转移并不明显，从而弱化了分家的财产转移属性。在分家过程中，母家庭维持了自身家庭运行的完整性，子家庭未能分割母家庭的主要财产，母子家庭表现为家产分离的分家实践形态。分家体现为生活单位的分离，形成"各过各的日子"的独立状态。

第二，权威结构的碎片化与生活目标的理性化形成了理性协商的权力格局。一方面，分散型村庄社会结构难以为父权提供有效的组织基础和文化基础。另一方面，开放、松散的地缘关系也为核心家庭的利益表达提供了空间。中部农村不存在超越于核心家庭之上的既定权威，表现为弱整合基础上的"散射格局"[3]。核心家庭具有相对自主性，父代和子代之间缺乏厚重的伦理期待，理性协商

---

[1] 杨华：《隐藏的世界：农村妇女的人生归属与生命意义》，中国政法大学出版社，2012。
[2] 中部地区农民的典型特征是市场化程度较高，农民消费水平较高，当地农民收入相当大一部分用于日常生活的开支。江汉平原的农民在维持可观的日常生活开支的同时，并不急于改善房屋条件。这与北方农民的心态形成典型反差。
[3] 桂华等：《散射格局：地缘村庄的构成与性质——基于一个移民湾子的考察》，《青年研究》2011年第1期。

成为家庭再生产过程中权力运作的基本方式。相对于北方农村母家庭一定程度的公共性身份而言,中部地区的母家庭具有更为浓厚的"私"的色彩。作为"私"的母家庭与作为"私"的子家庭之间较少出现"化公为私"引发的利益平衡与冲突,同时也较少出现村庄社区层面的规则介入与权力援引。农民分家逻辑脱嵌于村庄社会,成为家庭内部的协商性决策,分家也具有了更大的灵活性。

第三,分散型村庄难以形成价值生产能力和内生性规范,主体间关系的建构遵循理性交换的原则。各个家庭根据自己的偏好和意愿建构自己的日常生活与社会关系,既不需要像北方农民那样通过改变个人在村庄结构的位置来获得面子,也不需要像南方农民那样融入宗族体系来获得价值,中部地区的农民强调社会交往的策略性和社会交换的对等性。凭借弱规范基础上的策略性交往即可塑造农民在村庄中的形象,家庭生活的内容与村庄社会生活之间隔离。因此,在中部村庄,分家之后,子家庭之间、母子家庭之间的关系均属于个体的"私事",赋予了各个主体较大的选择空间。

总体来看,分散型村庄结构为个体的自主性与家庭的独立性提供了较为充分的发育空间,从而滋养了核心家庭本位的生活逻辑。在这个意义上,"过日子"既不用面向祖先,也不用为了儿子,家庭再生产因而是生活单位的再生产,分家本身成了目的,"分"的力量超越了"继"与"合"的力量,因此,农民分家行为具有较强的自主性。

五 结语

分家是农村社会中的普遍现象。"分家作为中国农民家庭组织的习惯性文化组成部分,它已经成为中国的一种家庭制度文化。"① 分家现象或许在大传统的文化层面有悖于中国家庭制度的理想型设定,但是,它真实地存在于农民的家庭生活中,并且是农民家庭运行机制的内在要素。分家研究是家庭研究的重要内容,作为农民家庭再生产的重要实践,它蕴含着丰富的理论意义。如果只是就分家而言分家,固然可以形成模型的完备性,却牺牲了解释的有效性。分家机制是农民家庭在特定的社会结构、文化规范和现实情境下实现特定目标的选择,并形成了特定的分家模式。

本文将农民的分家行为放到具体的村庄社会结构之中,对1980~2000年这一时间区间的分家机制及其区域类型进行了分析和讨论,并建立了分家模式与中国农村区域差异之间的关联。中国农村区域差异的基础是村庄社会结构的差异,它是我们团队在长期经验调研的基础上形成的关于中国农村社会性质认识的"中层理论"②。在一定意义上讲,中国农村区域差异构成了我们理解农村诸多现象的重要标尺,形成了解剖农村经验现象中的棱镜效应,从而展现经验的不同维度和面向。具体到农村分家制度研究,区域差异打破了分家制度的一般建构和泛文化解释,并分离出了不同的分家机制,超越了分家的内部解释和微观研究,实现了分家研究层次的中观化,从而推进和丰富了既有的分家研究。

同时,也要看到,由于村庄社会结构是中国社会的基础结构,家庭是中国社会的基本单位,分家在家庭生活中展开,并且受到村庄社会结构的塑造和规范,那么,村庄社会结构之变和家庭性质之变必然引起分家机制之变和分家模式之变。进入21世纪以来,伴

---

① 孔迈隆:《中国家庭现代化:传统与适应的结合》,载于乔建主编《中国家庭及其变迁》,香港亚太研究所,1991。
② 桂华、贺雪峰:《再论中国农村区域差异——一个农村研究的中层理论建构》,《开放时代》2013年第4期。

随着现代性进村,村庄社会结构进一步离散化,即使是传统力量最为浓厚的南方农村,也正处于大转型之中。面对内外部结构和形势的改变,农民分家的逻辑也发生改变。一个普遍的趋势是,传统的分家之于家庭再生产的意义正在弱化,分家走向"名实分离":南方农村逐渐出现了"事实分家",即子代在事实上成为独立清晰和自主支配的财产单位,父代的人生任务却并没有通过分家而明确,形成了别财合居共爨的局面;北方农村,竞争性分家机制通过彩礼竞争而失控,形成了"提前分家"的格局;中部农村,实质上掌握财产权的独子家庭与母家庭也越来越倾向于维持同居共爨的家庭形态,形成了"分而不分"与"不分而分"的状态。总体来看,随着现代性对农村社会的影响日深,农民家庭再生产的模式有所转变,虽然目前北方农村、南方农村和中部农村分家模式变迁的路径不同,但总体的趋势是"分而不离"[①],核心家庭形式化,母子家庭的纵向联结有所加强,母家庭承受的压力在逐渐增加,形成了"新三代家庭"[②]。关于分家模式的变动和走向,是接下来值得进一步研究的问题。

撰稿:杜鹏

[①] 范成杰:《"分而不离":分家与代际关系的形成》,《华中科技大学学报》(社会科学版)2015年第5期。
[②] 张雪霖:《城市化进程中的新三代家庭结构》,《西北农林科技大学学报》(社会科学版)2015年第5期。

中国农村养老模式的区域差异

一 问题的提出

国家统计局数据显示，到2014年末我国60周岁及以上人口数为21242万人，占总人口的比重为15.5%，65周岁及以上人口数为13755万人，占比10.1%，首次突破10%。按照老龄型国家的判断标准（60周岁以上人口占总人口的比重达到10%或65周岁以上人口占总人口的比重达到7%），我国已迈入老龄化社会且人口老龄化已经达到较为严重的程度，老年人养老问题因而引起了社会的广泛关注。

目前学术界对我国农村养老状况的总体判断为弱化，甚至认为面临一定危机。有论者基于对全国10个省份的数据调查得出，从50年代到80年代，对"养儿防老"观念持肯定态度的农民占总体的比重从77.5%下降到38.7%，而对"养儿防老"观念持否定态度的农民占总体的比重从22.5%增加到61.3%，即农民"养儿防老"观念呈现持续弱化这一结论。[①] 传统父系基础的家庭受到冲击，女性在核心家庭中的权力增加，女儿对于娘家的工具性意义不断提升，女儿养老的社会认同度提高。[②] 在子代养老意愿方面，社会和家庭结

[①] 于长永：《农民"养儿防老"观念的代际差异及转变趋向》，《人口学刊》2012年第6期。
[②] 张翠娥、杨政怡：《农村女儿养老的社会认同及影响因素分析——基于江西省寻乌县的调查数据》，《妇女研究论丛》2013年第5期。

构及文化的改变所导致的子女支持愿望不足，致使农村老年人维持较低的生存状态。① 徐俊在对皖北农村实证调研后发现农村养老的主要问题体现在经济供养、生病费用与生活、生病照顾等方面。②

对于农村养老的弱化的解释分为微观的家庭结构与宏观的制度两种进路。郭于华从代际关系角度分析养老危机的形成原因在于传统时期的代际交换特征为由情感联系和道德制约、依靠良心估算和社会评价、回报为延迟性的，现代子代更为注重代际交换的物质层面而与父代发生碰撞与冲突。③ 阎云翔认为家庭权力结构从纵向的父子轴向横向的夫妻轴的转变推动了老年人地位的下降与生活状况的恶化。④ 宏观视角则主要从文化与社会结构层面分析，中国家庭养老之所以弱化，主要原因之一是崇老文化衰退，新的文化依托尚未形成，家庭养老正在从文化模式演变为行为模式。⑤ 农村家庭养老文化从家族主义到家庭民主，从宗法制度保障到主要依靠舆论约束，从无条件性、非功利性到条件性和功利性，造成了农村养老问题。⑥ 农村养老危机原因为文化与社会结构变迁的非同步性造成的行为失范，以及非相互性责任伦理导致赡养关系的逆化。⑦ 无论是微观抑或宏观视角，学者比较的面向为历时性的时间轴，未能关注到横向的空间结构这一变量。有学者基于第六次全国人口普查数据

---

① 张洪芹：《农村家庭养老与子女支持愿望——基于对山东部分农村地区的调查》，《东岳论丛》2009年第9期。
② 徐俊：《皖北农民生活与养老状况实证分析》，《淮北师范大学学报》（哲学社会科学版）2013年第2期。
③ 郭于华：《代际关系中的公平逻辑及其变迁——对河北农村养老事件的分析》，《中国学术》2001年第4期。
④ 阎云翔：《私人生活的变革：一个中国村庄里的爱情、家庭与亲密关系（1949～1999）》，上海书店出版社，2006。
⑤ 姚远：《对中国家庭养老弱化的文化诠释》，《人口研究》1998年第5期。
⑥ 高和荣：《文化转型下中国农村家庭养老探析》，《思想战线》2003年第4期。
⑦ 武中哲：《农村养老的现代危机——文化和社会结构的视角》，《毛泽东邓小平理论研究》2009年第10期。

分析认为城镇老年人口的健康状况总体好于农村，农村高龄老年人口的健康状况明显差于城镇，东部地区老年人的身体健康状况以及家庭成员供养的生活来源上都优于中西部老年人。① 区域差异除了基于经济发展水平引发的城乡、东中西养老状况不同，还有基于社会结构的不同引发的南北中村庄养老状况不同。笔者及所在的华中乡土派在不同农村调研发现，农村养老的场域——家庭，高度嵌入在社区中，其行为模式受到社区结构的形塑，因而只有在"社区结构-家庭"的双向互动中才能理解养老模式的形成逻辑。

社会结构的区域差异这一中层理论由贺雪峰及其所在团队提出，我们据此将中国农村分为南方、北方和中部三大区域，南方农村多团结型村庄，北方农村多分裂型村庄，中部农村多分散的原子化村庄。② 村庄社会结构即为村庄成员的社会构成及其社会关系状况。村庄结构的区域差异不仅是现代性冲击程度不同和方式不同的结果，还与生态环境、村庄历史等高度相关。我们运用村庄社会结构视角与区域理论已经在不同地区的政策执行状况以及人情、面子、代际关系、自杀状况等社会现象方面得到验证。笔者试图从村庄社会结构角度理解南北中农村养老的区域差异，从养老的生成动力、责任主体、预期与实践几个层面讨论养老模式的形成，接着探讨形塑不同区域养老模式的社会结构力量。

二 农村养老的三种类型

吴飞对家庭政治进行了经典阐释，人、财产与伦理构成家庭的

---

① 林闽钢、梁誉、刘璐婵：《中国老年人口养老状况的区域比较研究——基于第六次全国人口普查数据的分析》，《武汉科技大学学报》（社会科学版）2014年第2期。

② 贺雪峰：《论中国农村的区域差异——村庄社会结构的视角》，《开放时代》2012年第10期。

基本组成要素①,这对我们分析发生在家庭场域的养老很有启发,据此我们从责任主体、生成动力、预期与实践形态几个层面理解养老。养老的责任主体意涵即在需求方为父代的情况下需要明确谁为供给者,主要分为单一的儿子以及儿子、女儿共同参与两种。养老的生成动力内涵即触发子代愿意承担养老责任的因素,包括价值伦理、社区规范与个体情感几种类型。养老预期即父代对子代能否履行养老责任的信任程度,这主要通过分家模式、居住方式以及父代积攒资源多少等予以反映。实践形态内涵即父代的具体生存状况,包括子代向父代反馈的资源种类以及持续时间。责任主体、生成动力、预期与实践几个因素相互作用且共同形塑了养老模式,据此将农村养老划分为伦理型养老、规则型养老与情感型养老。

1. 伦理型养老

伦理型养老的内涵主要依据养老的生成动力得出,子代履行赡养责任的动力在于内化的生养伦理。父代尽力将子代抚育成人并为其完成娶妻生子、实现传宗接代的人生任务,子代则通过赡养父代予以回报,父代与子代之间形成厚重的平衡。费孝通将这一养老模式概括为"反馈型",以区别于西方的"接力型",父代与子代之间在抚育和赡养等方面的付出与回报遵循均衡互惠的原则。② 传统的"养儿防老"观念受到遵守,女儿被排斥在养老责任之外。子代内化的价值伦理以及笼罩性的社区规范保障了父代能受到子代赡养,父代对此有着稳定预期,因而分家与居住方式上父代都呈现依附性。在养老的实践层面,子代向父代反馈的资源涵盖了物质支持、生活照料与精神慰藉,反馈的时间则从分家之日起,总体来看实现了高水平的名实相符。父代分家后对子代家庭事务仍有干预

---

① 吴飞:《浮生取义:对华北某县自杀现象的文化解读》,中国人民大学出版社,2009。

② 费孝通:《家庭结构变动中的老年人赡养问题》,《北京大学学报》(哲学社会科学版)1983年第3期。

权，父代权威一定程度上得以维持，而且老年人在村庄治理以及公共仪式性义务中都享有较高权威。

2. 规则型养老

规则型养老从养老的生成动力角度予以理解，即子代愿意履行养老责任在于父代对子代均等的强代际支持。父代对子代的支持持续时间长，包括将子代抚育成人、为其完成娶妻生子的人生任务以及子家庭成立后帮忙操持家务、农业生产与带小孩等。"养儿防老"观念受到财产继承制度与社区规范的支持得以维持，但女儿并未像伦理型养老那样受到全然排斥，形塑出儿子处于主导、女儿辅助性与补充性参与的养老格局。父代对子代履行养老责任的预期受到父代资源在子代间的均衡分配（即"一碗水端平"）以及强社区规范的支撑，因而父代在分家模式、居住方式等方面同样呈现一定依附性。在养老实践层面，由于子代内化的生养伦理观念弱化，总体上养老秩序呈现一定的名实分离倾向，子代向父代的反馈资源种类以及持续时间虽能保障父代的基本生存但都明显弱于伦理型养老。

3. 情感型养老

情感型养老的内涵从生成动力角度理解，即子代愿意履行养老责任的动力既不在于伦理型养老的本体性价值以及规则型养老的资源交换，而是取决于父代与子代之间的情感互动实践。无论是传统接代的本体性价值抑或面子权威的社会性价值在这里都较为弱化，个体秉持生活本位观念。父代对子代的支持较为有限，娶妻生子更多为子代的责任，父代扮演帮助者角色，相应的子代反馈资源也有限，代际形成低度平衡。传统"养儿防老"观念由于缺乏结构性支撑而弱化，父代以个体力量安排养老，因而采取向女儿输入资源以及变革婚姻形态等策略实现女儿参与养老，养老主体呈现双系化趋向。因为子代既未将生养伦理内化又无强社区舆论，父代对子代能否履行养老责任缺乏稳定预期，这通过父代运用分家模式与居住方式为自己提前积攒资源予以体现。在养老实践层面，子代履行养老责任更多为保障父代的基本生存与丧葬，一般在父代丧失劳动能力后开始履行，父代在有劳动能力时自养成分高，因而养老秩序呈现低水平的名实相符。

三 农村养老模式的区域分布特征

贺雪峰及其所在团队从村庄社会结构角度，将中国农村分为南方、中部和北方三大区域，其中南方地区多团结型村庄，北方地区多分裂型村庄，中部地区多分散的原子化村庄。南方村庄主要包括福建、广东、江西、广西、海南等省区以及皖南、浙西南、鄂东南、湘南等区域。北方村庄主要包括河南、河北、山西、陕西、皖北、苏北等区域。中部村庄主要包括长江三角洲、两湖地区、川渝地区、东北地区等。① 实证调研发现养老模式与村庄类型之间存在选择性亲和，即伦理型养老、规则型养老与情感型养老分别对应于南方村庄、北方村庄与中部村庄（见表1）。

表1 农村养老模式的区域分布

	南方团结型村庄	北方分裂型村庄	中部分散型村庄
养老模式	伦理型	规则型	情感型
生成动力	生养伦理	资源交换	情感互动
责任主体	儿子	儿子为主，女儿为辅	儿子、女儿较均等
预期	强稳定预期	较稳定预期	无稳定预期
实践形态	高水平名实相符	一定程度名实分离	低水平名实相符
代表性区域	福建、广东、广西、江西、海南等南方省区，皖南、浙西南、鄂东南、湘南等区域	河南、河北、山西、陕西、苏北、皖北等区域	长江三角洲、两湖地区、川渝地区、东北地区等

---

① 贺雪峰：《论中国农村的区域差异——村庄社会结构的视角》，《开放时代》2012年第10期。

1. 南方团结型村庄——伦理型养老

首先，在养老的生成动力方面，南方团结型村庄子代内化的生养伦理成为子代履行养老责任的主要依据，"先有老后有小"成为地方性知识。这主要体现在分家模式上。分家主要在子代间均分父代财产及其他资源，对父代养老一般只约定选择哪种赡养方式，对子代具体承担多少养老责任不做清晰规定，事实上子代履行养老责任多以父代的需求为导向。分家后父代对于分家协议中的安排有意见的，如与其中一个子家庭相处不融洽等，父母有权予以变更，以形成有利于自身的养老秩序。

其次，在养老责任主体方面，南方团结型村庄儿子为养老责任的唯一主体，"养儿防老"观念得以维持，女儿处于被排斥地位。南方村庄养老秩序依次为儿子、侄子，纯女户或无孩子家庭则倾向于从本宗族内过继或收养一个儿子，而较少考虑招赘婚。女儿受到排斥主要体现在日常性资源反馈、生活照料以及仪式性的丧葬事务等方面。女儿出嫁后即不再属于自己人范围，而为外人，与娘家关系脱嵌，女儿回娘家多在特定时间，给父母带一些生活用品，频繁回娘家会受到娘家村庄的负面议论，因而女儿无法对父母进行日常照料，父母所需生存资源也由儿子提供。养老包含生养死葬，在父母丧事中女儿不用承担费用，甚至可不用出席，所有的安排与花费都为儿子的责任。

案例1　广东清远农村老人对养老责任主体的看法

女儿终究是要嫁出去的，老人有毛病，她们是不知道的，儿子在家，我们有病，他是能看到的，还是儿子要好点。

女儿是嫁出去的人，我又能养活自己，又有儿子，女儿回家会给我钱，但是我都退回去了，她只要有这份心就够了，我们生病了，有儿子和媳妇，不希望她们常回来看看，没必要麻烦她们，病重时，回来看一下就行，她有她自己的家，应该相互尊重。

> 女儿参与养老，会让儿子丢面子。在父母去世时女儿也不会参与出钱安葬父母，若是女儿出了钱，村民就会说儿子没有本事。

从上面的案例可以得知，女儿在养老中受到排斥有以下两个方面的原因。一方面，是客观条件的限制，即从夫居制使得女儿出嫁后与娘家居住空间发生分离，无法及时地对父代反馈资源、进行生活照料以及情感互动；另一方面，社区规范也对女儿养老形成约制，女儿参与养老会对儿子的社会声誉形成负面影响，意味着儿子不孝，从而形塑出养老秩序的单一主体格局。

再次，在养老预期上，南方团结型村庄父代对子代履行养老责任有着稳定预期，这主要体现在分家模式、居住方式等方面。在分家模式上，父代不为自己保留养老田，所有土地、生产工具在子代之间均分，父代退出生产领域，依附于子代，与子代共同吃住，花费由子代承担。在居住方式上，主要分为父代与其中一个儿子一起生活或父母各自跟随一个儿子生活，前者为合养，后者为分养。合养一般父母跟小儿子一起，父母帮助小儿子带小孩、操持家务，小儿子负责父母的基本生活，生病与丧葬费用由诸子均摊，父母瘫痪在床时也是儿子轮流照顾。分养一般父亲跟大儿子，母亲跟小儿子，这主要考虑到小儿子结婚较晚母亲可帮助小儿子带孩子。分养制度体现了夫妻关系是按传宗接代来安排的，即横向关系要服从纵向关系。[①] 无论是合养还是分养，父子一体观念成为代际共识，家庭的整体性得以维持。即使村庄中出现极少数的不孝顺父母的行为，父代也不会调适对子代的稳定预期，为自己提前积攒养老资源，而仍然保持不养父母的为例外的观念。

最后，在养老实践层面，总体上看南方村庄为高水平的名实相符

---

① 贺雪峰：《农村代际关系论：兼论代际关系的价值基础》，《社会科学研究》2009年第5期。

状态。这主要体现在子代反馈的资源种类与持续时间两个方面。南方村庄老人在基本的物质生活与日常照料上不存在问题，在精神慰藉方面，父代在为子代完成娶妻生子的人生任务后能够获得本体性价值，同时在村庄获得意义与归属。在子家庭内部，子代在成家后仍会尊重老人意见，父代对子家庭事务仍有干预权力，双方的情感互动较多。在湖南源村，如果年轻人在谈话，老人过来时，媳妇会起身去给老人沏茶或在给年轻人泡茶的时候也会问老年人要不要喝茶。如果儿子敢骂父亲，父亲会把叔伯兄弟叫过来要儿子跪在父亲面前赔礼道歉。从子代向父代反馈资源的持续时间看，父代以分家为节点即完全退出生产，所需生存资源皆仰赖子代，父代的自主闲暇时间较多，多通过在宗祠、门楼、广场等公共场所打牌、下棋、聊天等活动予以打发。

2. 北方分裂型村庄——规则型养老

首先，在养老的生成动力方面，北方分裂型村庄子代履行养老责任的动力在于父代均衡的代际支持与强社区规范。不同于南方村庄子代将生养伦理内化，北方村庄的社会竞争程度高，社会竞争发生在成家立户之后的兄弟之间，与父代资源在子代间均衡分配相应的为子代均衡地承担养老责任，这主要体现在分家中对父代养老的细致清晰的约定。

案例2　　　　河南安阳一村民分家契约[①]

关于郝凤忠、郝凤臣和郝凤孝三人，养老人黄春花和郝五云具体条文规定如下：

1. 每人各给二老小麦400斤，时间入屯对清。
2. 兄弟三人每人给黄春花养老费150元，年底算账给清。
3. 父母住院看病一次性超过500元，由兄弟三人均分付款。

---

① 田先红：《豫北农村老人生存状况调查——以河南安阳吕镇东村为个案》，《华中科技大学中国乡村治理研究中心老年人报告汇编（农村自杀卷）》，2009。

在场人：郝双保、郝连云

村干部：郝海青、杜凤庆、高凤林

以上从中言明，不准反悔。空口失信，依字据为证。

2002年1月13日

从以上案例可知，北方村庄分家仪式的一项主要议题即为商定子代养老责任的分摊，而且分家一般都由有威望的村干部做公证人保证子代履行义务。分家仪式中对子代向父代反馈多少资源、何时反馈都有着清晰规定。

其次，在养老责任主体层面，北方村庄中儿子处于主导，女儿处于辅助性与补充性位置，"养儿防老"观念基本得以维持。女儿之所以能够在养老方面发挥一定作用在于姻亲网络对于原生家庭在村庄的生存立足尤为重要，因而女儿与娘家的日常情感互动较为频繁，向父代反馈的资源及生活照料较多。养老责任在名分上属于儿子，主要表现在父母生病等数额较大的费用分摊以及丧葬等仪式性事务上。在丧葬事务上，女儿主要承担请乐队、唱戏费用，大额开支由儿子负担。社区舆论对女儿参与养老有着约制，女儿参与过多，取代儿子角色，形成养老格局的倒置，就会造成儿子在村庄丢面子。

再次，在养老预期方面，北方村庄父代对子代履行养老责任有着较为稳定的预期。这不仅体现在分家后父代保留较少养老田，生存资源主要依靠子代，父代的劳动力归属于子家庭，帮助子家庭进行农业生产与操持家务，而且体现在居住方式上，北方村庄除了与南方村庄相似的"合养"与"分养"之外，"轮养"比例较高。"轮养"即为父母轮流到不同子家庭吃住，老人称之为"吃轮饭"，周期短的有一个月，长的为一年。无论是"合养"、"分养"，抑或是"轮养"，老人与子家庭都保持紧密联系，父子一体观念得以维持，家庭整体性得以保存，父代依附于子代。虽然父代有义务为子代完成建房娶妻的人生任务，婚姻成本的上升使得父代面临较重经济压力，但父代仍积极为子代提供支持，尚未调适既有的代际关系模式，父代为自己提前积攒资源的比例较低。

最后，在养老实践层面，北方村庄父代养老大体能够得到保障，但较易出现名实分离状况。在子代反馈资源种类方面，基本的物质支持与生活照料不成问题，但精神层面较为缺乏。子代成家立户后成为小家庭的当家人，父代不再有权干预子家庭事务，双方的情感互动较少。老人将自身的生活状态形容为"有饭吃，没钱花"，老人很少有余钱。笔者在山东桓台调研时发现，老人打发闲暇时间的方式主要为下棋、聊天、散步，不打牌是因为打牌要花钱。老人通过压缩日常生活开支以减少货币支出，自己种点蔬菜，儿子给点粮食以及少量现金用于购买日用品，荤菜则一般一个星期吃一次，每次割10元左右的猪肉，可吃好几天，平常都是以蔬菜、咸菜为主。从子代履行养老义务的持续时间看，在父代尚有劳动能力时多会保留一份养老田，农闲则在周边打零工，父代并未退出生产，自身贡献部分生存资源，子代更多承担父代的生病等大额花费与丧失劳动能力之后的生活照料。总体上看北方村庄养老水平不及南方村庄，表面上看子代都较为孝顺，但缺乏温情，刘燕舞将这种现象概括为"伪孝"，"子代的孝顺很机械，像是开动的机器，拧一下，动一下。子代对父母尽孝的方式很常规，通常就是工作之余有空了去看看父母，时间并不是很勤"。[①]

3. 中部分散型村庄——情感型养老

首先，在养老的生成动力上，中部村庄子代履行养老责任的动力不在于结构性的价值伦理或社区规范而为个体性的情感互动。村民缺乏南方、北方村庄超越性的本体性价值或社会性价值，更为注

[①] 刘燕舞：《伪孝：理解鲁中刘家庄老年人生存状况的视角》，《华中科技大学中国乡村治理研究中心老年人报告汇编（农村自杀卷）》，2009。

重个体日常生活品质,反映在代际关系上为父代对子代的支持较为有限,缺乏为子代事务"操心"的意愿,相应地,子代向父代的反馈更多取决于双方日常的互动交往,个体的"良心"成为子代履行养老责任的主要依据,因而养老具有较强的灵活性。这主要体现在分家方式上中部村庄与南方村庄相似,对于子代具体履行多少责任及何时履行并不做细致约定,父代的养老状况跟父代与子代之间的日常关系模式紧密相关。

其次,在养老责任主体上,中部村庄女儿公开参与到养老中,形成儿子和女儿共同负担模式。虽然名义上女儿养老并不为必尽的义务,但父代通过向女儿输入资源等策略,如在嫁女儿时给予女儿不低于男方彩礼数额的嫁妆以及在日常生活与教育方面对女儿、儿子实现均等对待,父代与女儿无论婚前婚后都保持着紧密联系,推动女儿参与到赡养父母中。在日常的物质支持与生活照料上,女儿与娘家没有社区舆论的约制,可与娘家保持频繁的互动往来,女儿不仅会给予父母一些生活用品,还会给予一些现金,父母瘫痪在床需要照顾时,女儿也会参与到父母的轮流照料中。在父母生病等大额花费与丧葬等仪式性事务方面,中部村庄女儿出钱的比例要高于其他两类村庄。

从表2可以得知,在子女给予父母的总帮助与净帮助两类数据中,儿子总体上比女儿略高,但双方相差不大,这表明在中部分散型村庄中女儿在父母养老中发挥着重要作用。

再次,在养老预期层面,父代对子代履行养老责任缺乏稳定预期,主要体现在分家方式以及居住方式安排上。在分家方式上,中部村庄一般子代成家即分家,父代会保留自己的土地与生产工具,农闲则打零工或从事其他副业。在居住方式安排上,父子单过比例较高,父代多在子代房屋旁搭建简易住所,与子代分开吃住,甚至出现不少父子分家的现象,"父母与儿子住在一起生活不自由,索性不如分开"等话语表明了社区对此的接纳。无论是分家模式抑

表2 鄂西南松滋县子女中给予和接受父母总资助和净帮助的比例和经济帮助金额

单位：元

性别/婚姻	经济	家务	农活	经济帮助金额	经济	家务	农活	经济帮助金额	样本数
	给予父母总帮助				接受父母总帮助				
儿子/嫁娶	.55	.24	.53	123.72	.19	.40	.40	25.07	376
儿子/招赘	.76	.10	.18	138.42	.26	.06	.08	50.70	114
女儿/嫁娶	.84	.17	.33	133.41	.40	.15	.15	51.53	620
女儿/招赘	.43	.36	.50	100.71	.19	.29	.38	39.76	42
全部子女	.72	.19	.38	129.55	.31	.23	.23	42.38	1152
	给予父母净帮助				接受父母净帮助				
儿子/嫁娶	.48	.09	.31	98.66	.11	.25	.08	-98.66	376
儿子/招赘	.67	.07	.14	87.72	.11	.03	.03	-87.72	114
女儿/嫁娶	.65	.12	.24	81.88	.22	.10	.04	-81.88	620
女儿招赘	.36	.21	.29	60.95	.12	.10	.03	-60.95	42
全部子女	.59	.11	.25	87.17	.17	.14	.05	-87.17	1152

资料来源：李树苗、费尔德曼、勒小怡《儿子与女儿：中国农村的婚姻形式和老年支持》，《人口研究》2003年第1期。

或居住方式都有助于父代独立性的保持，这对于父代在有劳动能力时为以后养老积攒一定资源有所帮助。中部村庄老人普遍都有些积蓄，川西平原黎村一个村民小组，70%以上的老人都购买了社会养老保险，10%~20%的购买了商业养老保险。

最后，在养老实践层面，总体上中部村庄为低水平的名实相符。在子代向父代反馈资源层面，代际独立性较强，父代在有劳动能力时生存资源自我供给一部分，子代提供一部分，子代更多负责父代的生病等大额开支与生活照料，精神慰藉方面父代更多通过外向型的闲暇活动进行情感互动。川西平原老人赶集、去茶馆摆龙门阵、打麻将等公共活动发达为老年人的互动交往提供了替代选择。在子代向父代反馈资源持续时间方面，子代更多从父代丧失劳动能力之日起履行养老责任，主要包括兜底性地保障父代基本生存与丧葬。虽然中部村庄总体上老人"老有所养"得以维持，但基于个体情感生成的养老模式使得父代在丧失劳动能力后儿子能否履行养老责任存在一定风险，在江汉平原老年人存在一定比例的自杀，主要因为老人瘫痪在床无法受到子代很好的照料。

四 农村养老模式区域分布的社会基础

上文从经验层面探讨了养老模式与空间区域之间的选择性亲和关系，对于这种选择性亲和的形成原因，下文主要从村庄社会结构角度予以阐释。之所以从村庄社会结构角度分析农村养老模式的区域分布，在于家庭的社区性，即在村庄熟人生活中被承认和接受的具有社区交往独立资格的家庭组织除了在完成内部再生产方面有意义之外，在社会交往层面也有独立的价值，家庭的形态受到村庄社会结构的形塑。[1] 村庄社会结构即村庄成员的社会构成及其社会关系状况，亦即村民之间的社会关联度。我们可以从村民间的社会关系构成模式以及关联程度两个层面理解村庄社会结构。社会关系构成模式即村民以何种媒介建立社会关系，主要可分为血缘、地缘两种。社会关联程度即村民间是否形成紧密的共同体抑或为分散的原子化个体。总体上看，南方团结型村庄的社会结构特征为聚族而居，血缘与地缘重合，宗族规范（族规家法）强大，以血缘关系为基础的宗族结构成为维系村庄秩序的基础。北方分裂型村庄结构的特征为多姓聚居，以五服为范围的血缘基础上的家族结构依附于地缘关系并且在地缘之内发挥作用。中部分散型村庄结构的特征为散居，无论是血缘关系抑或地缘关系都未发展起来，村庄结构与社

---

[1] 陶自祥、桂华：《农村家庭的区域差异》，《华中科技大学学报》（社会科学版）2013年第3期。

会规范之间无法匹配,村庄缺乏强有力的社区规范。①

1. 南方村庄伦理型养老——血缘共同体

第一,南方村庄养老的生养伦理的生成动力的形成依托于村庄社会结构的血缘关系。南方村庄聚族而居形成累世宗族,社会关系围绕"祖先—我—子孙"的血缘绵延结构展开,纵向的父子一体统摄了横向的兄弟、夫妻关系。村庄依靠血缘关系网络将每一个体笼罩于其中,父系伦理内化成为个体人格的一部分,这使得养老格局呈现模糊性,子代主动积极地履行养老责任。每一子代主要基于与父代的血缘伦理生发出养老行动,而父代资源在子代间的分配是否公平对养老影响处于次要地位。

第二,南方村庄单一的养老主体形成与由男系血缘关系构成的自己人共同体紧密相关。女儿出嫁后即属于外人,通过依附于丈夫和儿子在婆家获得意义与归属,与娘家关系处于脱嵌。女儿回娘家只能在特定时间,频繁返回或与娘家保持亲密互动就会受到娘家村庄的负面议论。这种排他性的自己人结构的形成得益于宗族内部的自给自足,一个宗族的范围往往超出了一个村庄,达到上百户规模,超出个体家庭能力之外的生产生活事务以及仪式性事务都可以通过宗族内的互助合作完成,个体不需要向外建构关系,无须将姻亲关系纳入进来。养老主体的单系化与财产继承制度紧密相关。宗族村庄为了保持内聚力,实现远交近攻,财产不外流成为基本原则,为了将财产留在宗族内部而将女儿排斥在养老秩序之外。

第三,南方村庄父代对子代履行养老责任有着稳定预期,这种预期的形成一方面在于血缘关系推动子代将生养伦理内化,另一方面在于强社区舆论。宗族村庄聚族而居生成的共同体为了维持内部秩序的稳定而孕育出一套笼罩性的地方性规范。社区规范对弱者起

---

① 贺雪峰:《论中国农村的区域差异——村庄社会结构的视角》,《开放时代》2012年第10期。

到保护作用,保护长者的孝道伦理成为其基本组成部分。在正式的国家权力无法渗入村庄内部的传统时期,地方性规范包含私力的暴力制裁的硬约束与舆论的软约束,新中国成立后,村庄的私力制裁部分上移到国家正式权力机关,由法律接管,但社区舆论的软约束得以维持。社区舆论的软约束效用的发挥建立在村民对村庄生活有着稳定预期的基础上,即村民生活面向村庄内部。村民很注重叶落归根,村庄即构成个体的根,根即为个体本体性的人生意义与价值归属。在华南宗族村庄,很多在外工作的村民都选择退休之后返回到村庄居住。村民对村庄生活长远而稳定的预期,使得村民对其他村民的社会评价很为在意,个体主动服膺于社区舆论的约制。宗族村庄清明祭祖、庙会等公共活动众多以及宗祠、广场、门楼等公共场所多样,为社区舆论提供了很好的传播媒介,凡是出现子代不孝顺老人的,同一房支的长辈可主动介入对子代做法提出批评,其他房支村民也可当面议论子代的做法,"连自己的父母都不孝了,那这个人还有什么感情呢",村里多数人会对这种人"敬而远之",这样的人只有自己玩自己的,别人都避之不及,不讲感情的人在村民眼中是可怕,这可以称之为缘情制礼。强社区舆论使得父代不担心子代不履行养老义务,即使出现极个别子代不孝顺的情况也不会让父代改变这一预期。

第四,在养老的实践形态上南方村庄的高水平的名实相符,主要得益于纵向的血缘结构及老年人在村庄社会中一定程度的权威保持。血缘关系为差等性的,阎云翔认为"差序格局"是个立体的结构,包含纵向的刚性的等级化的"序",也包含横向的弹性的以自我为中心的"差",差序格局的维系有赖于尊卑上下的等级差异的不断再生产。[①] 纵向的血缘结构使得父代主导了养老秩序,子代向父代反馈多少资源更多取决于父代的需要。在精神慰藉层面,父

---

① 阎云翔:《差序格局与中国文化的等级观》,《社会学研究》2006年第4期。

系权威在子家庭内部一定程度保持，父代对子家庭事务可以干预，双方互动交往较多。此外，在村庄治理中，尤其是纠纷调解以及村庄公共事务，如清明祭祖、庙会等活动，都由老年人主持，这在一定程度上增加了老年人晚年生活的充实以及对社区舆论的引导塑造，老年人对村庄事务所起的功能有助于他们保持较好的养老状况。

南方村庄伦理型养老的形成依托纵向血缘关系结构以及社区共同体孕育的舆论规范等村庄社会结构特质。总体上看，村庄社会结构的形成与经济发展水平、历史文化传统、自然地理环境、种植结构、开发早晚、距权力中心远近等紧密相关。[①] 南方团结型村庄的血缘关系网络的形成主要得益于水稻种植结构，水稻亩产高于北方小麦，能够在单位土地面积上养活更多人口，村庄人口繁衍加快。同时，南方村庄远离权力中心，社会稳定，战火很少烧到华南，因而宗族的聚居、繁衍成为可能，宗族历史悠久。血缘关系只有稳定的社会秩序才可以建立。社会秩序的稳定为宗族聚居提供条件，血缘绵延与世家大族得以发展，一套宗族的家谱、族田、祠堂等作为宗族的象征的器物得以形成并稳固。一两千年的宗族历史以及宗族发展到跨村、跨乡的情况在华南较为普遍。社区舆论规范的生成主要在于认同与行动单位的共同体结构的维持，共同体形成主要在于水稻种植区对灌溉条件极为重视，因而水利方面的互助合作尤为重要，而且南方村庄多丘陵山区，生态条件较为恶劣，为了相互争夺生存空间，宗族之间的远交近攻成为宗族生存策略，以村庄为单位的地缘关系重要性凸显，血缘与地缘实现了重合，但血缘关系成为基础与底色。为了维持宗族内部的社会秩序，地方性规范应运而生，而且为了强化宗族内部的向心力与凝聚力，宗族自己人的边界识别变得重要，自己人与外界边界清晰且相处原则有泾渭之别，这

---

① 贺雪峰：《论中国农村的区域差异——村庄社会结构的视角》，《开放时代》2012年第10期。

些无不对养老格局的生成动力、责任主体、预期与实践形态起着形塑作用。

2. 北方村庄规则型养老——地缘共同体

第一，北方村庄养老的生成动力的形成依托于村庄社会结构的血缘与地缘的分裂性。北方村庄血缘与地缘关系并不重合，村庄由几个姓氏的血缘单位组成，这些血缘单位规模较小，范围一般在五服以内，在不同的地方其称谓略有差异，关中农村称之为"户族"，河南农村称之为"门子"、"门宗"，我们统一称之为"小亲族"，形成了超越于血缘关系之上的横向地缘结构。地缘结构具有竞争与认同的双重面向，个体对面子、权威等社会性价值很为看重，为子代完成娶妻生子的人生任务是父母必尽的义务，"绝户"为个体极力避免的状况，因而父代会积极地对子代予以支持。在子代成家后父代尚有劳动能力时仍力所能及地为子代提供扶持，如帮忙操持家务与农业生产等。王跃生提出"抚育—交换—赡养"模式，抚育主要为父代将子代抚养成人并为其完成娶妻的人生任务，交换则发生在子代结婚后、父代需要赡养前的阶段，父代通过帮助子代做家务、带小孩等对子代予以扶助，抚育与交换关系的叠加决定了子代履行赡养责任的状况。① 北方村庄中与父代对子代的强支持相对应的为子代通过履行养老义务进行回报。

第二，北方村庄养老主体的格局形成依托于村庄社会关系的建构性与竞争性特征。小亲族认同单位一般在五服以内，在世的都在三代以内，平均规模为10~20户，小亲族内部无法单独完成红白事等仪式性事务以及日常生产生活中超出家庭能力范围之外的事务，因而向外拓展关系成为家庭在村庄生存的必备条件，地缘、姻亲等关系网络相应建构起来。姻亲关系在地方性规范中被推至很高

---

① 王跃生：《农村家庭代际关系理论和经验分析——以北方农村为基础》，《社会科学研究》2010年第4期。

地位，在红白仪式事务方面有着"女凭娘家，男凭舅家"的说法，姻亲关系在仪式中具有特殊地位，姻亲关系被仪式事务不断强化，因而嫁出去的女儿与娘家一直保持频繁的社会交往，这对女儿介入父母养老很有帮助。村庄社会竞争激烈，个体对其他村民的社会评价很在意，"会做人"的社会性价值成为个体的追求。养老是儿子的分内事，倘若女儿参与过多，对儿子名义上的主导地位形成威胁，儿子就会受到村庄舆论的议论，因而女儿在养老格局中扮演辅助性角色。

第三，北方村庄父代对子代履行养老责任有着较为稳定的预期，这种预期来自强社区规范。北方村庄血缘与地缘关系并不重合，小亲族内部既无法完成红白事等仪式事务，又无法进行水利灌溉等生产方面的互助合作以及抵御外界的侵扰，地缘关系成为个体应对超出家庭能力之外事务的基础，地缘共同体因此形成并超越血缘关系。地缘共同体与南方村庄血缘共同体的不同之处在于血缘共同体为先赋性的，每一个体在结构中的位置是预先决定的，然而地缘共同体的社会关系网络具有很强的后天建构性，个体的社会关系网络的宽广与纵深程度越高，就越能保证其能获得其他村民的帮助，因而个体要会做人与为人处世。北方村庄村民特别讲面子，类似于戈夫曼所讲的印象管理，面子是个体在村庄立足的基础，面子为村民提供了社会性价值，因而村民很在意其他村民的社会评价，村民间通过在小卖部、大树下与池塘边等公共场所讲闲话形成每个村民的社会印象，子代对父母是否孝顺成为村民闲话内容的议题之一。个体之所以服膺于社区舆论，还在于村民对村庄生活有着稳定预期，村庄成为村民获得归属与意义的来源，因而社区舆论能够约制子代，父代对子代履行养老形成较稳定预期。

第四，北方村庄养老实践的老人总体上有保障但易出现名实分离的特征与村庄社会结构的分裂性紧密相关。村庄社会分裂成几个小亲族，小亲族之间为了争夺生存空间与社会性价值而展开激烈竞争，父代的物质资源与劳动力成为子代立门户的基础，因而强调对父代资源在子代间的均等分配。相应的子代履行养老责任也为均等的，子代在相互比较之后决定自己履行多少养老责任，这不同于南方村庄每一子代基于与父代的血缘关系发生养老行为，养老状况呈现子代之间清晰厘定特质，子代缺乏内在的感情投入。为了在村庄竞争中处于优势，子家庭资源主要向下传递，尤其注重对下一代向上流动的投资，如教育与进城买房等，因而向父代反馈资源较少。不同于南方村庄基于自然生发的血缘伦理推动的养老实践，北方村庄子代养老主要考虑到外在面子影响，缺少了温情的一面，较少的情感投入使得养老在外界看来子代较为孝顺，但很不自然，即出现名实分离。笔者在山东桓台实证调研发现，子女对待老人就像对待物品一样，甚至出现过"喂老人犹如喂狗一般"的案例。

北方村庄规则型养老的形成依托于村庄社会结构的血缘与地缘的分裂性、竞争性及地缘共同体等特征。北方村庄血缘与地缘无法重合的原因在于靠近权力中心且平原地区不宜防御，容易遭受战乱的威胁，人口的迁移较频繁，血缘认同单位只保持在五服范围。为了抵御外界的侵扰以及组织水利灌溉等事务，地缘关系发展起来，村民对村庄形成了强有力的认同。地缘关系的发展还得益于庙会等民间宗教信仰活动的兴起，不同于南方村庄偏重于祖先崇拜，北方村庄信仰体系具有较强的实用主义色彩，如关中地区对龙王与关羽等较为推崇。民间信仰活动以村庄为单位，二者的重合有助于强化地缘共同体内部的整合与认同。无论是小亲族的血缘认同单位抑或地缘共同体都具有很强的功能性，主要服务于超出个体家庭能力范围之外事务的需要，因为缺乏稳定的自然与社会环境，价值伦理无法孕育，村庄社会呈现竞争与认同双重面向。竞争既在小亲族之间又在成家立户的兄弟之间展开，均等地继承父代资源成为竞争开展的前提，相应地在养老上遵循清晰厘定原则。地缘共同体为了维持社会秩序，地方性规范相应产生，村民对村庄生活有着稳定预期，成为个体获得社会性价值的主要来源，强社区规范保障了父代能够受到子代赡养。

3. 中部村庄情感型养老——强个体结构

第一，中部村庄养老的生成动力的形成依托于村庄社会结构的强个体特征。村民缺乏超越性的本体性价值与社会性价值追求，秉持生活本位。在生育观念上，生男生女一个样，缺乏南方村庄生儿子以实现传宗接代的本体性价值，"老一辈人都多子多累，一辈子辛苦，操心操不完"成为共识。村民同时缺乏对面子、权威等社会性价值的追求，在川西平原，村民的房子仍不少为八九十年代的砖瓦房，但房子内饰装修较现代，各种家具电器一应俱全。结构性力量的缺失使得个体自主程度提升，这对养老的影响为缺乏统一的模式，而是子代依据与父代情感互动状况决定向父代反馈多少资源。

第二，中部村庄女儿之所以能够在养老中发挥重要作用与村庄社会结构的血缘与地缘关系网络缺失紧密相关。南方、北方村庄血缘或地缘共同体的存在使得传统"养儿防老"观念基本得以维持，然而中部村庄血缘与地缘关系都未发展起来，母家庭只能以个体力量应对养老问题，因而将女儿纳入养老秩序即成为父代的策略。中部村庄父代对女儿的日常教育投资以及出嫁时的嫁妆都高于其他两类村庄，而且采取"不嫁不娶"的婚姻形态、变更传统的从夫居制等策略推动女儿参与到养老中。缺乏血缘或地缘结构也为女儿参与养老提供了条件，女儿参与养老不会受到村庄舆论的负面评价。

第三，中部村庄父代对子代能否履行养老责任缺乏稳定预期主要与村庄社会结构的弱规范有关。中部村庄在散居的村庄结构与薄弱的村庄规范之间，没有形成如南方农村和北方农村均已经形成的村庄结构与地方规范之间的相互塑造和相互强化。[①] 村民对村庄生

---

① 贺雪峰：《论中国农村的区域差异——村庄社会结构的视角》，《开放时代》2012年第10期。

活缺乏稳定预期,生活面向于村庄之外,村庄更多作为生活单位而非个体的意义与归属单元,因而村民对村庄的社会评价不在意,社区舆论无法约制个体,养老蜕变成为家庭私事,外部力量无权干预,因而老人无法建立起对子代履行养老义务的预期。

第四,中部村庄总体上低水平的名实相符的养老实践的形成与村庄社会结构的弱价值伦理相关。村民注重当下日常生活的满足,在代际关系上父代对子代提供的支持较为有限,婚配更多为子代的事情,相应地,子代对父代的反馈也不多,因而父代与子代之间形成低度平衡,"将心比心与看儿子良心"成为父代的普遍态度,双方不会像北方村庄那样形成较强的张力,子代更多履行兜底性的赡养责任,即在父代丧失劳动能力之后保障其基本生存与丧葬。相较于南方、北方村庄,中部村庄中父代的个体自由独立程度更高,他们能够支配自身的劳动力与闲暇时间,为自身积攒养老资源具备合法性,因此,在生活能自理时,他们的生存状态较好,生活过得较为充实。

中部村庄情感型养老的形成依托于村庄社会结构的强个体与弱规范等特征。中部村庄血缘与地缘关系无法发展起来的原因在于村庄历史短。元末明初始有江西籍人迁至鄂东今黄冈一带,到明末清初湖北人口大量迁往四川,即民间所说的"江西填湖广,湖广填四川",中部村庄历史至今只有五六百年。短暂的村庄历史以及人口的频繁迁移使得稳定的血缘共同体与地缘关系很难建立。中部村庄主要以长江流域为中心,这个区域市场经济最先得到发展,清中期西方资本主义沿着这一区域蔓延,村民的理性化程度高,注重个体的自由独立,村民缺乏超越性的价值追求,因而形成低度均衡的代际关系,造成父代受到子代的反馈资源不多。中部村庄多洪水灾害,单纯依靠血缘与地缘网络无法应对,因而多以个体力量应对自然灾害与战争侵扰等,村庄结构与地方性规范无法形成强有力匹配,村庄居住方式为散居格局更使得社区舆论难以培育,缺乏社区舆论对个体的约制使得父代无法形成子代履行养老责任的预期。

五　结语

在社会转型期的当下中国，我国已迈入老龄化社会且"未富先老"特征明显，如何确保老年群体"老有所养"引起了社会各界的广泛探讨。学术界对农村养老的总体判断为家庭养老面临危机，因而主张发展社会化的居家养老成为主流意见。政策部门对于居家养老的发展日益重视，中央与地方政府相继出台法律法规推动农村居家养老体系的构建。然而学术界得出这一结论主要考虑的为纵向的时间变量，忽略了对横向的空间变量作用的分析。本文引入中观的区域差异理论理解农村养老，基于养老模式的生成动力、责任主体、预期与实践形态将其划分为伦理型、规则型与情感型三种类型。养老类型与空间区域之间存在选择性亲和，即伦理型养老、规则型养老与情感型养老分别对应于南方团结型村庄、北方分裂型村庄与中部分散型村庄。之所以养老类型与村庄社会结构之间能够实现匹配，在于家庭高度嵌入在社区中，社区组成的基本单元为家庭，家庭形态受到社会结构的形塑，因而社会结构对不同区域养老模式的生产产生很大影响。

中国农村区域差异的基础是村庄社会结构的差异，它是我们团队在长期经验调研的基础上形成的关于中国农村社会性质认识的"中层理论"[1]。通过村庄社会结构可以比较好地揭示出中国农村区域差异的文化和社会类型，从而可以为农村社会学研究提供一个比较有力的理论模型。运用村庄社会结构可以解释不同地区的政策实

---

[1] 桂华、贺雪峰：《再论中国农村区域差异——一个农村研究的中层理论建构》，《开放时代》2012年第10期。

践过程和结果，还可以理解不同地区农民生活观念、性格、面子、社会交往等农村社会现象及特征，即区域差异成为分析问题的中层理论与方法。当然，引入区域差异这一空间变量并不是否定现代性力量的作用，事实上现代性力量对农村养老变迁产生很大影响。独生子女比例的升高、城镇化的发展以及现代市场力量向村庄渗入无不在潜移默化地形塑家庭形态继而对养老格局产生作用。南方团结型村庄父代向子代的资源输入相较之前有着很大增长。北方分裂型村庄父代则在婚姻成本不断升高背景下面临巨大经济压力，代际关系出现部分失衡，形成一定的代际剥削。中部分散型村庄老年人则对社会化养老持接受态度并逐渐付诸实践。因此，农村养老的变迁方向与速率在不同区域有着很大差异，当我们把农村养老视域拓展到空间区域，就会看到农村养老变迁为一幅综合了时间与空间的复杂图景，时间作用于空间并受到空间的形塑，从而在现代化进程中农村养老就不为均质化的单线的从传统向现代的进化，而是复合多样的变迁路径，这对于深化对农村养老的理论认识与政策部门制定养老政策都很有助益。

撰稿：班涛

南北中国

人　情

③

乡村社会面子观与面子竞争的区域差异

一 "面子"与"面子观"

"面子"、"人情"、"关系"等一直是研究中国人行为和社会运作的核心概念。美国传教士明恩溥在其影响甚广的《中国人的气质》一书中,将"面子"列为首章,指出面子是"打开中国人诸多最重要性格的密码箱"的钥匙①。鲁迅认为"面子"是"中国精神的纲领"②。林语堂则指出面子是"统治中国的三位女神"之一,是"中国人社会心理最微妙最奇异的一点"③。

社会科学领域的面子研究以心理学学者用力最多,取得的成果也最为丰硕。黄光国用社会交换论的视角建构了一个理解中国人行为的理论框架,他认为行动者的面子运作(即面子功夫)是为了影响资源支配者作出有利于自己的分配,是"中国人常玩的一种权力游戏"④。朱瑞玲细致探究了"面子"压力及其因应行为⑤。

---

① 〔美〕明恩溥:《中国人的气质》,刘文飞、刘晓旸译,译林出版社,2011,第8~10页。
② 张琢:《"面子":"中国精神的纲领"——鲁迅社会伦理思想一瞥》,《伦理学与精神文明》1983年第2期。
③ 林语堂:《吾国与吾民》,黄嘉德译,群言出版社,2010,第174~180页。
④ 黄光国:《儒家关系主义:文化反思与典范重建》,北京大学出版社,2006,第18页。
⑤ 朱瑞玲:《"面子"压力及其因应行为》,载于《中国社会心理学评论》(第二辑),社会科学文献出版社,2006,第161~186页。

陈之昭设计了一套非常复杂的面子系统模型①。心理学研究的共同点在于提出了有关个人在交流中如何考虑自我意象或身份以及这些考虑又如何产生了影响他人身份考虑的行动的观点②。社会学、法学与人类学等学者的面子研究展现了面子更为丰富的意涵，翟学伟分析了人情面子的运作在日常生活中是如何产生"日常权威"的③，张守东指出了脸面的社会控制功能④，陈文玲揭示了脸面在村庄道德分层中的作用⑤，等等。

总体来看，多数学者是将面子置于微观的人际互动中考察，侧重于分析面子在维持、改变人际关系和微观权力支配关系方面的运作机制。在这些研究中，凸显了面子的工具性意义，学者们采取的也多是社会交换论及其各种衍生理论的视角。这种研究路径虽然看上去是研究中国社会特有的人际关系模式，但可能不自觉地落入了西方社会科学个体主义的预设。在这种预设里人际关系是指具有独立完整人格的个体之间的关系，关系是可以自由进入与退出的，因此，二者如何交往就成为核心问题意识，于是包括面子功夫在内的印象整饬等策略显得非常重要。但是，实际上，中国人人际关系的逻辑起点不是个体，而是家庭、家族或者亲缘关系，是先赋性的⑥。翟学伟也批评这种进路的面子研究其实是在打着面子的旗号来研究西方心理学所要得到的人格与社会互动原理，他指出，中国人交往的逻辑起点是维护时间和空间上的稳定性，具有无选择性和

---

① 陈之昭：《面子心理的理论分析与实际研究》，载于《中国社会心理学评论》（第二辑），社会科学文献出版社，2006，第107～160页。
② 王轶楠、杨中芳：《中西方面子研究综述》，《心理科学》2005年第2期。
③ 翟学伟：《中国社会中的日常权威：概念个人及其分析》，《浙江学刊》2002年第3期。
④ 张守东：《鬼神与脸面之间——中国传统法制的思想基础概观》，《清华法学》2002年第1期。
⑤ 陈文玲：《道德分层与村民的脸面》，《江西社会科学》2009年第11期。
⑥ 杨宜音：《试析人际关系及其分类——兼与黄光国先生商榷》，《社会学研究》1995年第5期。

长期性特点，而非西方的在时空上可以自主性移动的个体①。无选择性和长期性塑造了一种长久稳定的交往预期，这种交往也需要一定的交往技巧，但更主要的是靠为人处事的总体性表现。再娴熟的技巧在"日久见人心"的识别机制下，都显得有些多余，人们很容易依靠交往经验和社会评价对交往对象和双方关系做出判断。在一个给定的交往场域——乡土社会中，社会评价实际上影响更大，个体的能动性要经过社会评价的认可之后才能真正显示其效果。因此，我们研究中国人的交往关系，研究中国人的面子行为，不应该将其从交往场域中剥离出来。这就意味着，如何更恰切地理解面子这一本土经验现象，必须要首先考虑本土社会特性，考虑中国人的生活世界。

一旦进入生活世界中，我们很快就会发现，在中国人的语境中，"面子"不仅在人际互动中被广泛使用（如前述研究中所关注到的"给面子"等），而且具有非常重要的评价意义，最常见的说法就是"某人（或某事）有面子"。"有面子"与"给面子"、"留面子"是不同的，后两者是个体交往中的范畴，表征的是交往关系中个体地位的非均衡，前者则具有明显的社会性、公共性。给不给面子是个体在具体交往情境中针对交往对象做出的个体化选择，张三给李四面子，并不意味给王五面子。但是，有没有面子则可以越出个体范畴，它既可以表现为具体交往情境中个体对自我地位的主观感受，也可以成为超越具体交往情境的稳定客观的社会性评价，即张三有没有面子，既可以从与李四、王五的交往关系中获得，更可以成为一个"地方性共识"，成为张三他们村对张三的集体评价。如此一来，"面子"在生活世界中就会成为一个独立的、可追求的，同时也是可竞争的价值评价范畴。换言之，在中国人的生活世界中，面子同时表现为两个范畴：一方面，面子是人际互动

---

① 翟学伟：《中国人的关系原理：时空秩序、生活欲念及其流变》，北京大学出版社，2011，第30~53页。

中的资源与地位表征，体现为互动中的印象整饬、权力支配等面子功夫和策略；另一方面，面子是社会评价生成的价值与意义表征，它会衍生为引导、激励个体行为的目标导向。前一种就是一般意义上的"面子"，而后一种则表明面子具有社会性和价值性，其衍生的目标导向可称为"面子观"，它指的是人们对"什么是有（丢）面子"、"什么样的面子值得在乎"的集体认同，这种集体认同形成的观念会在生活世界中形成强有力的地方性共识，成为引导人们在社会生活中遵循的价值与规范。人们基于"面子观"的引导而采取的追求社会评价的行为可以称为"面子竞争"，不同于人际互动中的"面子功夫"。"面子"与"面子观"的差异如表1所示。本文重点考察的就是被以往研究所忽略的"面子观"与"面子竞争"，这项研究将置于乡村社会的场域中进行，目的有两个：一是乡村社会的特性更能展示"面子观"、"面子竞争"与"乡村社会"之间的内在关联，从而充分证明"面子"在本土社会情境中的独特意涵；二是通过对面子的考察，本研究将同时呈现中国乡村社会和中国农民生活逻辑的丰富性与多样性。

表1 面子与面子行为的双重属性

面子范畴	面子内涵	面子属性	面子行为	运作情境
面子	资源与地位表征	个体性	面子功夫	人际交往
面子观	价值与意义表征	社会性	面子竞争	社会生活

二 乡村社会中的面子观与面子竞争

乡村社会是农民社会生活的主要实践场域，是一个典型的"熟人社会"。费孝通先生说熟人社会"是一个'熟悉'的社会，没有陌生人的社会"，"熟悉是从时间里、多方面、经常接触中所发生的亲密的感觉。这感觉是无数次的小摩擦陶炼出来的结果",在这种社会里生活,"平素所接触的是生而与俱的人物"①。熟人社会中的社会关系的特点就是翟学伟概括的"无选择性和长期性",在这种生活场域里"做人"是最重要的②。西方意义上的社会交往预设着双方的关系可以自由终止、退出,行动者面对的是互动中一对一的关系,而生活在乡土熟人社会中的中国人要处理的是一个村落社区,"做人"所针对的对象也并非某个个体,而是要在村落中立足。从这个意义上讲,"面子"就不仅仅是人际交往中的技巧和策略,它更是中国农民在村落这个熟人社会中立足的重要依据,因此,村落中才会有"某某最有面子"的说法,也就是我们前面提到的构成地方性共识的"面子观"。

当下的乡村社会显然已经不是费老意义上的熟人社会,而是呈现明显的"半熟人社会化"③趋势。每年有两亿多农民在城乡之间流动,对他们中的大多数人来说,村庄甚至已经不再是最主要的生活空间,其中相当数量的农民长年不返乡。城市务工场所在农民生活时间分配上占据着越来越重要的分量,乡村社会也随着农民的周期性往返呈现吴重庆先生所说的"无主体熟人社会"④的特征。不过,并不能据此认为乡村社会对农民行为逻辑的影响已经不重要。我们发现,农民在城乡之间往复流动采取了"半工半耕"⑤的生计模式,对农民来说,半工半耕不仅仅意味着两个收入支柱,还是一种生活逻辑的空间分配策略:城市是财富生产的主要空间,农村则是价值生产的主要空间。从城市获取的经济资源在就地满足基本生

---

① 费孝通:《乡土中国》,上海人民出版社,2007,第9页。
② 王德福:《做人之道:熟人社会里的自我实现》,商务印书馆,2014。
③ 贺雪峰:《农村半熟人社会化与公共生活的重建》,载于黄宗智主编《中国乡村研究》(第六辑),福建教育出版社,2008。
④ 吴重庆:《无主体熟人社会》,《开放时代》2002年第1期。
⑤ 贺雪峰:《关于"中国式小农经济"的几点认识》,《南京农业大学学报》(社会科学版)2013年第6期。

存所需后,全部被带回农村,用于支持下一代的"接力式进城"①和村落中的社会生活,他们从中获得了生活意义和人生价值。财富和价值生产空间的错位配置是农民的个体理性,更是一种社会行为,它让农民可以相对低成本地获得体面与尊严,同时也生产着乡村社会的活力,助推着村庄价值竞争的热潮。实际上,当下乡村社会的竞争要比传统时期更加激烈。在那个农民普遍财富匮乏的均贫时代,极少数精英很难刺激起整个村庄的竞争气氛,绝大多数农民维持着一种"勉强糊口"、"差不多就行"的生存理性。普遍性的社会竞争高潮应该是在新中国建立以后才出现的,在生存问题基本解决后,农民才可能拿出起码的生产剩余投入社会竞争中。其中,建房便成为第一波高潮的首选标识物②。改革开放以来,城市化和工业化的快速发展,向所有农民开放了广阔的财富生产机会,农民经济收入得到普遍性的提高,自然有了更多的经济资源用于社会生活中的价值生产。因此,当下乡村社会的价值竞争达到空前的热度。正是在此基础上,乡村社会的面子观和农民的面子竞争行为展现得更为淋漓尽致。更有趣的是,上述现象还呈现比较明显的类型分化和地域分布规律。我们发现,在村庄并存的多元面子观中,会形成一个具有主导性的面子观,它是农民评价某人是否有面子的最主要价值导向,其他的是辅助性和补充性的。主导性面子观是引导和激励农民面子竞争行为的主要动力,其他的则是次要动力。

三 面子及面子竞争类型的区域分布

为了更好地揭示面子观与面子竞争行为之间的内在关联,我们

---

① 王德福:《乡土中国再认识》,北京大学出版社,2015。
② 卢晖临的研究充分展示了20世纪90年代农民建房竞赛的生动图景,参见卢晖临《集体化与农民平均主义心态的形成——关于房屋的故事》,《社会学研究》2006年第6期。

将乡村社会中的面子分为以下几个维度：一是面子标识物，即通过何种事或者物表现面子的有无、多少，面子标识物也是农民面子竞争行为的直接目标。二是面子生成机制，即人们通过何种方式获得面子。面子生成与面子竞争相辅相成，不同的面子标识物具有不同的生成机制，面子竞争行为模式也不同。三是面子竞争行为的能动性。能动性是农民追求面子行为的自主性程度的表征，通过这个维度可以发现乡村社会对农民追求面子行为的约束程度。四是面子的竞争性。这种性质表征的是乡村社会中面子资源的可及程度，它在一定程度上决定了人们在社会评价体系中改变个人地位的空间。

（一）面子及面子竞争的理想类型

我们发现，乡村社会中的面子可以区分为以下三种理想类型，它们分别构成相应的面子观，并衍生出不同的面子竞争逻辑。

1. 外显性面子

外显性面子表现为炫耀性地表达自身实力，即自身实力转化而成的外显物。外显物也就是面子的附着物或者说载体，一般具有很强的可视性，可视性强也就意味着展示性高，便于给他人看，接受他人的评价。受这种面子观影响的行动者注重在具有极强外显性、可视性的事和物上投放自己的资源，以向其他村民显示、证明自己的实力。外显性面子的突出特点是行动者能动性强，面子标识物的可比性强，面子行为的竞争性强，容易陷入恶性膨胀，出现"打肿脸充胖子"式的"名实分离"，即行动者的面子竞争变成对面子标识物的竞争，手段被置换为目的。外显性面子并不是指面子本身的外显性，因为面子本身就是外显的，本文后面提到的其他面子类型也具有外显性，但是，面子的标识物，即面子附着的对象本身则不像外显性面子这样。

外显性面子观容易被研究者理解为农民对金钱、权力等社会地位和声誉的追求，甚至将面子与社会分层联系起来，认为只有社会地位高的人才具有面子。这种理解是将面子与西方社会理论中的"社会地位"做了机械式的比附。"社会地位"是一系列客观指标（如财富、权力等）的集成，具备了这些客观指标就可以获得相应的社会地位，进而也就有了"面子"，但在熟人社会中并非如此。在客观的面子标识物（比如财富）竞争上胜出，可以获得"有面子"的评价，但并不代表其在村落熟人社会中的地位高，换句话说，外显性面子是面向村落所有成员开放的，是人人可以竞逐的肯定性评价，而村落社会地位则特指村落精英所拥有的权威，二者并不总是重合的。

2. 社交性面子

社交性面子表现为在社交领域的成功，既包括社交积累的社会资本量，也包括与社交有关的事或物上的优越性。受这种面子观影响的行动者特别注重为社会交往投入资源，一方面会在社交场合集中展示自己的仪表仪态和社交能力，另一方面也注重维持和扩大社交网络，努力建构和维持与他人的友好关系。这种对建构关系的偏好并不完全是出于工具性目的，"关系资源"本身就是一件值得骄傲并为之倾注心血的东西。社交性面子的突出特点与外显性面子类似，比如也存在行动者个体能动性强、面子标识物可比性强的特点，但面子标识物与其不同。社交性面子的标识物是在日常社交中最常见和最需要的事或者物，最明显的是衣服穿着、娱乐休闲以及酒宴等，面子竞争主要发生在与社交有关的场合，面子标识物也会在这时候被集中展示。比如打扮时髦、衣着光鲜，比如广泛参与各种游戏娱乐，再比如举办宴席招待宾客，还有就是在他人需要时提供必要的帮助，等等。如果说外显性面子更多的是对家庭综合实力的展示，那么社交型面子则更注重个人品位与生活享受。

社交性面子的竞争性与外显性面子也有不同，后者表现为围绕共同面子标识物的激烈竞争，而前者的竞争性则要弱得多，原因有二。其一，熟人社会中的交往是开放的，原则上每个人都可以与每个人建立交往关系，那些更会为人处事的人就可能积聚更高的"人气"，获得更好的"人缘"。其二，局限在社交场合的面子标识物所需资源相对少一些，面子可及性更高，毕竟修饰外表要比建房买屋容易得多。还有一个重要差别是，外显性面子的竞争主要投放在重要的事或者物上，往往是一次性投入而长期受益（至少可以维持不比别人差的水平），也因此，它与个人的日常生活关系不大，甚至会以牺牲日常生活质量为代价来积累资源，所以看上去会不够理性。同时，也因为其具有"毕其功于一役"的特点，所以更容易"打肿脸充胖子"而不被察觉，具有一定的欺骗性。社交性面子的竞争深嵌在日常生活之中，或者说本身就是日常生活的一部分，面子竞争与日常生活高度同构，就不会表现为前者以牺牲后者为代价。同时，也因为其日常性，更容易受到熟人社会面对面交往的监督，"打肿脸充胖子"的难度和成本更高，于是便很少出现名实分离的断裂，而是面子与生活一起达到某个水平。

社交性面子与外显性面子的共同点在于，行动者都具有一定的主观能动性，对面子标识物的竞争性追求容易导致标识物不断地水涨船高、花样翻新，甚至出现异化。

3. 依附性面子

依附性面子表现为行动者对公共规则与公共价值的遵循和贡献程度，所有的面子行为最终要受到村落公共规则和公共价值的再确认。村落成员的社会行为特别注意地方性规范的要求，个体分享并追求村落公共的规范与价值观，表现出来的"面子"往往具有长期性、公共性，而非在一时一事上与他人的竞争。在村落中最受推崇的"面子"往往特指那些能够捍卫村落公共利益和荣誉的行为，比如光宗耀祖、回报乡里、主持公道，甚至在宗族械斗时挺身而出，相比之下，行动者个人或者"家"的"小"面子反而不重要。依附性面子更少个体的能动性，面子标识物与面子行为之间具有高度的统一性和协调性。正是因为有社会结构、地方性规范和价值的约束，有学者认为中国人的"面子"就是"依附于社会的自尊"。但我们所说的"依附性面子"与"依附性自尊"并不相同，面子比自尊更多社会学上的价值①。在村落熟人社会中，获得这种面子不只是个体的荣耀，更是与其关联的家庭、家族乃至所有亲友都可共享的。使用"依附性"来概括这种面子观的性质，是为了突出其超越个体、家庭而具有的公共性。

依附性面子的标识物不是仅凭个人实力或者能力就可以获得的，这正是其依附性所在。正是这种依附性使得个体在一个依附性结构之内的面子竞争行为显得并不重要了（并非不存在），与此同时，集体性的面子竞争变得明显而强烈。家族荣耀、宗族面子具有更高的价值，每个成员都要为其做出贡献。这是其他两种类型的面子所不具有的生成逻辑。

（二）面子与面子竞争类型的区域分布

我们在多年的农村田野调查中，逐步形成了对中国农村区域差异的认识。按照我们的划分，全国主要农村地区存在南、北、中的差异，三种类型面子观在不同区域的乡村社会中具有不同的主导类型，成为村落成员评价"最有面子"的主要标准，其他面子观则对人们的面子行为起着辅助性与补充性的引导和刺激作用。

外显性面子观是华北农村的主导性面子观，尤其在黄淮海平原农村最为明显。华北农民竞争最激烈的面子体现在建房和红白事的仪式上。到华北农村调查，给人印象最深刻的就是村庄中漂亮高大的房子与农民简朴的饮食之间的反差，华北农民将建一栋漂亮的房子视为最重要的人生任务之一。自 20 世纪八九十年代以来，华北农村就普遍掀起建房热潮，房子的样式也在随着时代变化而不断翻

---

① 王轶楠：《从东西方文化的差异分析面子与自尊的关系》，《社会心理科学》2006 年第 2 期。

新，高度不断增加，甚至高到不可思议的程度。华北农民为了建房子可谓不惜血本，为了建房子不得不节衣缩食，降低自己的物质生活标准。在农民看来，吃得好是不会过日子的表现，吃什么是个人的事情，关起门来吃香的喝辣的犹如锦衣夜行，有本事的人不是吃得好，而是能够建上好房子。与建房竞争类似，华北农村在红白喜事的仪式上也呈现激烈的竞争。村民之间甚至在举办仪式活动上打擂台，这家请了一台戏，那家就请两台戏，如果恰巧两家办事赶在同一天，就会互相较劲，互不相让，哪家吸引到的观众多，哪家才算胜利，才更有面子。红白喜事的仪式竞争近年来已经发展到非常荒诞的程度，那就是丧事上跳起脱衣舞，演唱欢快甚至低俗的流行歌曲。与建房一样，红白喜事的仪式性消费也成为华北农民的沉重负担，这在学者看来已经近乎非理性的竞争行为，在农民看来却是理所当然，"你说自己好那不是好，心里还不踏实，只有外面的人都说你好，你才觉得好。人都是爱面子的"（河南西村，2011年7月）[1]，要让别人说好，就是要在这两件最重要的事情上表现出自己的实力，证明自己生活过得好，这样才能在村庄中获得面子。有研究表明，华北农民历史上就不惜以超经济实力甚至非理性的方式来追逐"面子"和"声誉"[2]。

社交性面子观是中部农村主导性的面子观，在两湖平原和川渝地区等皆有表现。在这些农村地区较少见到村民像华北农民那样节衣缩食建造房屋，相反，中部农民宁可住在低矮破旧的房子里，也不会降低自己的物质生活标准，他们更愿意在资源分配上向生活享受倾斜。当然，这不是说中部农村的农民不建房或者不存在建房竞争，而是说房子并不构成面子评价的主要标识物。这些村庄面子竞

---

[1] 除区域和省份外，本文涉及具体地名均作技术处理。同时为行文简约，引述一手田野材料均在引文后做简注。

[2] 渠桂萍：《20世纪前期华北乡村民众的社会地位表达方式》，《晋阳学刊》2008年第2期。

争的第一个直观表现就是社交场合的各种展示。比如,中部农村的女性要比南方和北方的农村妇女更热衷于穿衣打扮,中年妇女涂脂抹粉、穿金戴银并不是什么新鲜事,而在北方这种打扮的妇女是要被批评为"败家娘们儿"的。在东北农村,五六十岁的中老年妇女同样热衷于投身到"比美"当中,而能否让自己的妻子穿得好、打扮得漂亮以及悠闲享受,甚至已经成为当地评价男性能力的关键指标。这种面子竞争与日常生活紧密关联在一起,使得当地农民生活水平向城市的高标准看齐,这给假冒伪劣商品进村提供了内在需求。在信息不对称的情况下,旺盛的现代化需求恐怕难免被不法商家利用。面子竞争的另一个表现是社交场合特别多,除了打牌等娱乐活动,办酒更是普遍。本来,办酒只会出现在重大人生事件(比如红白喜事、盖房搬家)的场合,具有相当的严肃性。迄今为止,在南方和华北农村仍是如此。华北农村的某些仪式虽然出现了竞争异化,但办酒名目并没有乱。中部农村在办酒名目上进行了频繁的突破。除了红白喜事等生命仪礼外,还有考学、参军、做生等,甚至出现了"三年不做事就要亏本"的说法,异化非常严重[1]。社交性面子主导的村庄中,村民之间都保持着表面上的和气,谁都不愿意主动得罪别人,你好我好大家好。为了维持这种关系,并且获取基本的面子,村民要将大量资源投入人情往来之中,中部农村的人情往来单位一般为村民小组,同组某家办事,所有家庭都要去赶人情,主家则要准备丰盛的宴席宴请宾朋。同华北和南方农村相比较,中部农村的人情往来负担最重、宴席规模最大、人情项目最多,一般每家每年的人情开支都达数千元,宴席规模数十乃至上百桌。虽然如此,中部农民仍然陷于其中难以自拔,哪怕两家关系很差,表面上也要和和气气,人情往来照走不误,除非有一

---

[1] 贺雪峰:《论熟人社会的人情》,《南京师大学报》(社会科学版)2011年第4期。

方甘愿冒风险主动中断关系。正如农民所说,"交际面太窄的人没什么面子。在村里最重要的面子是与大家的关系处理得好,一个有关系的人就是一个有面子的人,为人说话不行、与人关系不好、交际面太窄的人没什么面子"(湖北江汉平原桥村,2012年7月)。

依附性面子观是南方农村主导性的面子观,在湘赣粤闽等宗族型村庄尤为明显[①]。许烺光曾提出"情境中心"来理解中国人的心理、行为及生活方式,并认为"一切都取决于个人是否在祖先的荫庇之下"[②]。他还指出,生活在"祖荫下"的中国人成功后都会做三件事:荣归故里、告老还乡、报效宗族[③],这正是依附性面子观的典型表现。翟学伟认为许烺光的观点无法解释脸面观中名实分离的问题[④]。笔者以为,名实相符恰是依附性面子观区别于外显性面子和社交性面子的关键所在。宗族村庄的主导性面子来自那些为宗族利益挺身而出、为宗族增光添彩、为宗族事务主持公道的行为,而非个体的能力张扬,也就是说,即使一个人获得了财富、权力上的成功,但如果不能为宗族做出贡献,同样不能获得面子[⑤],只有积极回报家乡,才能够得到承认。即使那些为外部社会评价体系不认可的人,如果满足上述标准,同样能够赢得面子。杨华在湘南就发现一些为宗族利益挺身而出被判刑入狱的混混,反而被宗族

---

① 南方村庄的田野经验主要来自笔者与同伴2009年7月在鄂东南通村、2010年12月在粤北高村、2011年1月在闽南邱村进行的为期各一个月的调查。
② 〔美〕许烺光:《祖荫下:中国乡村的亲属、人格与社会流动》,王芃、徐隆德译,(台北)南天书局,2001,第226页。
③ 〔美〕许烺光:《宗族·种姓·俱乐部》,薛刚译,华夏出版社,1990,第143页。
④ 翟学伟:《中国人的脸面观:形式主义的心理动因与社会表征》,北京大学出版社,2011,第50页。
⑤ 湖北大冶的通村是典型的宗族村庄,村庄中有一个据说资产上千万元的人,但此人对村庄事务不热心,村里修路只捐了两千块钱,村民对他评价都不高,原因就是"他没有为老百姓做什么贡献"。

视为英雄尊重、颂扬①。

小结一下,我们将乡村社会的面子观区分为表达性、交往性和依附性三种类型,尽管三种面子观念可能并存于同一个村落中,但往往有一种类型发挥主导性作用,成为村落成员评价面子的最主要标准。三种面子类型及其在不同区域村落的主导性如表2所示。

表2 乡村社会的面子类型

主导性面子类型	外显型面子	人际型面子	依附型面子
标识物	实力外显物	社交表现	公共贡献
生成机制	过好日子	享受和结交人缘	回报宗族
能动性	强	最强	弱
竞争性	强	一般	弱
分布区域	华北农村	中部农村	南方农村

四 面子观区域差异的社会基础

前文在经验现象层面呈现了乡村社会中若干面子类型及其区域分布,现在需要解释的是:为什么某种类型的面子观会成为某个地域社会的主导性面子观?换言之,为什么某个地域社会会以某种类型面子观为主导,且与其他地域社会明显有异?由于面子观在实践中具体表现为农民的面子竞争行为,上述问题实际上是在追问农民面子竞争行为的差异与其所处村庄社会性质之间的关联。

1. 华北农村

华北农村社会结构的特点是村庄内存在数个单姓或杂姓的小规

---

① 杨华:《绵延之维:湘南宗族性村落的意义世界》,山东人民出版社,2009,第105页。

模血缘单位，其范围大致在五服以内，一二十户的规模。不同地区对这种血缘单位的称呼不同，河南农村称为"门"，关中农村称为"户族"①，我们可将其统称为"小亲族"。小亲族不同于学术界通常使用的"家族"②，因为一般同姓的即可视为家族，实际上同姓家族内部可能分裂成若干竞争激烈的小亲族。即使在历史上，华北农村的家族结构也与南方农村的宗族存在重要差异，这种差异延续至今依然决定着两种类型村庄的社会性质。简单来说，历史上华北农村就很少存在覆盖整个村庄甚至多个村庄的大族。除了移民政策因素外，还有一个重要影响是华北人地关系紧张，长期以小自耕农为主，很少甚至不存在足以支撑大族生存发展的公共族产，这就使得村落内部会析分或并存多个力量相对均衡的小亲族。小亲族与构成宗族的房支结构存在形式上的相似性，但又具有根本差异。首先，小亲族规模大致恒定，人口繁衍世代增加后就要析分，因为小亲族整合能力较弱，规模过大，集体行动能力就会减弱，也缺乏维系其规模扩大的经济基础，因此，小亲族大多维系在五服以内。宗族房支则不同，房支不存在控制规模而主动析分的问题，一般从某个开基族开始，几个儿子就分为几房，很少再进行析分，房支的血缘边界清晰而固定，房支之间的力量对比可以在相当长时期内保持不变。这其实也就意味着，传统农业社会里，以人力资本为重要地位标志的竞争中，小亲族村庄的农民在可预见的人生期限内就能够通过生育行为和社交行为等自主行动彻底扭转其地位，但是，宗族村庄的农民从属于房支力量的长久稳定之中，个体能动性要弱得多。这是造成两种类型村庄农民竞争逻辑差异的重要基础。其次，

---

① 对关中农村"户族"结构及村庄性质的讨论可参考贺雪峰《关中村治模式的关键词》，《人文杂志》2005年第1期。
② "家族"与"宗族"经常被混用，但学界一般将前者用于华北农村，后者用于南方农村，二者最直接也最重要的区别在于，家族的组织化程度没有宗族高。

房支是宗族之下的房支，房支的集体行动既有自主性又受到整个宗族的规约，实际上，为了维系宗族层面的团结与整合，房支的行动一致受到严格控制。小亲族的自主行动能力远非房支可比，它缺乏更大的血缘结构的规制，与其他小亲族也是平等关系。真正可以约束小亲族和农民行为的是村庄层面的权力结构或者外部权力。历史上，华北村落一直存在多个家族和小亲族共治村庄的会首制，而且与外部力量尤其是国家权力结合非常紧密。实际上，村庄内部小亲族结构的多元并存为外部力量进入村庄提供了内在动力。最后，小亲族主要是功能性组织，它更多在为农民应对红白喜事等重大人生事件上提供血缘伦理的道义支持，很少整合为一体对外采取集体行动，更缺少对小亲族成员行为的强制约束能力。宗族则兼具功能性和伦理性，由其支撑的地方性规范和价值更容易获得宗族成员的认同与遵循。总之，华北农村的社会性质呈现多元分裂的结构特点，由于缺乏笼罩型社会结构的支撑，村庄价值规范容易成为小亲族斗争的工具而被有意地援引外部力量改造，从而使农民的行为既表现为对规则规范的认同与遵循，又具有比宗族村庄更大的自主性空间。在此基础上，农民实际上缺乏宗族所提供的本体性价值的引导和本体性安全的支持[1]，他们更需要在社会层面通过能动地改变自身和家庭的实力在村落中立足。

在这样的村落社会中，并不存在所有人追求的依附性面子，因为并没有一个值得为之牺牲和奉献并因此可以获得认可与表彰的社会结构。小亲族的存在在村庄中形成了非常浓厚的社会竞争氛围，社会生活中的竞争主要表现为农民家庭之间的生活竞赛。所谓生活竞赛就是竞争谁家的日子过得好，竞争首先在兄弟家庭之间展开，因为兄弟家庭从母体家庭获得了几乎相当的初始资源，因此，对兄

---

[1] 本文关于农民价值的分析采用贺雪峰教授提出的分析框架，具体参见贺雪峰《农民价值观的类型及其相互关系》，《开放时代》2008年第3期。

弟们来说，他们其实是站在同一起跑线上，此后的生活完全取决于他们个人的勤劳努力程度，他们之间天然地存在"较劲"的动力和压力，特别是考虑到妻子在其中发挥的作用就更好理解了①。这种生活竞赛说到底是要在村庄中展示家庭实力和势力，而家庭实力和势力又集中体现在"办大事"的能力上。所谓大事，笼统地讲包括生育、建房、红白喜事以及应对重大风险。传统时代多生儿子除了农业生产本身的需要和传宗接代外，壮大家庭实力、抬升家庭地位也是重要的社会考量因素。现在，生育观念转变基本消解了这个竞争项目。于是，当下华北农民在面子竞争上就尤其表现为建房和红白喜事。在这种高强度的竞争压力下，家庭资源被集中用于提升和表现家庭实力去办大事，相应的，日常生活的需求就会受到抑制，以至于追求日常生活享受甚至成为"不会过日子"、"败家"的政治不正确，受到村庄舆论的非议。也因此，华北农村的妇女要精于持家，绝少出现中部农村那样的讲究吃穿打扮、天天悠闲打麻将的情况。也就是说，社交性面子在华北农村根本就不是面子，反而是丢面子。

同时要指出的是，正如前文所述，分裂的竞争型结构既缺乏对内的高强度整合能力，又具有内在的援引外部力量进入以改变自身竞争能力的动力，这就使得华北农民在办大事时比较容易接受外在标准，并将其引入村庄加以改造。在城乡二元社会的大格局下，"城市"或者与"城市"相关的标准很容易被视为"先进"的象征，而有实力、有能力办好向城市看齐的大事就成为很多农民的追求。但是在追求的过程中，由于审美能力的先天不足和缺乏正确引导，许多"标准"会因为更利于向外展示而被加以改造，甚至是

---

① 笔者曾在一篇文章中分析过华北农村女性当家后推动家庭参与村落生活竞赛的逻辑，参见王德福《角色预期、人生任务与生命周期：理解农村婆媳关系的框架》，《中华女子学院学报》2011年第1期。

扭曲。从最开始第一个吃螃蟹者笨拙的模仿，率先引入新元素，改变村庄竞争格局开始，接着就是蜂拥而上粗制滥造的蔓延，再后来又被新的竞争元素取代。演变下去，面子就越来越脱离实质内容的支撑。打肿脸充胖子，借钱办大事以在人前炫耀，背后却要勒紧裤腰带还债。这是许多华北农民不得不为其面子竞争付出的代价。

2. 中部农村

中部农村社会结构的特点是，村庄中不存在超越家庭的具备较强认同感和一致行动能力的血缘单位，农民之间呈现分散的原子化①状态。因为缺乏笼罩性的血缘结构，农民之间不存在先赋性的结构地位分化，可以说是"人人生而平等"。但也因此缺少宗族等血缘结构提供功能性支持和本体性安全的保障，在应对人生大事时没有可以基于血缘伦理提供道义支持的社会力量，而只能依靠地缘关系。个体能够调动的地缘关系规模取决于日常社会交往的情况，也即个体的关系建构能力。地缘关系是不稳定的，既可能因为交往状况而改变，也可能因为交往一方的主动退出而中断，这进一步强化了人们社交预期的不确定性，也相应强化着人们的个体独立性。缺乏血缘伦理的约束与支撑，地缘关系交往的功利性色彩浓厚，除了极少数通过"日久见人心"、"患难见真情"而达成的自己人关系外，绝大多数地缘关系会维持比较浅层次的交往深度，地缘关系对个体约束有限，个体自由度比较高。同时，由于中部农村大多村庄形成较为晚近，村庄历史较短，加上缺乏血缘结构力量支撑，村庄的价值规范比较弱且不稳定，容易被个体自由能动的行为突破，更容易被外部力量冲击。相对来说，原子化村庄接受

---

① "原子化"的意思与西方社会理论中以个体为单位的"原子化"概念不同。这里，"原子"的基本单位是家庭，称其为"原子化"是因其缺乏亲缘性力量将一个个"家庭"聚合成血缘结构，家庭之间的社会关联比较松散。

现代性等外部力量的开放性是最高的,接受或者拒斥主要取决于个体依据生存理性的选择,一旦某种外部力量获得了"先进"、"时髦"的共识性认可,便很容易长驱直入,短期内获得农民的争相接受。

在原子化村庄里,依附性面子也是没有存在空间的,显然并没有可以承载这种面子的社会结构,在一个主要表现为个体理性的村庄里,维护公道、奉献公益固然会得到积极的评价,但由于缺乏结构力量的认可与保护,这样的人反而有可能被剥削性利用,出现人人搭便车,最终无车可搭的困境。所以,依附性面子很难成为主导性的、人人追求的价值。另外,村庄也缺乏小亲族村庄那种高度竞争的社会压力,村庄也存在面子竞争,但由于没有结构性力量的鼓动,个体理性就很少会像华北农民那样变成脱离日常生活所需的虚张声势。相反,原子化村庄的农民更多从日常生活需要的角度进行理性选择,因此,面子竞争也会被限制在有助于提升生活品质和需要的范围内。如此一来,吃穿日用因为直接与日常生活相关,而人情往来又是建构社会关系所需,就成为原子化村庄农民面子竞争的主要内容。还有一个不容忽视的因素是,原子化村庄大多是近代以来经历战乱或者频受自然灾害的移民,普遍存在一种及时行乐享受生活,对未来缺乏长久稳定预期的生活观念,所以,中部农民比华北和南方农民更懂得享受生活。他们对生活没有超越时空大限的预期,他们非但没有对宗族绵延的认同,甚至不会像华北农民那样期待家庭的绵延,今世的劳动必须要在今世转化为生活的享受,比如川渝农民喜欢"耍",江汉平原的农民认为活着就是在"混阳寿",等等。注重享受的价值观发展出了以凑热闹为目的的仪式性人情,因此,中部农村的红白喜事不像华北那样注重仪式的奢华,也不像南方那样讲究庄重,而是重在提供好的饮食和欢快的娱乐机会,主家只有这样才能吸引更多的人参加,也才能让参加的人满意,才能获得人们的好评,收获自己的面子①。

　　缺乏结构力量约束的个体理性在接受外部影响时，往往会产生集体非理性的后果。在当下城乡二元力量严重不对等的情况下，这会导致农民对城市文化的盲目模仿。华北农民的盲目模仿会在有助于彰显家庭实力的外显性事物上变得夸张甚至荒诞，而中部农民则在日常生活方式的模仿中一发不可收，特别是外出务工积累的财富更加提高了享受生活的能力。这种追求一方面表现为人们更加积极地努力逃离农村进城生活，另一方面在村的农民也在竭力提高生活方式的城市化水平，于是就出现了前文所述社交性面子的异化。同时，村庄流动性增加进一步加剧了人们对地缘关系社交预期的不稳定性，对社交投资的回报要求更加功利和迫切，送出去的礼要尽快收回来，否则就要亏本，甚至在越来越多村民搬离村庄后彻底收不回本。这就造成人情往来的短期化，村庄弥漫着浓厚的及时变现的氛围，为此，缺乏结构力量和规范约束的人情项目会被自由地创造出来，并很快被理性的农民认可和接受。在这种越来越急躁越来越功利化的社交氛围中，面子就很容易脱离实质内容变成皇帝的新衣，人人都知道其荒诞却没人肯说破。与华北农民类似，本来与生活需要同构的面子竞争最终在缺乏结构力量约束下异化了。所不同的是，华北农民的面子竞争因为集中在非日常的办大事上，其面子异化是以抑制日常生活需要为代价的，中部农民的面子竞争限于日常生活本身，其竞争自然会提高日常生活水平，农民会发现他们辛苦积聚的财富其实主要都变成了生活消费，吃掉、喝掉、穿掉和赌掉，总之是享受掉了。享受和面子带来的快感可能麻痹了真实的生存理性，以至于真正回过神来时，已是"由俭入奢易，由奢入俭难"，难以回头。

---

① 在重庆农村调研时，农民说自己嫌麻烦不想办事情，但亲戚朋友会催着主家办，如果不办的话就要得罪他们。在江汉平原调研时，我们参加当地的丧事，因为不会打麻将，主家连连向我们道歉："哎呀，没有让你们玩好。"现场充斥着麻将声和说笑声，根本感觉不到悲伤的气氛。

3. 南方农村

南方农村社会结构的特点是存在笼罩整个社区，甚至超社区的血缘结构单位——宗族。同时，由于宗族村庄大多历史悠久，村庄社会结构和规范经过长期发育和完善，相对比较成熟稳定，二者相辅相成互为支撑，将农民的生活约束在比较明确的规范与价值体系内。宗族结构经过政治运动和国家政权建设的打击已经相当弱化，特别是原来对宗族存在非常重要的两大支撑——族产与族权被消灭殆尽，宗族已经很难对其成员进行强制性的制裁或激励，宗族的约束力量已经大为弱化。但是，由于宗族村庄全部笼罩在血缘关系内的基本格局仍然没有改变，人们依然生活在宗族编织的结构和规范网络中，宗族认同和宗族文化仍然在农民生活中发挥着关键作用。特别是宗族结构已基本与自然村建制重合，村庄公共事务治理依然与宗族集体行动能力高度同构，宗族的"大私"与村庄的"小公"合二为一，依然主导着人们基本的公私观念，影响着村庄中的社会评价体系。"公"依然具有超越"私"的正当性，特别是在涉及村庄公共生活和公共事务的领域，"公"对"私"的约束和激励作用依然非常明显，村庄自主性程度比较高。在应对外部力量包括现代性的进入时，宗族成为横亘在农民个体与外部力量之间的屏障，农民很难像小亲族村庄和原子化村庄的农民那样，仅靠个体自由意志就实现对外部力量的接纳，而必须经过宗族这个"公"的认可。人口流动和村庄边界的开放一直在冲击和动摇着宗族的这种约束能力，宗族内部的整合也在持续遭受着考验，这使得宗族村庄本身也在发生着深刻的变迁，但相对于其他两种类型的村庄，宗族村庄的变迁总体上显得相对有序和平稳。

在宗族内，人们的结构地位是先赋性的、不可变动的，个人成功与否并不改变其在宗族内的结构地位，除非他的成功同时带来宗族的荣耀，并为宗族谋得利益。结构地位的相对固定，使得村庄内同宗同族成员之间的竞争变得意义有限，却使异姓宗族之间的竞争凸显出来，因此，那些能够在宗族间竞争中为本族做贡献的人就会获得全族成员的颂扬与尊重，而那些个人成功后不能回馈乡里和关键时刻不能为宗族挺身而出的人，就会受到全族成员的鄙视和排斥。对于终生生活在村庄中的人来说，宗族还为他提供了一整套行为规范与价值评价体系，生活在这种村落里的人都对自己的行为和生活存在稳定的预期，他们懂得自己应该做什么，不应该做什么，比如同样是人情交往，宗族村庄就存在严格的规矩，送礼的多少必须按照关系亲疏远近确定，而不是根据私人交往程度来衡量。同时，宗族利益和地方性规范的维系，需要有人敢于挺身而出主持公道，这样的人不怕得罪人，能够"黑着脸说直话"，能够做到这一点就可以成为村庄中"说话算话"的人，有面子的人，这里的"面子"等同于"权威"。对于大多数普通人来说，宗族的荣耀和绵延已经融入其家庭的兴旺和绵延之中，但与华北农民不同的是，家庭的兴旺主要不是表现为生活竞赛中的成功，而是培养出能够光宗耀祖的下一代，于是，家庭的传宗接代与宗族的绵延融为一体，正如杨华所指出的，宗族村庄的面子"回应的是整个家庭、家族或宗族的历史和未来，一个成年男子及其家庭一生都在为其折腾"[1]。也就是说，农民在现实生活中的面子竞争被引导到更具有长久性和超越性的本体性价值层面，不容易陷入社会性价值的急躁变现行为中。宗族型村庄的农民也会有建房竞争，但建房要服从于家计需要，不会像华北农民那样被盲目的竞争冲昏头脑，红白喜事仪式上也有竞争，但由于仪式受到严格的规范约束，且红白事是宗族公事，当事人自主权很小，便不会像华北农民那样为竞争而争相引入花样翻新的仪式内容。同样的，宗族型村庄和小亲族村庄的农民一样，日常生活需要被抑制在某一个范围内，服从于长远的家计

---

[1] 杨华：《湘南宗族性村落的面子观》，《华中科技大学学报》（社会科学版）2007年第1期。

需要，而不会像原子化村庄的农民将日常生活变成面子竞争的一部分而过度消费，人情交往也因为缺乏建构关系的内在需要而不会过度膨胀。总之，具有超越性和长久性的本体性价值的存在，使得宗族村庄的农民更看重超越个体、超越当下的面子价值，从而使得现实生活领域的面子竞争始终在合理范围内展开。

通过剖析三种类型村庄主导性面子观的生成机制，我们会发现，村庄主导性面子观与村庄社会结构和价值观存在紧密关联，上述讨论可以总结如下（见表3）。

表3 乡村社会面子观的社会基础

区域类型	华北农村	中部农村	南方农村
社会结构	小亲族	原子化	宗族
村庄特点	分裂	分散	团结
价值观	家庭实力与社会地位	享受生活	宗族荣耀与绵延
主导性面子观	外显性面子	社交性面子	依附性面子

五 结语

"面子"是一个非常有趣的本土社会心理现象，其有趣之处就在于它是理解中国人之人际交往和社会生活逻辑极好的切入口，透过其生活化的微妙模糊之处，我们可以发现其所蕴含的颇具社会学想象力的学理阐释空间和学术生长空间，在这一点上，本土社会心理学研究已经做出了颇为出色的学术努力[1]。不过，受其学科视野所限，社会心理学更多地是在微观的人际互动中讨论面子的运作逻

---

[1] 由翟学伟主编的《中国社会心理学评论》（第二辑）"面子与文化"撷取了大陆和港台社会心理学学者面子研究的代表作品，可视为这种学术努力的一次集中展现。参见翟学伟主编《中国社会心理学评论》（第二辑），社会科学文献出版社，2006。

辑，忽视了其在中国人社会生活中所发挥的价值导向作用，也即是说，"面子"不只是人际互动中具有工具性色彩的策略运作方式，也反映了中国人在社会生活中寻求做人之肯定性评价的价值观念。

作为价值导向的面子观具有三种基本类型：外显性、人际性和依附性。三种类型的面子观并存于乡村社会，但在不同区域农村发挥主导作用的面子观存在差异，华北农村主导性面子观是外显性的，中部农村是人际性的，而南方农村则是依附性的。造成主导性面子观之区域差异的原因可在乡村社会的社会结构与地方性价值中得到解释。华北农村的小亲族结构主要是功能性的且规模较小，使得农民具有较强的行动自主性，农民对家庭兴旺发达的追求也促使他们参与到村落社会竞争中，既可获得当下的面子体验，亦可保证死后"有脸去见祖宗"。中部农村缺乏亲缘性结构力量，农民只能依靠个人建构社会关系，社会交往能力尤为重要，同时农民更追求当下的生活享受，这也使他们慷慨热情地以更加生活化甚至娱乐化的方式投入村落人情交往中去。南方农村的宗族结构覆盖渗透进农民的全部生活空间，个人在村落中的地位主要来自宗族结构的位置，能够将个人成就回馈宗族以及为宗族利益和荣辱挺身而出的行为更能获得群体认可。同时，宗族为个人提供了一套相对稳定的行为规范和价值评价体系，个人对家庭兴旺发达的追求与宗族整体利益较好地融合在一起，家庭兴旺之最重要的表达是培养可以光宗耀祖、延续宗族血脉的下一代。

从价值维度考察面子在乡村社会中的存在与影响，得到了为微观人际互动研究所忽视的有趣发现，这说明作为一项本土社会心理现象，面子的内涵其实相当丰富，而要真正体悟、把握和揭示其丰富性，本土社会的社会性质就是一个不容忽视的经验起点。从这个意义上讲，希望本文对面子价值性与面子竞争行为区域差异的讨论，可以为相关研究提供一个新的视角。

撰稿：王德福

仪式性人情的区域差异研究

一 问题的提出

在中国,"人情"含义丰富,其内容具有很强的延展性。李伟明将"人情"意义划分为三种:一是指人之情感,是人生而有之的一种心理状态;二是指人与人之间进行社会互动和交往时与对方交换的资源;三是指人与人交往相处所应遵守的规范准则,即人与人相处之道。① 李伟明的界定较为完整地囊括了中国"人情"所指涉的意涵。人情现象广泛存在于农村社会中,杨华将农民生活中的人情区分为日常性人情和仪式性人情②。日常性人情是指人们在村落生活、生产和交往中人情亏欠与偿付,仪式性人情是指红白喜事之类的大型仪式与活动中的人情往来。仪式性人情出现在人生的重大事件场合,典型的如结婚、丧事等。在农村中,仪式性人情发挥着重要的经济互助和村庄社会整合功能。与此同时,仪式性人情还是农民精神文化生活的重要组成部分。

关于中国人情的研究大致有两个传统:一是以黄光国、翟学伟为代表的本土社会心理学研究,二是承接西方"礼物范式"的人类学研究。本土社会心理学主要是对人情、关系、面子等本土概念

---

① 李伟明:《论人情——关于中国人社会交往的分析和探讨》,《中山大学学报》(社会科学版)1996年第2期。
② 杨华:《农村人情的性质及其变化》,《中南财经政法大学研究生学报》2008年第1期。

进行文化意义上的理解，并以此揭示中国人在人际交往中的行为逻辑和心理特征①，以区别于西方人的心理和行为。他们将儒家思想作为理论资源，以个人的生活感知和体悟作为经验支撑。"礼物范式"的研究肇始于莫斯，通过将礼物人格化打通了个体存在与社会存在之间的关联，即礼物不仅是"物"，它还承载着人类的各种意识、精神、观念和感知，也即"礼物之灵"。②阎云翔承接了"礼物范式"的研究路径，基于对下岬村个案村庄礼物流动实践的考察，来回应西方礼物研究中的基本命题，对之中的某些理论，比如马林诺夫斯基的互惠模式、莫斯的"礼物之灵"、礼物与商品的关系等提出了质疑和挑战。③因此，阎云翔的志向是建构一套关于"礼物交换"的一般化理论认知体系。曹海林、黄玉琴等人延续"礼物范式"对农村人情的某个侧面做了更加具体和细化的研究。④

如果说上述研究传统是为了寻求一种普遍性的理解中国人心理与行为的认知图示，具有强烈的理论旨趣，那么近些年来国内涌现的大量人情研究成果则带有突出的问题指向和现实关怀，这与中国及中国农村正处于转型和巨变的阶段紧密相关。学界普遍关注到了农村社会中人情的变异现象，朱晓莹将之总结为人情的泛化⑤，且越来越表现出负功能。有学者从人情消费的角度来研究，认为人情

---

① 黄光国：《人情与面子：中国人的权力游戏》，载于黄光国主编《面子——中国人的权力游戏》，中国人民大学出版社，2004；翟学伟：《人情、面子与权力的再生产——情理社会中的社会交换方式》，《社会学研究》2004年第5期。

② 莫斯：《礼物：古式社会中交换的形式与理由》，汲喆译，商务印书馆，2016。

③ 阎云翔：《礼物的流动——一个中国村庄中的互惠原则与社会网络》，李放春、刘瑜译，上海人民出版社，2000。

④ 曹海林：《村庄红白喜事中的人际交往准则》，《天府新论》2003年第4期；黄玉琴：《礼物、生命礼仪和人情圈——以徐家村为例》，《社会学研究》2002年第4期。

⑤ 朱晓莹：《"人情"的泛化及其负功能——对苏北一农户人情消费的个案分析》，《社会》2003年第9期。

已经成为农民难以承受的负担①。董金松认为礼物中理性算计的工具性因素远远超过了表达性因素②，尚会鹏发现近些年随礼现象出现了普遍化、高额化和货币化的倾向③。欧阳静发现农村婚丧仪式发生了向"无根仪式"的锐变④，并揭示了价值层面的成因。总体来说，人情越来越呈现名实分离的倾向，"异化"成为理解当下农村人情的核心概念。然而，这类研究要么只是对经验现象的描述，要么对人情费用高涨的原因仅仅从交往的功利性等层面给出一般化的解读，缺少中观层面的机制分析。

既有研究极大丰富了我们对中国人情现象的认识，但仍存在不足。由于他们旨在探究一种一般化认识，因而无法揭示出人情更为复杂和丰富的实践面向，同时也无法解释不同地区农村人情所呈现的差异化表现。这包括在当前我国农村人情异化成为普遍趋势的背景下，已有研究无法回答人情异化速率和异化面向在不同农村的差异问题。由此表现出对中国农村人情现象理解的单一和简单化倾向。本文将借鉴社会学研究传统中以韦伯为代表提出的理想类型建构的方法，基于笔者及笔者所在团队的实地调查经验，引入区域比较的视角，来给不同区域农村的人情现象进行定位与定性⑤。理想类型（idea types）其实是"经验调查基础的类识别与类追问"⑥，是对丰富现实经验的抽象、提炼与概括。

中国地域辽阔，区域差异很大。人情深植于特定的村庄环境

---

① 马春波、李少文：《农村人情消费状况研究——鄂北大山村调查》，《青年研究》2004年第12期。
② 董金松：《"工具性表达"：发达农村社区礼物交换的实质》，《内蒙古社会科学》（汉文版）2004年第5期。
③ 尚会鹏：《豫东地区婚礼中的"随礼"现象分析》，《社会学研究》1996年第6期。
④ 欧阳静：《无根仪式：农村婚丧仪式的锐变》，《党政干部学刊》2011年第7期。
⑤ 宋丽娜：《熟人社会是如何可能的》，社会科学文献出版社，2014，第15页。
⑥ 郭大水：《社会学三种经验研究模式概论》，天津人民出版社，2007。

中，不同的村庄社会基础直接影响着人情实践逻辑，人情本身具有很强的地方文化和结构规定性。贺雪峰结合自己及其所在研究团队10多年的农村调查经验，敏锐地发现不同地区农村具有不同的性质和特征，同处一定地域的农村又表现出高度的相似性和同构性，建构出了以村庄社会结构为基础的南中北三大区域村庄类型。在这一实地经验感知的基础上，贺雪峰从生态环境和村庄历史的角度揭示了不同区域村庄社会结构形成的内在逻辑。[1] 具体来说，大致可分为以宗族为基础的南方团结型村庄、以小亲族为基础的北方分裂型村庄和以原子化为特征的中部分散型村庄。本文便是从区域的视角来研究农村的仪式性人情，从静态和变迁两个维度来剖析不同区域人情的运作机制以及对现代性来袭的回应。贺雪峰的区域差异理论构成本文分析的前提和基础。引入区域的视角研究农村的仪式性人情，同时也为我们理解中国乡土社会性质的变迁提供了窗口。

二 基本解释框架：血缘公共性、地缘公共性与私人性

宋丽娜从血缘和地缘的角度对村庄的区域类型进行了划分，在她看来，南北中村庄社会结构的差异其实就是地缘和血缘两种关系在村庄中的构成方式和性质的差异。[2] 本文借用宋丽娜血缘和地缘的划分维度，同时综合运用其研究中的公共性和私人性[3]概念来进一步区分不同区域村庄村民行为逻辑的差异。其中公共性的规则

---

[1] 详见贺雪峰《论中国农村的区域差异——村庄社会结构的视角》，《开放时代》2012年第10期。

[2] 宋丽娜：《熟人社会是如何可能的》，社会科学文献出版社，2014，第40～47页。

[3] 宋丽娜：《熟人社会是如何可能的》，社会科学文献出版社，2014，第18～23页。

"对于特定范围内部的每个人都具有同等的效力,众人建构其行为和规则的合法性与正当性"①,私人性的规则依赖于个体的自我建构,特定范围内的成员并没有统一的行为标准,此种规则的合法性和正当性也是由自我建构的②。总体而言,南方团结型村庄以血缘关系为主导,具有血缘公共性;北方分裂型村庄中,血缘关系和地缘关系并存,既存在血缘公共性,也存在地缘公共性;中部分散型村庄以地缘关系为主导,但因其地缘只是地理意义上的,缺乏对村民的规范性,所以是没有公共性的,村民的行为遵循的是私人性规则。

南方团结型村庄主要集中在华南地区,它们往往聚族而居,因距离政权中心较远,历史上鲜受战乱的影响,加之村庄生成时间久远,同宗血缘关系得到充分发育。因此,血缘关系是这类村庄主导性的社会关系,地缘依附于血缘关系。村民形成了稳固的基于血缘关系的自己人认同,它源自血缘关系所蕴含的一种祖先崇拜和同根意识。与之相应,此类村庄衍生出了一套强大的以血缘为基础的道德价值规范体系,指导和规定着村民的行为。所以,我们可以说这里的"血缘"是有公共性的,具有先在于个人的特性,对同属一个村庄的血缘关系圈中的成员具有同等规范性,只有在这一规则的框架下,成员的行为才具有合法性和正当性。由于这类村庄血缘与地缘高度重合,地缘关系依附于血缘关系,所以地缘公共性也依附于血缘公共性。

北方分裂型村庄主要指华北地区的村庄,多是多姓聚居格局,整个地缘村庄分裂为多个以"五服"为边界的小亲族血缘集团,小亲族是村民核心的认同单位,家族内部关系紧密而团结,并在小范围的血缘关系内部形成了相应的公共规则,指导家族成员的行

---

① 宋丽娜:《熟人社会是如何可能的》,社会科学文献出版社,2014,第20页。
② 宋丽娜:《熟人社会是如何可能的》,社会科学文献出版社,2014,第21页。

为。因此,这种小范围的血缘关系也是具有公共性的。然而,历史上,华北地区人地关系紧张,生态环境脆弱,多天灾人祸,这就使得当地需要借助家族之间的联合,以村庄整体性的力量来应对生产、生活上的难题,这便为以地缘为基础的地方规范的形成提供了动力基础。因此,此类村庄的地缘也具有公共性,并构成了村民有别于血缘的另一重认同单位。与南方团结型村庄不同的是,北方分裂型村庄由于血缘认同的范围小,因而其基于血缘和地缘的认同具有相对独立性,以血缘为基础的公共性规则和以地缘为基础的公共性规则同样相互独立,它们分别规定了特定血缘关系范围内和特定地缘关系范围内村民的行为,服务于村民对内和对外两重关系的处理。

中部分散型村庄主要包括长江流域上游的川渝、中游的两湖、下游的长三角以及西南汉族地区和东北地区,村民居住分散,由于历史上村民多是过着半耕半渔的生活,居所不定,不论是血缘关系还是地缘关系都处于高度不稳定的状态之中。或者是因为村庄形成时间太晚,血缘关系和地缘关系无法得到稳固的发展。村民既缺乏血缘认同,也缺乏地缘认同。就前者而言,它意味着村庄不存在超越于核心家庭之外的血缘认同单位,血缘关系对村民没有约束作用,也就是说,血缘是没有公共性的。就后者而言,它意味着村民虽然处于共同的地缘范围中,但是这种地缘关系仅仅是地理意义上的,它"无法上升到社会性和价值性层面"[①],无法对村民的行为形成规约。因此,此类村庄的地缘也是没有公共性的。村民的行为缺乏外在结构的规范和制约,依照的主要是私人性规则。

由此可见,南中北三大区域村庄在地缘和血缘构成方式及其性质上的差异,反映到农民的行为逻辑上,表现为南方团结型村庄的

---

① 见宋丽娜《熟人社会、村庄类型与农村人情的性质》,未刊稿。

村民主要是依据血缘公共性来行为，北方分裂型村庄的村民是同时依照血缘公共性和地缘公共性来行为，中部分散型村庄则是遵循私人性的行为逻辑。另外，值得提出的是，以血缘为基础的公共性规则具有突出的价值导向，特别是南方团结型村庄，该规则面向的是纵向的祖先和子孙绵延，蕴含着一种超越的价值性诉求。以地缘为基础的公共性规则主要是社会导向，即它面向的是村民基于地缘的平面化关系，涉及的是地缘关系如何处理的问题。私人性规则是个体导向的，其主要围绕的是个体与个体之间关系如何处理的问题。

三 仪式性人情的区域表达

仪式性人情作为村庄生活的组成部分，是展示农民行为逻辑的重要场域。因而，仪式性人情的区域差异亦主要体现在农民仪式性人情交往逻辑的差异。也就是说，不同区域村庄农民参与仪式性人情交往所依循的规则不同，并且与其所在区域村庄特有的血缘和地缘构成及性质相对应。南方团结型村庄的仪式性人情交往主要依照的是以血缘为基础的公共性规则，北方分裂型村庄的仪式性人情交往依照的是以血缘和地缘为基础的双重公共性规则，中部分散型村庄的仪式性人情交往遵循的是私人性规则，规则本身具有很强的个体建构性。具体来说，仪式性人情的交往规则主要由两部分构成，一是人情圈的建构规则，二是随礼规则。仪式性人情交往规则表现出明显的区域差异，其背后反映出的是仪式性人情性质的差异。

（一）人情圈建构规则的区域差异

仪式性人情是农民社会关系的集中展演，人情交往圈的大小，从某种程度上说明了农民所具有的社会关系的多少，同时也反映出农民社会关系的建立规则。阎云翔将村民的关系网划分为两种类型：继承来的关系和创设的关系。继承来的关系是指一个人从自己家或配偶家继承而来的社会关系,是先在的亲属关系。创设的关系指通过个体的努力而创建的社会关系,是非亲属关系。① 这两类关系组成了村民的人情交往圈。但是,阎云翔无法解释为什么在有些村庄即使私人关系不够亲近,或者说日常生活中并无多少关联的村民间还要参与彼此的人情往来。这是因为,他没有注意到村民的人情交往圈中通常除了继承来的关系这一先在的亲属关系外,还有其他不可改变的结构性关系,比如以地缘为基础的邻里关系。这说明在村庄中看似是村民自己建构的私人关系,其实也带有先在的性质。因此,在村庄范围内农民的人情圈主要包括三种关系:宗亲关系、邻里关系和朋友关系。其中,宗亲关系是血缘与地缘高度重合的关系,邻里关系是地缘关系,而朋友关系有可能是地缘关系也可以是与地缘无关的关系。其中宗亲关系和邻里关系都具有先在于个人的特性,朋友关系主要是由个体后天建构而成。前两者是一种不由个体所改变的结构性关系,后者是一种建构性关系。这三种关系在各区域农民人情往来中的参与方式以及所蕴含的内在性质都呈现相当的不同。村民人情圈中超越村庄范围之外的朋友关系主要是依靠村民的自主建构,与村庄内部的社会结构关系不大。本文讨论的主要是与村庄社会结构紧密关联的村庄范围内部人情圈的建构规则。

南方团结型村庄多是自然村与宗族组织高度重合的村庄,就如费孝通所言"地缘不过是血缘的投影,不分离的"②。此类村庄村民的人情往来是以自然村为单位,一个自然村的村民都有绝对的义务参与到本村村民的人情往来中。这种人情往来参与的规则并不是由地缘关系而是由血缘关系所决定,即他们是同一个祖先的后代。

---

① 阎云翔:《礼物的流动——一个中国村庄中的互惠原则与社会网络》,李放春、刘瑜译,上海人民出版社,2000,第104页。
② 费孝通:《乡土中国 生育制度》,北京大学出版社,1998,第70页。

因而此种人情往来具有强制性，村民不能根据个体的意愿从中退出或中断，这即是基于血缘公共性的重要体现。同时，在这种血缘公共性规则的主导下，若没有非常特殊的情况，每个家庭都必须有人到场，它在本质上涉及的是"将我当不当成一家人"的问题，以此向主家表达一种基于共同血缘关系的超越价值体验。耿羽等在鄂东南宗族型地区调查时发现，即使是两个人感情很不好，甚至到了"生死搏斗"的程度，其中一人的父亲去世举行葬礼的时候，另一个还是参加了，在村民看来，这是"尽到了礼节"[1]。同一个宗族下面往往又分为诸多房支，各个房支的成员如何参与人情亦有为大家所默认的不成文规定。比如说，属于同一房支的农户需要每个家庭成员都到场，其他房支的农户派一两个代表即可。在强大血缘关系的支持下，村民几乎不存在向外拓展关系的诉求与动力，人情圈呈现为高度稳定的状态，伸缩空间小，且每个村民的人情圈具有高度的同质性。于是，村民人情交往圈的构成主要是宗亲关系，它是不依赖于村民自主建构的先天既已存在的关系，是一种结构性关系。

与南方团结型村庄一样，北方分裂型村庄的人情往来也是以自然村为单位，差异就在于后者具有明显的血缘关系和地缘关系的区分，或者说宗亲关系与邻里关系的区分。这是因为北方村庄的血缘与地缘并不重合，且血缘依附于地缘并在地缘之内发挥作用。而且，北方农村血缘认同的范围远小于南方农村，五服之内的小亲族构成当地血缘认同的边界。在这一血缘认同的边界内，村民有共同的必须遵守的面向内部的公共性规则，体现在仪式性人情中就是，他们必须参与彼此之间的人情往来，且必须承担互助的义务。超出五服的同宗村民等同于其他邻里关系，依循地缘规则来行为。不论

---

[1] 耿羽、王德福：《类型比较视野下的中国村庄"人情"研究》，《青年研究》2010年第4期。

是超出五服的同宗村民，还是其他邻里村民，也都有参与本村村民人情往来的责任，这由地缘关系所决定，就如村民经常说的，"我们都是一个村（自然村）的，当然要去"。然而，村民是否参加其他一般村民的人情，是有前提条件的，即看主家是否会"为人处世"。主家是否会"为人处世"的标准就是其是否遵从了村庄的公共规范和公共规则，是否懂村庄的规矩，一个过于计较个人利益和圆滑的人是不受欢迎的。由此可见，村民决定是否参与人情交往的准则主要不是依据办事主家与自己个人关系的好坏，而是看主家"为人处世"的一般品格，这其实就是一种为村庄公共规则所规定的地方品格。所以，因主家善于"为人处世"所吸引过来的地缘关系并不是个体对个体的建构性关系，而是一种具有村庄公共规则规定性的结构化关系。同样，对主家而言，在仪式性人情场合，参与的村民在很大程度上并不是因为与其具有某种特殊的个人化关系，大家更多是同等地作为地缘关系中的一员。总体而言，当地以村庄为范围的人情圈由两部分关系组成：一是以五服为边界的血缘关系，二是以自然村为基础的地缘关系。家族规模的大小、村庄外朋友关系的多少以及自身是否依照村庄公共规则"为人处世"是决定村民办酒规模大小的因素。

中部分散型村庄，既没有超出核心家庭之上的血缘认同，也缺乏地缘的认同。村民都是按照私人化规则行为，不存在南方团结型村庄以及北方分裂型村庄中基于血缘和地缘公共性的制约。虽然村民都处于同一地缘范围内，但是这种地缘只是地理意义，而不具有社会规范意义。村民的人情交往圈带有强烈的个人建构性和可伸缩性，他们可以根据个人的考虑来参与或退出村庄范围内的人情，这种考虑既可以是感情、利益，也可以是个人的其他偏好，不会像北方分裂型村庄村民那样是依据主家是否具有村庄规定的一般品格来决定是否参与人情。也正因为此，村民的人情往来不具有超越于个体的外在强制性。如果说村民存在参与人情的强制，那也是由个体自主性所带来的强制,而非社会规范层面或公共层面的强制,比如自己不愿意破坏与其他村民的关系,或者自己不愿欠别人的人情,抑或是为了日后家庭的功能性需要来维系与其他村民的人情交往关系。这种看似是地缘上的邻里关系,实则是建构性的朋友关系,是个体对个体的关系。因此,村民的人情圈主要是由朋友关系构成,同时也呈现不稳定性。此外,人情圈规模也因为个人禀性、经济实力以及权力地位的不同在村民之间存在差异,交往意愿强、经济实力雄厚、权力地位高的村民其人情圈往往能覆盖很广的范围,而与之情况相反的村民可能连最基本的地缘关系都不会维系或者是很难维系。

(二) 随礼规则的区域差异

仪式性人情交往中还伴随着随礼的环节,主要是一种表意功能。然而,具体的随礼规则与人情圈的建构规则一样,也是人们行为逻辑的反映,高度嵌入村庄社会结构之中,不同区域农村的随礼规则表现出相应的差异。随礼规则可以从两个维度来理解:一是什么场合随礼,也就是我们通常所说的人情项目;二是怎么随礼,即随礼的轻重与多少问题。随礼规则本身同样有公共性与私人性之分。

南方团结型村庄的公共性是建立在强大的宗族血缘认同之上的,其随礼规则亦带有明显的公共规定性。这种随礼规则的公共规定性在随礼的场合上体现为当地主要是依照传统的人情项目来办酒,比如结婚、生小孩以及老人过寿等,村庄内部的任何人都不能随意增加或是减少人情项目。随礼规则的公共规定性在"怎么随礼"上主要表现在两个方面:一是随礼的多少严格按照血缘关系的亲疏远近进行,是一种差序礼。关系亲的就应该多送,疏的就该少送,"疏的压倒了亲的,亲的不好看"[1]。突破这一随礼规则的村

---

[1] 王德福:《人情的公共性及功能》,《中国社会科学报》2009年11月5日,第7版。

民，就会被其他人视作不懂"礼"，没有按照村庄的礼数来，进而招致村民们的非议。二是村庄内部存在常规性的关于具体怎么随礼的集体商议机制，当然其背后所遵循的依然是差序礼的准则。特别是近些年来，为了适应物价上涨的形势，村民也会在能够承受的范围内相应提高随礼的标准。但是，几乎不会出现个体性的增加随礼金额的情况，这会被认为是突破和威胁到村庄公共规则的行为，是不为其他村民所接受的，否则就会引发村民的不满，"他凭什么多送？显得他家多有钱"。因此，村庄内部就生发出一种集体商议机制，由村民一起决定随礼金额的多少。宋丽娜调查过的江西农村①以及笔者去过的广东农村，每年都有全体村民集中在一起开"年会"的习惯，必要的时候，会就村民的随礼金额进行统一的规定。虽然会上所达成的决定并不具有法律意义上的强制性，但是村民基本都会按照决定来行为，会上所形成的集体意志给了村民无形的约束力和压力。这类村庄的随礼也普遍比较有序。

北方分裂型村庄同时存在基于血缘和地缘的双重公共性，因此，在随礼场合，即人情项目上，当地主要是根据传统的人情项目进行，任何个体都不能随意更改人情项目，否则就是不懂规矩的表现。此外，在"怎么随礼"上，特定范围内的人群分别按照血缘公共性和地缘公共性来行为。五服之内的小亲族范围内遵循的是差序礼，即按照亲疏远近来判定随礼的金额，这与南方团结型村庄是相似的；小亲族范围之外的村民遵循的是均等礼，即同属于地缘关系内的村民在随礼金额上是大致统一的，基本不会受到客人与主人之间私人关系好坏的影响。村内的村民去随礼，主要是以邻里（或是地缘）的身份，而非朋友的身份。随礼金额往往不是个人意志的显现，而是由地缘内部的不成文且为大家默认的统一性规

---

① 宋丽娜：《熟人社会是如何可能的》，社会科学文献出版社，2014，第124页。

则所决定的。因此,村民通常是参照其他村民或者是相互之间商量着随礼,随意增加礼金或是减少礼金,都可能被其他村民当作一种挑衅行为或是为他们所笑话。正是因为有血缘和地缘双重规范的存在,所以村庄中基本不会出现在随礼上的攀比或竞争行为。因此,北方分裂型村庄的整个随礼规则呈现高度有序的局面。

中部分散型村庄既缺乏超越核心家庭的血缘认同,也没有基于地缘上的认同,公共规则难以得到发育。因而,村民的随礼遵循的主要是一种私人性的规则,具体体现是:在随礼场合上,村民可以依据个体的需要增加或删减人情项目,因此,当地的人情项目不固定;在"怎么随礼"上,当地依照的是基于私人关系远近的差等性原则。与主家关系好的,就多送;关系一般的,就少送。村民随礼时,主要是以朋友的身份,而非地缘身份参与。即使是兄弟、堂兄弟,也基本与其他村民无异。村民的随礼不存在血缘和地缘的限制,是送礼主体个人意志的表达。在缺乏统一规则、村庄本身又仍然是熟人社会场域的情况下,这类村庄很有可能出现随礼的失序现象,即随礼的底线可能会因为经济实力较强的村民而攀高,最终成为贫弱村民的负担。

尚会鹏、黄鹏进等人也对农村的随礼现象进行了研究。尚会鹏基于对豫东婚礼"送礼"现象的考察揭示了"自家人"随礼网络与"外人"随礼网络随礼规则的差异,前者是根据送礼者与当事人血缘关系的远近来确定是否应当随礼以及随礼的多少,后者的随礼金额是由随礼者与当事人或当事人父母交往关系的程度来决定。[①] 在尚会鹏看来,"自家人"的随礼遵循的是血缘公共性规则,"外人"的随礼遵循的是私人性规则,即主要是由两家的交往关系来决定。只是,尚会鹏并没有对以邻里为代表的地缘关系和朋友关

---

① 尚会鹏:《豫东地区婚礼中的"随礼"现象分析》,《社会学研究》1996年第6期。

系进行区分,而是都放到了"外人"的范围之中。这无疑是漠视了地缘关系与朋友关系的差异,也没有看到不同区域农村地缘关系的性质也存在差异。相较而言,黄鹏进的观察则更加细致,他将随礼者进行了亲戚关系、地缘关系和业缘关系的划分①,看到了地缘关系和业缘关系的不同。但是,同样是因为缺乏区域视角,使得其无法识别出地缘关系在不同区域村庄的奥秘。南方团结型村庄的地缘关系附属于血缘关系存在,所以随礼主要是根据血缘关系的亲疏远近来确定,是血缘公共性的规定。北方分裂型村庄的地缘关系独立于血缘关系,也具有公共性,生活于同一村庄的村民在随礼时必须要按照村庄统一的标准(虽然是不成文的),否则就是不会为人的表现。中部分散型村庄中,地缘关系只是一种地理意义,并没有社会性意涵,也就不存在所谓的地缘公共性,所以村民主要是以朋友的身份而非地缘上的邻里身份来随礼,随礼的多少根据其与主家私人关系的好坏这一私人性的原则来确立。

(三)人情性质的区域差异

不同区域村庄的社会性质不同,这决定仪式性人情性质亦存在区域差异。南方团结型村庄,由于特定的历史和生态环境,其内部的血缘关系极为发达,人情交往主要是在血缘关系内部完成。血缘主导的村庄,带有强烈的超越于个体以及核心家庭的价值指向性,村民的一切行为基本都是服务于整个宗族的发展与绵延,且形成了强硬的伦理道德规范。与之相应,人情也体现出很强的价值性。在仪式性人情场合,村民主要是向主家表达同宗之情,讲究的是共同的情感和价值体验。正是因为人情背后这种深层的价值性,使得以人情圈建构规则和随礼规则为主要表现的人情交往规则呈现为突出的规范

---

① 黄鹏进:《对鄂东南农村婚礼"送礼"的人类学考察》,《黑龙江民族丛刊》2008年第4期。

性和有序性，即他们不能随意建构社会关系，也不能随意改变人情项目和随礼金额，进而形塑出一种公共性的人情秩序。于是，就会发现这类村庄不允许村庄成员突破既有人情交往规则行为的产生，同时也会极力避免人情交往的功利化现象，村民也不在乎和计较人情偿还是否平衡。这意味着仪式性人情并不纯粹是单家独户的事情，而是村庄整体性的事件，要服从于村庄的统一性规定，个体的主体性意志是不能够在这一场合中彰显出来的，其背后有深层的价值规约。

北方分裂型村庄同时存在以五服为边界的小亲族认同和地缘认同关系，这说明村民不仅要处理向内的血缘关系，而且还要回应向外的地缘关系。并且，因地缘关系所涉范围更为广泛，往往成为村民关系处理的重点和核心。村庄是由多个以小亲族为单位的血缘集团组成，存在一定程度的分裂性，这使得小亲族之间具有潜在的竞争性关系。然而，因为很多村庄公共层面的事务无法依靠单个的小亲族之力来完成，所以他们又有联合其他家族进而整合其他家族关系的必要，以此来达到村庄社会关系的平衡，由此导源出基于村庄整体层面的公共规则和规范。于是，在对外地缘关系的处理中，此类村庄呈现既竞争又整合的双重面向。这样一种村庄社会结构，决定了仪式性人情也承载了村民家庭针对地缘关系处理上的竞争色彩和整合色彩，由此而表现出明显的社会性。仪式性人情的竞争性主要是以面子竞争的形式来呈现的，其中的面子评价机制体现在两个方面：一是来客人数的多少，二是人情仪式是否足够热闹。由于来客人数的多少，特别是基于地缘关系的来客人数取决于主家日常生活中是否按照村庄公共规则来"为人处世"，因此，这一在仪式性人情场合中表达竞争面向的因素，实则具有整合性的一面。人情仪式不涉及与其他村民关系的处理，因此是可以由其独立控制的。这也是我们在北方农村人情举办中经常能够看到盛大仪式（尤其是丧事）的原因所在。仪式性人情的整合性主要表现为人情交往规则的稳定性和规范性，它发挥着沟通人际界限的功能。① 也就是说，村民不能依个人喜好差异化地对待以地缘关系为基础的其他村民，比如在随礼金额上，就不能突破村庄的一般性规定，否则就是"不会为人"的体现，进而可能损害相互之间的关系，村民也不会计较人情往来礼金的偿还是否平衡。

与南方团结型村庄人情的价值性和北方分裂型村庄人情的社会性不同，中部分散型村庄的人情更多表现为一种功利性。由于缺乏强有力的血缘关系和地缘关系的制约，村民的个体意志能够在人情往来中得到充分的展演和表达，这就使得该类型村庄的仪式性人情带有明显的个体目的性。具体而言，仪式性人情的功利性质集中体现在它是村民建构个人社会关系的重要手段，以此服务于个体家庭缺乏强固血缘关系支撑前提下的日常生产、生活以及情感的需要。在这种逻辑主导下，村民往往是有意识和有选择地参与特定人群的人情往来，同时会直接通过随礼金额的多少来表达相互之间私人关系的亲近程度。与人情功利性质相对应，村民普遍非常在意人情礼金偿还的平衡。在不得不维系一定地缘关系的情况下，他们会仔细计算与之有人情往来的村民以及自己可能举办人情项目数目的多少，以此来决定接下来的行为。这类村庄经常会出现的情况就是，在一定期间内没有人情项目可举办的村民缩减自己人情交往的范围，到自己人情举办的多发期（比如儿子到适婚年龄，结婚后又会有小孩，之后自己也到了可以大办生日的年龄）扩展人情交往范围。或者说，想方设法创建新的人情项目，来弥补人情往来中礼金的亏损。

总而言之，由于南北中三大区域村庄血缘和地缘关系的基础不同，呈现不同的村庄社会结构形态，形塑出村民不同的行为逻辑。仪式性人情的交往规则以及性质亦存在明显的区域差异。南方团结

---

① 宋丽娜：《熟人社会是如何可能的》，社会科学文献出版社，2014，第223页。

型村庄是以血缘关系为主导的社会结构，具有强大的以血缘公共性为基础的村庄规范，仪式性人情交往规则而有序。由于当地的仪式性人情主要是服从于全村村民基于同宗血缘关系的集体表意，因而属于价值性人情。北方分裂型村庄是小范围血缘关系和大范围地缘关系并存的社会结构，同时存在血缘公共性和地缘公共性的双重规范，仪式性人情交往同样规则而有序。但多元血缘集团的并存性以及地缘关系的重要性，使得仪式性人情在向外的地缘关系的处理上，同时承担着竞争和整合的功能，因而该地方的仪式性人情属于社会性人情。中部分散型村庄既缺乏紧密的血缘关系，也缺乏有力的地缘关系，村庄公共规范难以形成。村民的人情交往主要是依照私人性规则来进行，且服务于个体家庭的目的，属于功利性人情。三大区域村庄的仪式性人情的差异可概括如下（见表1）。

表1 仪式性人情的区域比较

		南方团结型村庄	北方分裂型村庄	中部分散型村庄
人情交往规则		血缘公共性	血缘公共性和地缘公共性并存	私人性
人情圈主导关系类型		宗亲关系	以五服为边界的小亲族关系、邻里关系	朋友关系
随礼规则	随礼场合	结婚、生子、过寿等传统人情项目，人情项目固定	结婚、生子、丧葬等传统人情项目，人情项目固定	个体可自主缩减或增加人情项目，人情项目不固定
	怎么随礼	基于血缘关系远近的差等性原则	家族内部血缘关系远近的差等性原则、地缘关系的均等性原则	基于私人关系亲疏远近的差等性原则
人情性质		价值性	社会性	功利性
代表区域		福建、广东、广西、江西、海南等南方省区，皖南、浙西南、鄂东南、湘南等区域	河南、河北、山西、陕西、苏北、皖北等区域	长江三角洲、两湖地区、川渝地区、东北地区等

四 仪式性人情的嬗变

改革开放以来,村庄社会边界被打开,农村人口在城乡之间频繁流动,农村普遍受到前所未有的现代性力量的渗透,仪式性人情也发生了相应的变迁。学界和媒体尤其对农村人情的变异现象进行了广泛讨论①,以至于用"'人情消费'猛于虎"②来形容。然而,因为内生结构力量的性质和强弱不同,村庄社会在面对外部现代性的冲击上表现出不同的反应方式,仪式性人情变迁形式的侧重点会有区域上的差异,并出现不同程度和面向的异化。

(一) 南方团结型村庄人情的稳定性

以血缘关系为主导的南方团结型村庄存在强大的公共性规范,并高度内化于每个成员的血脉之中,这为他们在面对外部异于村庄内部的观念和价值时提供了抵御性力量,外界很多新鲜元素很难进入他们的仪式性人情中来。整个人情结构都极度稳定,人情交往规则以及人情举办过程中的仪式都保持了传统特色,延续了既有的价值内核,深植于地方文化和观念之中。在这种强大规范的约束下,当地的人情规则基本没有发生多大变化。

一般来讲,举办人情具有一定的盈利空间,但是在此类村庄中的村民看来,以赚钱为目的的办酒是件非常可耻的事情。因此,在其他地方盛行的办酒成风的现象在这一地域的农村基本不存在。而

---

① 张维安:《人情风刮走现金知多少》,《社会》1990年第2期;孙明华、姚新洪:《道是"有情"却"无情"——农村人情"扭曲"透视》,《调研世界》1992年第1期;微风:《变异的"人情"》,《四川统一战线》1994年第5期;管日兴:《如今乡村请客送礼风愈演愈烈——人情大过债,头顶锅儿卖》,《乡镇论坛》1999年第5期;等等。
② 骆玉华:《"人情消费"猛于虎》,《中国民政》1996年第11期。

且此类村庄的酒席名目仍然非常固定，村民依然是延续传统的酒席名目，包括结婚、丧葬、生子、建房、过寿、考学等，它们都被赋予了重要意义并受到严格的重视。在这类村庄中，生儿子、建房子、娶媳妇构成村民的人生任务。[①] 这其中若有任何一件事情没有完成，那么人生就不完整，个人基于宗族的超越性价值亦无法实现。而考学之类事情的办酒，同样是"光宗耀祖"的大事，是需要庆贺的。所有诸如此类的事情，都不是单独家庭的事情，而是整个宗族的事情，同时起到了进一步凝聚血缘情感的作用。因此，什么事情应该办酒都是由地方文化规定的。而且，人情圈的建构以及随礼金额的多少都是在传统的框架中进行，没有人去挑战村庄的集体意志。虽然近些年来村民为了图方便、简单，逐渐出现简化人情仪式的现象，但总体而言依然没有偏离既有的规范和价值基础，整个人情的运作保持着名实相符的状态。

（二）北方分裂型村庄人情交往规则的稳定与仪式异化

北方分裂型村庄存在多个以小亲族为单位的血缘集团，从而在村庄生活中存在潜在的竞争性，面子竞争就是其中的竞争面向之一。仪式性人情场合的公开性和展演性，使得其成为村民进行面子竞争的重要载体。主家不仅可以借助参与者的多少来向其他村民展示自己的为人处世能力，同时也可以通过人情举办的热闹程度来展现本家族的风光和团结程度。但是，由于参与者的多少主要是依托于主家日常生活的努力，仪式性人情只是为其提供了一个集中展演的舞台，因此，它很难成为社会关系的即时性建构机制。

在此类村庄中，人情不仅承载着面子竞争功能，而且发挥着整

[①] 杨华：《隐藏的世界——农村妇女的人生归属与生命意义》，中国政法大学出版社，2012。

合村庄关系的作用。统一的人情交往规则，承担着整合地缘关系的作用。从这个角度来说，遵循村庄规则开展人情交往，是村民获得面子的底线保障。人情交往规则体现的是村庄社会关系的处理规则，它是关系性的，也是为村庄公共规范规定的，不能为个体所突破。于是，人情交往规则在此类村庄表现出相当的稳定性，比如说人们仍然是依照村庄规范来"为人处世"，建构自己的人情关系，依然是按照村庄的一般标准随礼，人情名目也是保持在传统的如结婚、丧葬等项目上。面子竞争，从一定程度上说是个体家庭特质的一种凸显，而涉及村民相互关系处理的人情交往规则是排斥个体性的。因此，面子竞争只能从仪式性人情的其他构成要素中切入。

与人情交往规则的不可变更性相比，人情仪式虽然也有一定的传统规定性，在某些具体的细节上却可以引入新的元素，存在主家自主决定的空间。这是因为仪式本身并不涉及与村民之间关系的处理，可以不为村民关系的处理规则所制约。于是村庄外部市场上新的仪式性元素就很有可能为村民所援引，服务于其在村庄内部的面子竞争。再加上北方分裂型村庄多有"重丧轻喜"的传统，丧事自然成为面子竞争的重要场合，以至于广泛出现丧事仪式的扭曲和异化。笔者所在研究团队多次去河北、苏北、皖北等地农村调研，就遇到不少丧事上"跳脱衣舞"的情形。关于丧事仪式异化的报道，也多集中在江苏[①]、河北、安徽[②]等北方分裂型村庄。主家在丧事上引进各种低俗、恶搞的表演形式，主要是为了吸引村民的关注、活跃气氛、增大场面，以获得面子和人气。另外一个仪式性人情中可供主家进行面子竞争的要素就是酒席

[①] 吴占菁：《"办丧事跳脱衣舞"露出哪些丑》，《江淮法治》2006年第20期。
[②] 冯士军、蓝凤：《农村葬礼跳脱衣舞：低俗文化缘何"流行"乡村》，《妇女生活》2015年第9期。

的档次，特别是在颇受重视的丧事上花费大笔的资金，甚至有的农户不惜借贷办酒，为的就是不被别人比下去①。一场热闹、隆重、排场大的丧事，其实就是主家所代表的小亲族经济实力、个人能力、道德姿态等全方位的展现。因此，在这种逻辑中，"金钱不是关键，能否举办一场更加隆重、更加积聚人气的丧礼才是问题的实质"②。

北方分裂型村庄的村民面向地缘关系的整合性和竞争性在仪式性人情场合得到了集中展现。面对外部现代性或市场力量的进入，村内村民并不是毫无主体性地全盘吸收，而是有意识地对之进行有选择性的援引，以服务于村庄自身的运转逻辑，最终表现在仪式性人情上，即为人情交往规则的相对稳定，而人情仪式却出现了有异于传统的形式，甚至走向了扭曲和异化。

（三）中部分散型村庄人情的总体异化

中部分散型村庄缺乏应对外部现代性的结构性力量，所以，外部力量可以横冲直入，并在村庄社会的方方面面得到充分、彻底的展现，由此而可能导致仪式性人情各个面向的总体异化。因为没有血缘公共性和地缘公共性的约束，个体家庭都可以按照自己的利益、偏好、观念等来行事。但是，面对外部强大市场力量的冲击，个人往往又无力应对，在很大程度上被裹挟在市场化的浪潮中，缺乏对传统价值和规范的基本持守。杨华等人的研究就发现中国农村人情的变异更容易在原子化农村地区发生。③ 具体而言，此类村庄

---

① 李晓：《红白事之"沉重"丧葬》，《河北农民日报》2011年6月23日，第A02版。
② 宋丽娜：《熟人社会是如何可能的》，社会科学文献出版社，2014，第195页。
③ 杨华：《农村人情的变异：表现、实质与根源》，《中州学刊》2011年第5期。

人情异化主要体现以下两个方面。

其一，人情名目层出不穷。中部分散型村庄人情名目早已超过了建房、结婚、生子、过寿、丧事等传统项目范围，带有很强的自主创造性，很多匪夷所思的人情项目都被大量地挖掘了出来。已有研究以及相关媒体报道所涉及的这方面的案例基本都集中在这一区域。宋丽娜调查过的辽东农村，在2000年前后开始流行办"换瓦"酒，也就是花一两千元将房子的旧瓦换成新瓦，并以此为理由办酒。① 此外，还兴起了"考学酒"，即只要家里有高考生的，即使高考成绩还没有出来，都会办酒。而诸如老母猪下崽，甚至是猪圈维修等方面的办酒，也不再是新鲜事了。就连阎云翔所描述的20世纪80年代末90年代初的东北下岬村②已经出现妇女绝育、流产以及母牛下崽办酒随礼的情况。重庆③、湖北江汉平原④等地区都出现了这类情形，人情表现出前所未有的繁荣。人情名目层出不穷的另一个表现就是人情周期变短。人情周期是指两次人情之间的间隔时间。⑤ 杨华在贵州农村调查就发现，当地人情周期从20世纪90年代中期以前的10年，缩短至2000年左右的5~6年，2004~2005年的3~4年，2008~2009年的1~2年。辽东等东北地区、川渝黔以及江汉平原等地都属于中部分散型村庄。⑥

---

① 宋丽娜：《熟人社会是如何可能的》，社会科学文献出版社，2014，第191~192页。
② 阎云翔：《礼物的流动——一个中国村庄中的互惠原则与社会网络》，李放春、刘瑜译，上海人民出版社，2000，第74、57页。
③ 见《请客送礼怪现象：母猪下崽也摆酒席》，《共产党员》2009年第12期。
④ 见《湖北荆州书记谈人情风：有农村母猪下崽要请客》，新华网，http://news.xinhuanet.com/local/2014-12/25/c_127335189.htm，2016年9月15日。
⑤ 杨华：《农村人情的变异：表现、实质与根源》，《中州学刊》2011年第5期。
⑥ 详见贺雪峰《论中国农村的区域差异——村庄社会结构的视角》，《开放时代》2012年第10期。

人情名目①之所以不受控制地疯长，原因就在于这种基于个体性选择和偏好的人情交往关系具有极大的不稳定性，人们缺乏对相互关系的长远和稳定预期。即，村民基于个体规则而建立的人情交往圈不仅规模不稳定，而且交往圈中的成员也不稳定。再加之每个家庭所处生命周期以及人口数量不同，导致传统人情项目在村民之间存在差异，有的农户家庭可能很短的时间内就可以办一次酒，而有的甚至十几年、二十几年都很难有传统的人情项目办酒。在这种逻辑之下，由于村庄不存在对村民行为的规范约束，于是新的人情名目就出现了。结果就是，大家为了不让自己在人情往来中吃亏，都疯狂地办酒，每个村民都卷入其中无法自拔，形成恶性循环，最终造成沉重的人情负担。在人情项目不受约束的情况下，还可能导致以谋利为目的的办酒。最为极端的是出现欺诈型人情。陈柏峰在江汉平原农村中调查发现很多颇具典型意义的案例，揭示出了村民借人情的互助之名而行聚敛财富之实的情况。② 其中一个案例就是村里一对夫妇没有生养小孩，这就使得他们连孩子结婚、生子等办传统人情项目的机会都没有，但是礼金还是不断往外送，后来他们就以抱养了一个小孩为由办了酒席，但是没过多久，就将小孩送走了。

其二，人情仪式变异。与北方分裂型村庄因强烈的面子竞争需求和与重丧传统相结合而产生的丧事仪式上"跳脱衣舞"这种单一的朝向热闹化的异化趋势不同，中部分散型村庄的人情仪式则可能同时朝热闹化和虚无化的两极方向变异，既会出现人情仪式的过度繁荣和扭曲，也可能出现"无仪式"的现象。关于前者，最具代表性的要数湖北天门、京山等地农村喜事中广泛出现的"灰公

---

① 具体见杨华《农村人情的变异：表现、实质与根源》、陈柏峰《农村仪式性人情的功能异化》等文的描述。
② 陈柏峰：《农村仪式性人情的功能异化》，《华中科技大学学报》（社会科学报）2011年第1期。

醋婆"现象①,它以在儿子的婚礼上捉弄公公婆婆、儿媳为主要目标,充斥着各种低俗内容,甚至超出了某些道德底线。这些有悖于传统价值和道德的元素向人情仪式的引入,其实主要是为了追求一种感官上的新鲜和刺激,是虚浮于村庄表面的个体化诉求,而北方分裂型村庄丧事上所出现的异化现象反映的则是村民立足于村庄的社会性价值诉求。二者出现如此差异的根本原因就在于村庄社会结构的不同。中部分散型村庄的弱血缘和弱地缘的社会结构形态,使其很难生发出一种基于村庄整体层面的社会价值。北方分裂型村庄以地缘为基础的多个血缘团体并存的格局,为他们以面子竞争为载体的社会性价值的形成提供了结构基础。

与人情仪式的过度繁荣景象相反,中部分散型村庄还可能出现"无仪式"的现象。传统社会,仪式通常是表达伦理道德规范的重要媒介,它本身承载着丰富的价值内涵。2000年以来,随着打工经济的兴起,很多村庄都不同程度地出现人情仪式的简化现象。这在中部分散型村庄表现得尤为突出,仪式本身更多是一种个体性和私人性的表达。个体家庭是否进行人情仪式具有绝对的自主权,他们可以基于个体便捷性的考虑简化甚至取消仪式。特别是当举办人情已经沦为一种收回人情礼金或者是谋利的手段时,人情仪式本身更不具有任何意义。宋丽娜调查的辽东农村,除了在红白喜事上有简单的仪式外,其他如过寿、建房等都不存在任何仪式。② 仪式的简化甚至是虚无在很大程度上意味着仪式性人情仅仅成为一种单纯的礼金交换,而不具有村庄伦理道德宣扬和重申的价值意义。

总结来说,南方团结型村庄有以强大的血缘关系为主导的结构性力量,使得村庄可以顽固抵抗外部现代性力量的侵袭,村庄仪式

---

① 详见宋丽娜《熟人社会是如何可能的》,社会科学文献出版社,2014,第184~186页。
② 宋丽娜:《熟人社会是如何可能的》,社会科学文献出版社,2014,第189页。

性人情能够在传统的框架中进行,因而呈现高度稳定的状态。北方分裂型村庄是一种地缘上以五服为边界的多个血缘单位并存的社会结构形态,这就决定了村庄内部既存在小亲族之间的竞争,同时也存在以地缘关系为基础的各小亲族之间的整合。因此,仪式性人情既表现出服务于小亲族之间的面子竞争面向,也具有整合地缘关系的面向。于是,他们会有选择性地将外部现代元素援引至人情中,最后表现为服务于村民村庄社会面子竞争的人情仪式上的异化,人情交往规则却依然稳定。中部分散型村庄是由松散的核心家庭组成,缺乏抵抗外部现在性因素的强有力的血缘和地缘等结构性力量,人情更容易全面失序,进而走向一种总体异化。由此可见,不同区域村庄社会结构的不同,决定了它们对外来力量冲击的反应也会不同,仪式性人情变迁的程度、侧重点等都呈现明显的区域差异(见表2)。

表2 仪式性人情变迁的区域差异

	南方团结型村庄	北方分裂型村庄	中部分散型村庄
人情交往规则	稳定	稳定	人情名目增多、人情周期变短、人情的敛财性凸显
人情仪式	有所简化	以"丧事上跳脱衣舞"为代表的仪式异化	以"灰公醋婆"现象和无仪式为代表的仪式异化
变迁特征	总体稳定	部分异化	总体异化

(四)延伸讨论:经济分化结构下的仪式性人情

随着家庭联产承包责任制的实行以及人民公社管理体制的解体,农民的自由流动权和职业选择权都有所增加,农村大量的剩余劳动力得以向城市以及其他非农产业转移,这为农民经济分化的形成提供了潜在推动力。以经济收入为基础的经济分化结构开始在很多地方的农村凸显出来,并逐步替代了原来以血缘和地缘为基础的社会结构，主导了人们的行为逻辑。但是与以血缘和地缘为基础的社会结构所呈现出来的南中北区域差异不同，经济分化结构表现出明显的东中西差异，这是因为我国的经济发展水平主要体现为东中西的差异。总体而言，我国中西部地区农村的经济分化程度较低，东部发达地区经济分化程度较高。而且，较之于中西部地区，东部发达地区农村的经济分化更容易走向社会分化，从而演变成村庄内部稳固的阶层结构。原因就在于，中西部地区富裕起来的村民往往是尽可能地流出农村，到城市定居，因此，留在村里的主要是那些没有办法离开村庄且相互之间经济状况差不多的村民，富人基本对村庄不会产生影响。东部发达地区经济机会丰富，村民多为本地就业，因个人能力或市场机遇而富裕的村民基本在村，与其他经济收入层级较低的村民同处于一个村落空间，高度的经济分化结构消解了以血缘和地缘为基础的社会结构发挥作用的空间，富人主导着村庄社会规则，包括仪式性人情规则。

东部发达地区高度经济分化的村庄产生了一个具有一定数量的富人群体，他们有足够的力量和动力冲破传统社会结构的规约，仪式性人情成为彰显富人阶层经济实力、社会关系、社会地位的手段，以此来达到自身阶层位置的确认，展示自己的优越性。于是，人情的规模、酒席的档次以及随礼金额几乎到了失控的地步，更是衍生出办酒席"要亏"的逻辑，亏得越多，就越有面子。2013 年、2015 年笔者及所在研究团队①分别去过浙江等发达地区农村调查，村庄内部都表现为高度的经济分化。在富人阶层中，酒席规模达到上百桌的不在少数。龙虾、珍宝蟹、五粮液、中华烟等都成为

---

① 耿羽：《乡村社会"人情"机制与社会分层——基于浙东 J 村的考察》，《中共宁波市委党校学报》2011 年第 1 期；陈柏峰：《仪式性人情与村庄经济分层的社会确认——基于宁波农村调研的分析》，《广东社会科学》2011 年第 2 期；杜姣：《内生型工业村庄人情面子竞争与阶层关系建构——以浙北 D 村为例》，《湖南农业大学学报》(社会科学版) 2015 年第 6 期。

酒席的必需配备，一桌酒席的成本不低于2000元。另外，人情礼金没有统一的规定，逐年攀升。2013年时，一般关系的礼金都是500元起价，上不封顶。就主家而言，还要给客人回礼，原来只是回一包糖果，如今已发展为回上百元的红包。仪式性人情的高度消费化倾向，为村民财富的展演提供了合适的场合，公开地面向整个村庄，为村庄所有村民目睹，能够产生极强的村庄效应。

然而，由于富人有足够的资金存量，他们可以不断推高举办仪式性人情的价码，同时增加人情名目。因此，在富人阶层那里，除了传统人情项目外，诸如职位升迁、各种大小生日、结婚纪念日等都会办酒。人情仪式也搞得甚为隆重，比如儿子结婚，他们会专门聘请专业的团队搞婚礼策划。但是，对于中低阶层经济收入的村民而言，这无疑是一种强大的人情压迫。村庄场域中，各个阶层并不是各自玩各自的人情游戏，毫无关联，而是彼此之间因为血缘、儿时的同伴等传统关系牵连在一起，进而参与彼此的人情往来。人情的高额消费压力依循各个阶层之间存在的传统关系传导至中低阶层村民那里，富人阶层的酒席规格高，那么中低阶层也要增加礼金，否则"送的礼金钱，还不够在他家吃一顿饭"。与此同时，富人阶层参与了中低阶层的人情，后者却因为经济能力的限制而无法给予相称的回馈。在这种情形下，中低阶层便逐步从疯狂的人情竞赛中排斥出去。

于是，与富人阶层庞大的人情规模、高端的酒席档次、高额的回礼以及频繁的人情次数截然相反，中低阶层村民的人情规模普遍都比较小，精简办酒的名目以及减少参加人情的次数成为他们不得已的选择。甚至连结婚、生子等传统人情项目也都取消掉了，人情交往圈压缩至至亲的范围内。"有钱就有人情，没钱就没人情"成为村民默认的共识。传统的人情项目多是在村民人生重要的关节点和重大事件上，是他们人生目标及价值实现的表达载体，参与人情往来又是村民建构和维系社会关系的重要方式。由富人阶层主导的人情秩序对中低阶层造成的排斥，意味着他们人生价值实现以及开展社会交往的资格被剥夺了。最终，中低阶层村民就越来越说不了话、做不起人，在任何场合都只能低人一等。

五 结语

简单来看，我国农村的仪式性人情是村民社会交往关系的表达，它以礼物交换为媒介，包含随礼、待客、仪式等要素，发挥着经济互助、整合村庄社会、凝聚村庄情感等多方面的功能。但是对于幅员辽阔、社会高度复杂的巨型国家而言，这些相似性往往只是一种表面相似性。农村人情是在特定村庄的熟人社会场域中实践的，内嵌于村庄社会结构之中，不同区域农村人情的具体实践和性质差异极大。既有研究的局限便在于没有区域比较的视野，对中国农村人情现象的多样性、丰富性和复杂性缺乏足够的关注。本文则是一个尝试，即具体到不同区域村庄社会的语境之中，仔细揭示人情运作逻辑与村庄社会结构之间的关联，以清晰展现不同区域村庄人情的实践样态。"人情交往规则"是理解和深入不同区域农村人情运作机制的切入口和关键点。以村庄社会结构为基础的区域比较视角的引入，不仅有利于我们厘清静态维度上的农村人情的区域差异，也有利于我们廓清处于巨变中的中国农村人情变迁的区域差异。而且，以村庄社会结构为基础的区域比较视野还可广泛运用于农村其他家庭、社会、政治现象以及观念领域之中，形成对中国农村经验的本土化理解，进而发展出立足于中国本土经验的一套概念体系和认识框架，最终实现中层理论的建构。

此外，改革开放以来，市场化机制的引入以及国家相关制度的改革，在很大程度上降低了人们的制度性依附，增加了人们的自由程度和开拓了他们的活动空间。社会上几乎所有成员都被抛向了市场化的洪流之中，人们在洪流之中努力奋斗和搏击，实现人生的跨越，机会和个人的能力在其地位的升迁中比以往任何时候都占据了更为重要的地位。在市场高度竞争的浪潮之中，原来依附于体制的身份意义上的分层瓦解，随之而来的是金钱力量的崛起，经济分化成为市场竞争的必然结果。我国广大的农村社会随着时间的推移越来越被吸纳进强大的市场化浪潮之中，经济分化逐步显现。我国幅员辽阔，处于不同位置的农村呈现巨大的差异，经济分化程度同样呈现巨大的区域差异，且主要是东中西的差异。一般说来，经济越发达的地区，经济分化程度越是明显，以经济收入为基础的分层结构在农民的生活秩序中所扮演的角色就越为突出。因此，纳入以经济分化为基础的阶层视角来研究中国农村的人情，无疑也是未来重要的学术方向。这不仅是对以社会结构为基础的区域视角的有力补充，同时也是对农村阶层关系研究的丰富和具体化，也是对仅停留在对农村阶层应该如何划分以及对阶层关系性质和状态进行简单描述和界定的阶层研究"实体论"[①] 倾向的超越。

撰稿：杜姣

[①] 杨华：《农村阶层研究的范式转换：从实体论到关系论》，《南京农业大学学报》（社会科学版）2013 年第 3 期。

南北中国

社　会

④

农民自杀的区域差异研究

一 问题与文献

贺雪峰教授曾在《开放时代》2012年第10期发表《论中国农村的区域差异——村庄社会结构的视角》[①]。在这篇文章中，他指出，从村庄社会结构来看，中国农村存在明显的区域差异，基于地方规范和血缘组织的强度、商品化程度的高低以及个人选择空间的大小，我们将中国农村的村庄划分为团结型村庄、分裂型村庄和分散型村庄，相应地，结合村庄社会结构的差异，考虑到居住形态、生态环境、村庄历史等因素在中国农村分布的差异，我们将中国农村划分为南方、中部和北方三大区域，并试图通过构建这一中层理论框架来理解中国乡村治理的社会基础，特别是理解农村政策实践的机制与后果的差异，以及农村社会问题产生的结构性原因及其相应的治理策略。本文中，我们试图以农民自杀问题为例，对这一中层理论框架进行检验并据此讨论农民自杀区域差异的形成。

尽管中国的自杀问题一直以来都受到学术界的关注，但严格来说，中国的自杀问题进入国内外学术界视野特别是跨学科视野并引起空前重视却大致是2002年以来的事，其标志是费立鹏与其团队连续在国际顶尖医学杂志《柳叶刀》上撰文讨论中国的自杀问题，

[①] 贺雪峰：《论中国农村的区域差异——村庄社会结构的视角》，《开放时代》2012年第10期，第108~129页。

他们先后讨论了中国的自杀率和中国自杀问题的危险因素及其预应对工作问题①。此后近十年来，涉及中国的自杀问题，不管是城市还是农村，国际和国内学术界都会自觉不自觉地提及他们的研究②。与西方国家自杀特征不同的是，中国的自杀人群与心理疾病和精神抑郁的关系并不是那么突出。例如，在美国，每年约有3万人自杀死亡，但大部分自杀者具有精神错乱的特征，其自杀前的诊断表明，自杀者基本具有的特征包括：酗酒、抑郁症、焦虑症以及躁动行为，一些研究甚至指出，酗酒是仅次于抑郁症的成年人自杀的第二大危险因素③。然而，研究表明，中国的自杀者中被诊断为有精神疾病的仅有38%④。也有研究者指出，在全部乡村青年妇女（15~34岁）自杀者案例中，38.7%的自杀者具有诊断确认的精神错乱情况，其中，已婚青年妇女自杀者中，40%被诊断具有精神疾病，而未婚青年妇女自杀者中，30.6%被诊断具有精神疾病⑤。同样，中国的自杀人群分布也与西方国家差异很大，因此而导致的学术关注点也各不相同。在美国，每年自杀死亡的3万人

---

① Phillips, Michael R., Xianyun Li, and Yanping Zhang. "Suicide Rates in China, 1995-99," *The Lancet*, 2002, 359 (9309): 835-840; Phillips, Michael R., et al. "Risk Factors for Suicide in China: A National Case-control Psychological Autopsy Study," *The Lancet*, 2002, 360 (9347): 1728-1736; Phillips, Michael R., et al. "Suicide and the Unique Prevalence Pattern of Schizophrenia in Mainland China: A Retrospective Observational Study," *The Lancet*, 2004, 364 (9439): 1062-1068.

② Conner K. R., Phillips M. R., Meldrum S. C. "Predictors of Low-intent and High-intent Suicide Attempts in Rural China," *American Journal of Public Health*, 2007, 97 (10): 1842-1846；吴飞：《浮生取义：对华北某县自杀现象的文化解读》，中国人民大学出版社，2009；刘燕舞：《农民自杀研究》，社会科学文献出版社，2014。

③ Shaffer D. "Suicide: Risk Factors and the Public Health," *American Journal of Public Health*, 1993, 83 (2): 171.

④ Phillips M. R., Li X., Zhang Y. "Suicide Rates in China, 1995-99," *The Lancet*, 2002, 359 (9309): 838.

⑤ Zhang, Jie. "Marriage and Suicide among Chinese Rural Young Women," *Social Forces*, 2010, 89 (1): 321.

中,退伍老兵的自杀死亡人数有时高达3000~5000人①,此外,关于性少数群体如同性恋的自杀研究亦历来是美国自杀研究领域关注的重点②,显然,这些研究所关注的问题与当下中国的自杀问题有着明显差异。

西方自杀流行病学和公共卫生学中,基本上所有的讨论自杀的文章,这些危险因素或风险因素都是必备的测量指标,在中国也是同样的学术实践,但几乎所有研究也都强调了中国与西方的不同。既然不同,而又援引西方的测量工具测量中国的问题,在工具上可能会是有问题的,因此而得出的结论也可能会产生问题,这就是即使在美国主要采用精神和心理干预的医学措施,而未能使得美国的自杀率发生明显变化的主要原因,反之,在中国,同样援引相似的手段,不管自杀率下降抑或上升,都可能同样与之关系不大。例如,一些研究通过对1997年到2007年自杀流行病学的研究得出几个关键的发现:从全球估计来看,自杀仍将继续成为死亡的主要因素和主要的疾病负担,因自杀而死亡的数字实际上仍在持续上升;在美国,尽管有治疗研究的显著发展和对自杀者自杀后的康复治疗护理的增加,但是,其自杀率或自杀行为在过去十年中仍没有多大变化③。基于此,国内社会学界的自杀研究就具有十分突出的意义。大体来说,社会学领域的研究可以分为四大板块:经济结构分

---

① Kaplan M. S., McFarland B. H., Huguet N., et al. "Suicide Risk and Precipitating Circumstances among Young, Middle-aged, and Older Male Veterans," *American Journal of Public Health*, 2012, 102 (S1): S131.
② Hottes T. S., Bogaert L., Rhodes A. E., et al. "Lifetime Prevalence of Suicide Attempts among Sexual Minority Adults by Study Sampling Strategies: A Systematic Review and Meta-analysis," *American Journal of Public Health*, 2016, 106 (5): e1–e12; Ross L. E., Dobinson C., Eady A. "Perceived Determinants of Mental Health for Bisexual People: A Qualitative Examination," *American Journal of Public Health*, 2010, 100 (3): 496–502.
③ Nock M. K., Borges G., Bromet E. J., et al. "Suicide and Suicidal Behavior," *Epidemiologic Reviews*, 2008, 30 (1): 146.

析板块、社会结构分析板块、心理结构分析板块、行动意义分析板块。

从经济结构角度展开的分析认为,中国自杀率的变化与中国经济发展存在相关关系,例如,中国总体自杀率的下降就可能与中国经济持续增长有关[1]。经济持续增长所带来的高就业机会和特别是对农村人口来说更多的受教育机会等均有可能降低中国的自杀率[2]。相较于经济结构的宏观分析不同的是,社会结构分析更倾向于从微观角度解释中国农村自杀问题的产生机制,如代际关系变动可能会对农村老年人自杀产生重要影响,夫妻关系中的权力结构转变则可能会影响到农村妇女的自杀机制,阶层分化所带来的社会压力可能通过代际剥削机制逐层传递到农村老年人群体中从而导致老年人的自杀,等等[3]。心理结构分析的观点,与公共卫生或纯精神病学一类的研究有差异,在自杀问题的分析上,个人的心理结构特别是心理挫折所导致的自杀大多具有社会心理的特征。例如,心理压力不协调理论的分析即是如此。这一理论框架认为,人们在生活中普遍面临多种心理压力,这些心理压力主要包括四种:不同的价值观冲突所带来的心理压力、现实与期望冲突所带来的压力、相对剥夺感所带来的压力以及应对负性生活事件能力不足所带来的压

---

[1] Zhang J., Ma J., Jia C., et al. "Economic Growth and Suicide Rate Changes: A Case in China from 1982 to 2005," *European Psychiatry*, 2010, 25 (3): 159 - 163.

[2] Wang C. W., Chan C. L. W., Yip P. S. F. "Suicide Rates in China from 2002 to 2011: An Update," *Social Psychiatry and Psychiatric Epidemiology*, 2014, 49 (6): 929.

[3] 陈柏峰:《代际关系变动与老年人自杀——基于湖北京山县的实证研究》,《社会学研究》2009 年第 4 期,第 59 页;杨华、范芳旭:《自杀秩序与湖北京山农村老年人自杀》,《开放时代》2009 年第 5 期,第 105~125 页;杨华、欧阳静:《阶层分化、代际剥削与农村老年人自杀——对近年中部地区农村老年人自杀现象的分析》,《管理世界》2013 年第 5 期,第 47~63 页;刘燕舞:《中国农村的自杀问题(1980~2009)——兼与景军先生等商榷》,《青年研究》2011 年第 6 期,第 72~82 页。

力,当一种或多种心理压力不协调时,就会导致应对失败,其后果即是个体自杀的产生①。从行动意义分析的角度看,研究者认为自杀是社会行动的一种特殊类型,研究的重点应该是关注其背后的社会意义,即自杀者自杀的动机,例如,农民自杀是农民在家庭内部遭遇不公进而追求正义而做出的一种抉择②,在家庭内部的权力游戏中,自杀往往是青年人赌气因而作为出气手段的产物,其背后关涉的是家庭政治的复杂性和个体对尊严与自主性的过分追求③。所有这些研究,都为我们打开了多扇与自杀研究主流学科不一样的窗口,这对于理解中国的自杀问题的本质是十分有益的。

不过,无论是自杀流行病学或公共卫生学的研究,还是前述社会学领域的研究,对我国农村自杀问题的区域差异均着墨不多,尽管我们自己此前试图在这一问题上有所探索④,但从论证、数据、理论等方面来说,仍存在很多不足。事实上,自杀的区域差异在经典理论家那里是被关注的重点之一,迪尔凯姆在《自杀论》中对很多国家的自杀率的比较就具有区域分析的特点⑤。即使在美国,自杀的区域差异同样存在,有数据指出,自杀率最高的是在美国西部,达到 14.7/10 万,其次是美国南部地区,自杀率为 13.1/10

---

① Zhang, Jie. "Marriage and Suicide among Chinese Rural Young Women," *Social Forces*, 2010, 89 (1): 324; Zhang J., Zhao S. "Effects of Value Strains on Psychopathology of Chinese Rural Youths," *Asian Journal of Psychiatry*, 2013, 6 (6): 510-514.

② 吴飞:《论"过日子"》,《社会学研究》2007 年第 6 期,第 66~84 页。

③ Fei W. "Gambling for Qi: Suicide and Family Politics in a Rural North China County," *The China Journal*, 2005 (54): 7-27.

④ 贺雪峰、郭俊霞:《试论农村自杀的类型与逻辑》,《华中科技大学学报》(社会科学版) 2012 年第 4 期,第 108~116 页;刘燕舞、王晓慧:《农村老年人自杀的地域差异与文化分析》,《云南师范大学学报》(哲学社会科学版) 2013 年第 4 期,第 125~134 页;刘燕舞、王晓慧:《血缘联结度、规则维控度与自杀行动——理解我国农民自杀差异性分布的三个关键词》,《青年研究》2014 年第 1 期,第 62~76 页;刘燕舞:《论区域比较作为研究方法及其在自杀研究中的应用》,《中国研究》2012 年第 14 期,第 83~104 页。

⑤ 迪尔凯姆:《自杀论》,冯韵云译,商务印书馆,1996。

万,中西部地区则为10.9/10万,而东北地区最低,为8.6/10万。自杀方式亦存在区域差异。在南部,使用枪支自杀的比例高达68.9%,西部为58.3%,中西部为57.8%,东北部为44.9%[1],但很少有学者去认真地解释这种区域差异到底是如何形塑自杀特征的。基于此,本文既是力图对"农村区域差异"这一中层理论进行检验,也是对农村自杀问题所存在的区域差异现象展开相对完整的研究。

二 理论框架

在此前的研究中,我们侧重讨论和检验的是农村政策实践在不同区域中所呈现的机制与后果的差异,而较少讨论政策实践以外的社会问题形成的区域差异机制问题。我们假定,如果农村区域差异理论是成立的,那么,与我们既往在关于村级债务形成机制的区域差异分析等系列检验相似,农民自杀这一与农村社会结构紧密相关的学术命题应该同样存在类似的机制,也即是说,农民自杀亦应同样存在区域差异,其差异形成的背后亦受村庄社会结构的制约。

本文的理论框架主要基于我们此前构建的"农村区域差异"这一框架,按照这一理论框架,本文假定:

(1)农民自杀在南方农村、北方农村和中部农村存在明显的区域差异。农民自杀的这些区域差异在自杀测量的最核心的性别、年龄别等人口学特征指标上应该存在明显的体现。

(2)农民自杀区域差异的人口学特征在时间轴上应能同样明显地体现出来。

---

[1] McKeown R. E., Cuffe S. P., Schulz R. M. "US Suicide Rates by Age Group, 1970 – 2002: An Examination of Recent Trends," *American Journal of Public Health*, 2006, 96 (10): 1744.

(3) 既然在不同区域农村，地方规范、血缘组织、商品化程度和个人选择空间均有明显不同，那么，农民自杀的核心的经验特征即农民自杀的类型亦应呈现明显的不同。

如果我们能运用数据检验上述三个假定，就可以大致证明"农村区域差异"这一中层理论在分析中国农村社会问题上的有效性。

在上述三个假定中，前两个假定已有学界通用的指标可以测量。其中，性别即指男性和女性两类。对于年龄别来说，根据学术界关于自杀问题的年龄分布测量惯例，我们将15~34岁年龄组划分为青年，35~59岁组划分为中年，60岁及以上划分为老年。

就自杀类型的划分而言，最经典的划分当数迪尔凯姆在《自杀论》中的贡献，他将自杀类型根据自杀的前置性原因划分为利己型自杀、利他型自杀、失范型自杀和宿命型自杀，但是，正如迪尔凯姆自己所言，这种病因学分类是在缺乏经验材料的基础上的不得已而为之的学术努力[1]。因此，我们基于近几年来在中国农村所收集到的自杀问题的经验材料，在本文中，按照形态学来分类。在形态学分类标准上，我们主要基于自杀者自杀的情境材料，从其动机的角度对之进行划分，也即是说，与其关注因为什么而导致农民自杀，不如关注为了什么而导致农民自杀。这一标准的选择基于三种考虑。其一，中国传统文化中，在讨论自杀问题时，都较少关注因为什么，而更多关注为了什么，这一点上，儒家正统哲学中讨论自杀与仁义关系时体现得十分明显[2]。其二，与我们要检验的区域差异有关，例如，疾病作为直接的原因在理论上可以导致自杀，但是，每个区域中都有人患有疾病，仅从因病自杀的角度去检验就无

---

[1] 迪尔凯姆：《自杀论》，冯韵云译，商务印书馆，1996，第136~137页。
[2] 刘燕舞：《论"奔头"——理解冀村农民自杀的一个本土概念》，《社会学评论》2014年第5期，第72~74页。

法体现出区域差异存在的可能。其三，在现实经验中，根据我们访谈所及，农民在讨论自杀问题时，除了表达因为什么而自杀外，更倾向于评论自杀死亡本身是否"值得"，而在讨论"值得"与否的过程中，他们大多会涉及农民自杀是为了什么，并因此给我们提供了丰富的自杀情境资料。

例如，同样是"因病"而自杀，但自杀动机不同，自杀的类型也会不同。当我们将"因病"而导致的自杀放置在整个自杀情境中进行检视时就会发现，有些人的自杀可能完全是为了摆脱疾病痛苦，也就是说，疾病所带来的痛苦感远大过活着所具有的幸福感，这个时候的因病自杀就是摆脱病痛型自杀。当疾病本身并非带来很大的身体上的痛苦，而仅是因为治疗疾病需要花费大量的金钱时，在不同的自杀情境中，同样会根据不同的自杀动机形成不同的自杀类型。一种是，自杀者觉得疾病治疗的花费给家庭成员带来了沉重的经济负担，为了不拖累家庭成员的幸福生活，尽管疾病本身对身体的痛苦不大，但为了减轻家庭负担而采取自杀的行为就属于减轻负担型自杀。一种是，疾病治疗的花费大，自杀者为了延续生命和身体健康也期望家庭成员为他们治病，但家庭成员却不愿意承担这一责任时，引起自杀者的不满，自杀者为了让家庭成员对放弃对他们的治疗从而导致他们的死亡而愧疚难受甚至让家庭成员遭到来自村庄其他人的指责等报复性目的时，这种自杀类型就是反抗报复型自杀。一种是，患有疾病的自杀者可能孑然一身，没有家庭成员，或者即使有家庭成员但却对家庭成员不抱有任何期待，村庄舆论也不会对家庭成员的行为构成非议，自杀者自身又无法承担疾病治疗的花费以及疾病护理的成本时，死亡本身就是一种动机，这种自杀类型就是生存困难型自杀。

基于上述理论逻辑，我们结合收集到的农民自杀的经验材料，将上述第三个假定中的自杀类型划分为以下八种。

第一种是摆脱病痛型自杀。自杀的动机单纯地为了摆脱疾病所带来的身体和心理的痛苦,农民口头语言"实在是磨不过了"就是这种类型的表述。

第二种是减轻负担型自杀。自杀的动机主要是为了减轻家庭成员的经济、心理、日常照料等方面的负担,农民口头语言"莫拖累了伢儿们"即是这种自杀动机的直接表述。

第三种是反抗报复型自杀。自杀的动机是因为在与人冲突过程中特别是与家庭内部成员的冲突过程中,以自杀作为反抗和报复的手段,农民口头语言"我做鬼也不放过你"就是这种类型的经验写照。

第四种是生存困难型自杀。自杀的动机本身就是为了追求死亡,因为活着所需要的基本生存条件和生活条件无法满足继续幸福地活着的可能,这种类型中,特别是老年人在高龄、失能后无法获得子代、村社和国家等的支持时绝望自杀是最为常见的,农民口头语言"死比活着舒服"说的就是这种类型。

第五种是逃避责任型自杀。与减轻家庭成员负担的减负型自杀相反的是,这种自杀类型基于村庄社会所带来的巨大的外在压力,为了逃避对家庭成员的责任而选择自杀行为,农民口头语言"负担太重了"就是对这种自杀动机所产生的前置性原因表述。

第六种是追求爱情型自杀。在婚恋生活中,因为所追求的美满爱情无法得到满足而选择自杀。它包括未婚青年在自由恋爱中遭遇父母的干涉而选择的自杀,也包括已婚人士在婚姻挫折中所选择的自杀。农民口头语言"我们下辈子在一起"就是这种自杀类型的动机表述。

第七种是冲动出气型自杀。与前述六种自杀类型有明显差异的是,这种自杀类型往往没有自杀计划,它仅仅是在与人冲突特别是家庭成员的冲突过程中一时冲动以图出气而选择自杀。农民口头语言"实在是气不过了"就是对这种自杀类型的动机界定。

第八种是其他类型的自杀。它是指某一死亡者的死亡可以准确无误地界定为自杀死亡，但因为各种田野调查中无法克服的原因而缺乏相应的自杀情境材料，因而无法就其动机做出界定。

同样，如果我们能运用数据检验出这些类型在区域分布中存在明显差异，那么，就能证明本文所要讨论的问题。

三　方法与数据

当前国内外学界关于中国的自杀流行病学的主要研究数据来自两个方面：第一个是各级医院急诊科关于自杀未遂者抢救时留下来的疾病登记资料以及自杀既遂者在死亡前于医院急诊室抢救时的临床资料；第二个是中国卫生部（现卫计委）的中国卫生统计年鉴、中国国家统计局的统计年鉴、中国疾控中心疾病监测系统的死亡登记系统、上报给世界卫生组织并在世卫组织年报中披露的宏观数据。

就数据质量而言，这两种情况都有一些公认的难以克服的缺陷。

对于第一种情况来说，数据所收集的往往属于能够送到医院就医的案例，而这种又往往都是低致死性自杀计划的自杀者所采取的自杀行为。正是因此，他们才有可能送到医院就诊并可能因此而获救从而成为临床研究材料，但是，事实上，有大量的自杀既遂者是发生在农村内部，他们的死亡不仅没有出村庄，甚至没有出家庭，其隐秘性非得通过田野调查反复访谈才能得到。然而，这种自杀既遂的比例往往远高于自杀未遂。以我们在河北省青龙县草场村的调查为例，自杀未遂的仅5例，占比不到全部自杀发生人数（26+5）的16.13%；在湖北省大冶市先锋村，自杀未遂3例，是全部自杀发生人数（35例）的8.57%；在山西省运城市河津市史恩庄村，自杀未遂2例，是全部自杀发生人数（12例）的16.67%；湖南省常德市阳湖村，自杀未遂4例，是全部自杀发生人数（32例）的12.5%；湖南省长沙市双楷村，自杀未遂2例，是全部自杀发生人数（14例）的14.29%；湖南省岳阳市大源村，自杀未遂2例，是全部自杀发生人数（14例）的14.29%；湖北省武汉市群建村，自杀未遂3例，是全部自杀发生人数（17例）的17.65%。在前述这些村庄中，自杀发生数是155例，其中，自杀死亡为134例，自杀未遂数是21例，自杀未遂占的比例为13.55%，自杀死亡的134例中，有9例是送到各级医疗机构抢救后无效死亡的，因此，也即是说，在全部发生的这155例自杀案例中，真正能送到医院抢救的共30例，占比为19.35%，这意味着有4/5的自杀样本无法体现在上述临床研究数据中。

对于第二种情况来说，其漏报率和数据质量问题是公认的。其样本看似非常大，但在选择上，样本所覆盖的城市较多，而乡村较少，覆盖东部发达地区较多，而中西部地区较少。例如费立鹏等人2002年在国际顶尖医学杂志《柳叶刀》所发表的关于中国自杀问题的里程碑式的文章中指出，中国卫生部死亡登记系统覆盖了中国21个省份下的36个地级市和85个县，覆盖人口约1.1亿（约10%的总人口），但这个数据系统覆盖的城市居民数占了57%，然而，在同一时期的中国国家统计局披露的数据中，城市居民在全国的比例仅为22%。相反，同一时期占人口比例高达78%的农村区域，其自杀死亡率却是城市居民自杀死亡率的3倍，有93%的自杀发生在农村人口中。不仅如此，这一数据系统还可能面临高达18%的漏报的缺陷。[①] 无独有偶，著名自杀问题研究专家香港大学叶兆辉教授等人在他们的研究中亦揭示了这一数据库所存在的这一

[①] Phillips, Michael R., Xianyun Li, and Yanping Zhang. "Suicide Rates in China, 1995–99," *The Lancet*, 2002, 359 (9309): 837–838, 840.

无法避免的重要缺陷①。清华大学景军教授和纽约州立大学布法罗分校张杰教授等人则发现这一数据库中有的年份存在城乡变量颠倒和部分年份年龄这一核心变量缺失的问题②。虽明知有此重大缺陷，但可能导因于与迪尔凯姆同样的困境，他们亦不得已使用了这一数据库，并对推动中国的自杀问题研究做出了突出的贡献，从这一点上来说，我们仍应秉持欣赏和肯定的态度来看待他们所做出的杰出的努力。此外，我们2013年在湖南省常德市的一个乡镇调查时发现，该乡镇属于给中国卫生部死亡登记系统上报数据的乡镇之一，其上报的时间始自2007年，为了评估前述几位在自杀研究领域极有权威的专家所指出的数据缺陷，我们选取了该乡镇2007年至2013年6月数据上报质量最好的一个村庄——阳湖村进行核查，我们采取吃住均在农户家的驻村调查法，以质性访谈方式收集了该村1960年至2013年6月的所有自杀案例，我们发现，自2007年开始上报给死亡登记系统算起，该村2007年至2013年6月的漏报率为40%。

上述关于既有研究的数据缺陷表明，这些数据很可能无法真正反映我国的自杀问题的真实状况，更不可能用之于检验区域差异。事实上，不仅中国学术界研究自杀问题面临这一困境，自迪尔凯姆的开创性研究始，西方学术界就一直对官方自杀统计数据的漏报问题提出质疑。即使大多数研究者秉持官方自杀数据统计的漏报错误应该是最小的而非系统性的错误，但是，也有少数研究者声称，官方自杀统计数字存在系统性偏差③。不仅如此，从职业社会学的视

---

① Wang, Chong-Wen, Cecilia L. W. Chan, and Paul S. F. Yip. "Suicide Rates in China from 2002 to 2011: An Update," *Social Psychiatry and Psychiatric Epidemiology*, 2014, 49 (6): 938-939.
② 景军、吴学雅、张杰：《农村女性的迁移与中国自杀率的下降》，《中国农业大学学报》（社会科学版）2010年第4期，第4页。
③ Timmermans S. "Suicide Determination and the Professional Authority of Medical Examiners," *American Sociological Review*, 2005, 70 (2): 311.

角看,对自杀数字精确性的批评挑战了死亡调查者的专业权威。一些民族志的观察表明,法医等群体更倾向于不对自杀进行分类,因为关于自杀的分类同样缺乏有关自杀意图的实证资料①。因此,要更为深刻和真实地了解中国特别是中国农村的自杀问题,并用之检验我国农村在这一问题上存在的区域差异和据此提出有区域分类的治理对策,就非常有必要开辟新的数据获得方法。

我们的研究团队自2007年开始,按照便利抽样与判断抽样相结合的办法,在中国地理意义上的南方、北方、东部、西部、中部五大区域的11个省份开展了调查,共选取了这11个省份中的24个地级市中的57个村庄开展了全覆盖的调查。

所谓判断抽样,即是基于对中国这一巨型国家内部的社会、文化、经济、地理等综合性的区域差异来选择,从文化结构、社会结构和地理结构来说,中国主要可以区分为南方、北方和中部,从经济发达程度和地理差异来说,一般可以将中国区分为东部、西部和中部,如中国国家层面的各类统计指标尤其是经济方面的统计,都习惯区分出东部、西部和中部。在这个大原则下,我们选择了河南、河北、山西、浙江、江苏、安徽、湖南、湖北、江西、广西、福建11个省份,其中,河南、河北、山西属于中国的北方区域,江苏、浙江属于中国的东部区域,湖南、湖北属于中国的中部区域,广西位于中国西南,福建则位于中国东南,我们在江西省的调查属于该省接壤广东省的交界地方,这三个省的调查点在地理和文化上均属于中国南方,同时,在这些省份中,除了广西既在南方又属于中国西部外,我们在湖北西北部的调查点邻近中国西南部的重庆和中国西北部的陕西,这些调查点在地理、文化和经济上,均属于中国的西部,也属于中国国家经济发展战略层面的西部大开发范

---

① Timmermans S. "Suicide Determination and the Professional Authority of Medical Examiners," *American Sociological Review*, 2005, 70 (2): 311.

围。应该说，这种判断的考虑已隐然暗含了我们在2012年总结提出的"农村区域差异"理论框架所划分的区域类型。

在这一大的判断抽样的原则下，我们按照便利抽样的原则来选择村庄，便利的主要考察指标是我们研究团队成员中的任何人能够与村庄建立起熟人关系，从而为我们成功进入村庄开展调查提供便利。但是，尤其要指出的是，在没有到达村庄之前，我们对村庄是否存在自杀现象以及自杀现象严重与否均一无所知，对自杀问题是否在这些区域之间表现出巨大差异同样一无所知，因此，就我们调查的主题来说，所获取的样本具有理论上的随机性，虽然在统计学上无法具备。我们在每个村庄的驻村调查时间在15~30天不等，每个村庄的驻村调查人数在2~7人不等，调查员的主体由在读博士生和社会学专业高校教师组成，调查的协调平台单位为华中科技大学中国乡村治理研究中心。我们一般都是采取每个工作日上午和下午随机找农民访谈，每一次访谈时间为3~3.5个小时，每天晚上，调查员聚集在一起，开会讨论白天所收集的资料，并于第二天重新回到现场继续调查。自2007年至今，我们在上述11个省份24个地级市的57个村庄累计投入了145人次约1000个工作日的调查，总访谈时间约1万个小时，被访谈对象约3100人，总共收集到了914例自杀死亡者案例（1960~2012年），每个自杀死亡案例平均所耗费的访谈时间约11个小时。应该说，我们尽最大努力用了在学界同仁看来"最笨"的办法收集到了尽可能准确的数据。

从目前国内外所发表的涉及中国农村自杀问题的文献来看，这个数据是独一无二的。因此，我们用之来检验农村区域差异理论，除了在检验理论上能够做出贡献外，数据收集本身也是我们的贡献所在。

在数据收集的具体操作上，我们采用半结构式访谈法和无结构式访谈法收集资料。前者主要收集自杀者的年龄、性别、婚姻状况、自杀发生的时间、自杀方式几个方面的资料，后者详细了解自杀所发生的具体情境，重点包括引起自杀的直接原因，自杀的目的动机，自杀的后果，周围亲人、邻居、朋友对自杀者自杀的评价。被访谈对象包括自杀未遂者，自杀未遂和自杀死亡者的家庭成员（父母、子女、夫妻），自杀未遂和自杀死亡者的亲戚、朋友、邻居，村组干部（现任和既任村党支部书记、村委会主任、村党委和村委委员、村民代表、村民小组组长），党员，村医，村小学教师，村小商店老板，红白喜事牵头人，偶遇的任何村民。每一例自杀死亡案例，我们所访谈的对象至少有10人，并且在多个点访谈，反复核对，例如，第一村民小组的A村民自杀死亡后，我们不仅在第一村民小组集中访谈了解A村民自杀的情境，我们还会在第二村民小组和其他更多村民小组访谈时进行核实和互相验证。通过多人和多点访谈这些手段，我们能够尽可能充分地了解和把握自杀者自杀时的情境，从而为我们前述理论框架中的分类奠定田野基础。

有了上述这些交代后，我们根据农村区域差异理论框架中关于区域的划分，结合村庄社会结构的差异，将上述24个地级市下的57个村分别划入南方、北方和中部三大区域。下文我们将运用这些数据对农民自杀问题在这三大区域中的差异进行检验并就其形成机制展开初步讨论。在检验指标上，为了避免使用自杀率可能引起争议，我们在本文中主要运用各种特征的百分比分布来检验。

四 结果分析

在我们所收集的914例自杀死亡案例中，1960～1979年共有20例，分布在6省8村。这一情况表明，在改革开放以前，国家权力的强大能量，使得农村的社会结构被政治结构所笼罩，呈现特殊时期的扁平化特征，因而，自杀分布的差异不大。从自杀类型上来说，这一特殊时期的自杀死亡者中多数都是农村"地富反坏右"分子及其家人，其自杀的动机也相对单一。因此，下文中没有将这

20 例纳入分析中。

1980~2012 年,有 5 例是因为情境不完整而无法分类的,即我们理论框架中所说的其他类型的自杀,占这一时期总体样本的 0.5%,我们亦将其删除掉而未纳入下文的结果分析中。最后,本文用来检验的有效样本是 1980~2012 年的 889 例农民自杀死亡案例。

需要说明的是,所有这 57 个村庄的数据中,1980~2009 年全部都是连续数据,2010~2012 年只有 18 个村庄有连续数据,但这 18 个村庄同样涵盖了南方、北方和中部,除了在时间趋势上无法判断外,并不影响本文对农村区域差异理论的检验。

(一)农民自杀人口学特征的区域差异

表 1 显示了农民自杀在最核心的人口学特征上存在明显的区域差异。

表 1 农民自杀人口学特征分布的区域差异

单位:%

区域	性别	年龄别			合计
		青年	中年	老年	
北方	女性	36.1	25.0	38.9	58.5
	男性	21.6	29.4	49.0	41.5
	合计	30.1	26.8	43.1	100.0
南方	女性	61.7	11.4	26.9	66.3
	男性	30.6	18.8	50.6	33.7
	合计	51.2	13.9	34.9	100.0
中部	女性	19.7	18.2	62.1	51.4
	男性	9.6	14.4	76.0	48.6
	合计	14.8	16.3	68.9	100.0
总体	女性	36.0	16.9	47.1	56.6
	男性	15.8	17.4	66.8	43.4
	合计	27.2	17.1	55.7	100.0

总体来看,农村女性自杀高出男性13个百分点,且在青年群体中体现更为明显,青年女性比青年男性高出约20个百分点。从年龄来看,老年群体的自杀占比最高,其次是青年群体,最低是中年群体。这些总体特征符合当前学界关于中国农民自杀问题人口学特征分布的一般描述[①]。

然而,从分区域的情况来看,将会颠覆学界既有的总体认识。从性别角度来说,差异表现最大的是南方农村,女性自杀高出男性自杀1倍(高出33个百分点),其中,青年群体中女性高出男性约1倍,而在所有区域中,尽管农村老年男性均高出老年女性,但是,在南方农村差异同样是最明显的,老年男性比老年女性高出约24个百分点。就年龄分布来说,南方农村的青年自杀尤其是青年女性自杀是这一区域中最主要的自杀问题,其占比超过该区域全部自杀案例的一半,相反,这一群体的自杀在中部区域占比不到该区域全部自杀案例的1/5,在北方区域占比虽然较高,但也仅约1/3。中部农村的老年人自杀是三大区域中分布最为突出的,其占比超过该区域全部自杀死亡案例的2/3,占比第二的是北方农村,最低的是南方农村。然而,在中年群体自杀在总体中占比最小的情况下,北方区域的中年人自杀却是该区域中较突出的,也是三大区域中占比最高的,其占比超过该区域农村的1/4。

(二)时间的区域差异

农民自杀在时间轴的区域差异分布状况如图1所示。

总体来看,自杀死亡占比除了在1990~1994年有所下降外,其他区间一直都是上升的,2005年以后达到顶峰。但分区域来看,并不是所有区域的发展情况都与总体一致。其中,南方农村

[①] Phillips, Michael R., Xianyun Li, and Yanping Zhang. "Suicide Rates in China, 1995-99," *The Lancet*, 2002, 359 (9309): 835-840.

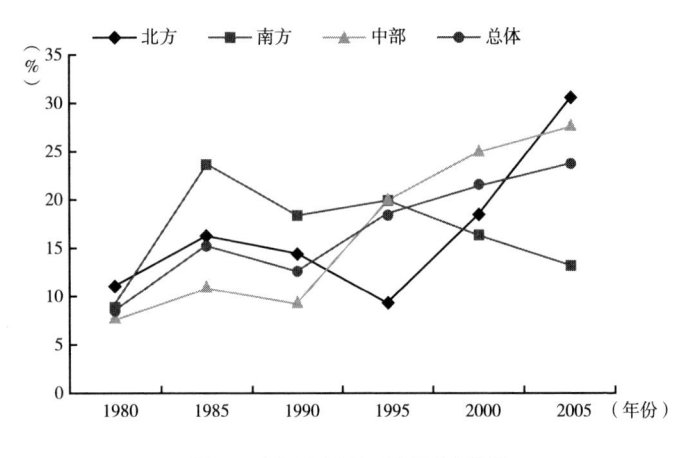

图 1　农民自杀的时间区域差异

注：因为 2010 年后的数据只有 18 个村庄，不做加权处理，因此数据只呈现到 2009 年。

是唯一在 2000 年以后出现自杀死亡占比下降的，北方农村在 1990~1999 年的农民自杀死亡占比是下降的，2000 年以后上升幅度较大。中部农村自杀死亡占比除了 1990~1994 年有过略微下降外，大部分时间都是稳步上升的。

（三）自杀动机类型的区域差异

自杀动机的区域差异与区域内部的村庄社会结构关系最为直接。因此，除了从人口学特征考察和检验农民自杀的区域差异分布外，从自杀动机类型的角度考察和检验区域差异是十分关键的一步。表 2 中反映了分性别的自杀动机类型的区域差异情况，而表 3 则反映了分年龄别的自杀动机类型的区域差异情况。

在总体分布方面，生存困难型自杀占比最多，超过 1/5，其次是摆脱病痛，其占比接近 1/5，紧随其后的是冲动出气、反抗报复和逃避责任，这些类型的占比都在 10% 以上。最后两类占比均在 10% 以下的类型分别为追求爱情和减轻负担所导致的自杀。

表2 农民自杀分性别与自杀动机的区域差异

单位：%

区域	性别	动机							合计
		逃避责任	冲动出气	摆脱病痛	减轻负担	反抗报复	追求爱情	生存困难	
北方	女性	8.3	15.3	13.9	13.9	22.2	12.5	13.9	100.0
	男性	27.5	17.6	15.7	9.8	7.8	7.8	13.7	100.0
	合计	16.3	16.3	14.6	12.2	16.3	10.6	13.8	100.0
南方	女性	6.6	13.8	6.6	5.4	46.7	16.2	4.8	100.0
	男性	22.4	22.4	21.2	11.8	11.8	2.4	8.2	100.0
	合计	11.9	16.7	11.5	7.5	34.9	11.5	6.0	100.0
中部	女性	9.1	24.6	22.3	3.8	5.7	7.2	27.3	100.0
	男性	12.0	12.8	27.6	2.8	1.2	3.2	40.4	100.0
	合计	10.5	18.9	24.9	3.3	3.5	5.3	33.7	100.0
总体	女性	8.2	19.7	15.9	5.8	21.7	10.9	17.9	100.0
	男性	16.3	15.5	24.6	5.7	4.4	3.6	29.8	100.0
	合计	11.7	17.9	19.7	5.7	14.2	7.8	23.1	100.0

表3 农民自杀年龄与动机的区域差异

单位：%

区域	性别	动机							合计
		逃避责任	冲动出气	摆脱病痛	减轻负担	反抗报复	追求爱情	生存困难	
北方	青年	5.4	18.9	13.5	0.0	27.0	35.1	0.0	100.0
	中年	48.5	12.1	18.2	12.1	9.1	0.0	0.0	100.0
	老年	3.8	17.0	13.2	20.8	13.2	0.0	32.1	100.0
	合计	16.3	16.3	14.6	12.2	16.3	10.6	13.8	100.0
南方	青年	11.6	16.3	1.6	0.8	48.1	20.9	0.8	100.0
	中年	42.9	14.3	17.1	0.0	17.1	5.7	2.9	100.0
	老年	0.0	18.2	23.9	20.5	22.7	0.0	14.8	100.0
	合计	11.9	16.7	11.5	7.5	34.9	11.5	6.0	100.0
中部	青年	17.1	43.4	2.6	0.0	7.9	26.3	2.6	100.0
	中年	28.6	21.4	26.2	2.4	8.3	8.3	4.8	100.0
	老年	4.8	13.0	29.4	4.2	1.4	0.0	47.2	100.0
	合计	10.5	18.9	24.9	3.3	3.5	5.3	33.7	100.0
总体	青年	12.4	25.2	3.7	0.4	32.2	24.8	1.2	100.0
	中年	36.2	17.8	22.4	3.9	10.5	5.9	3.3	100.0
	老年	3.8	14.3	26.7	8.9	6.5	0.0	39.8	100.0
	合计	11.7	17.9	19.7	5.7	14.2	7.8	23.1	100.0

同样，从分区域的情况来看，差异十分明显。

唯一分布比较接近和类同的是冲动出气型自杀，这种自杀类型在三大区域分布中差别很小。从我们收集的自杀情境材料来看，这类自杀一般都没有自杀计划，绝大多数都是偶然的冲突特别是家庭成员之间的矛盾冲突而突然冲动所做出的决定。从理论上来说，冲动出气型自杀产生的机制更与个体的心理有关，而与社会结构的关系较弱。正是因此，我们认为，从社会学的视野来看，以横切面论，这种自杀类型本质上并不属于病态的自杀类型，仅仅是，当它在时间轴上发生剧烈变化时，这种变化才可能与宏观或微观的社会结构有关，也才可能成为一种病态的自杀类型。

剩余的六种自杀类型均体现出比较显著的区域差异分布特征。

第一，北方农村各自杀类型的占比分布偏差较小，基本呈现比较均衡的分布状态，而南方农村和中部农村均呈现较大的偏差分布，往往出现向某一种或某几种自杀类型集聚的特征。就南方农村而言，反抗报复型自杀占比是最为突出的，它超过了所有自杀类型在这一区域分布的1/3，尤其是在女性方面，这一自杀类型超过了2/5。而在中部农村，自杀类型主要向生存困难型自杀集聚，所占比例超过1/3。有趣的是，生存困难所需要的生存水平其实是相对的，经济因素虽然会对生存困难所导致的自杀产生一定的影响，但并不是突出因素。理由是，中部农村的经济水平在我们所调查的三大区域的农村中并不是最差的，相反，在江汉平原和洞庭湖平原一带的中部农村，其农业剩余远好于南方农村，甚至也比北方农村略好，但是，因生存困难而带来的自杀死亡却是这一区域农村中非常突出的问题。

第二，逃避责任型自杀，在北方农村的分布中是最突出的，相较之下，南方农村和中部农村都比它低。

第三，摆脱病痛型自杀，在各区域分布中都较多，但中部农村最为突出，比北方农村和南方农村分别高出10.3个百分点和13.4个百分点。一般而言，与冲动出气的分布均衡应该类似的是，病痛在各区域中的分布基本上也是差不多的，各种癌症、心脑血管疾病等慢性病是导致各区域中摆脱病痛而自杀的直接病因，然而，中部地区更突出地产生这一类型表明其背后应该有某种结构性的因素在起作用。

第四，追求爱情型自杀在南方和北方的分布类似，而中部农村则比这两个区域要轻微得多。

第五，总体占比最少的减轻负担型自杀，虽然其总体占比少，但在各区域分布中差异明显，北方农村和南方农村这一类型的自杀的分布较中部农村来说要严重得多。

第六，从性别与年龄别的集聚来看，不同的自杀类型其分布在不同区域亦有比较显著的差异。结合表2和表3，我们会发现，中部农村中，生存困难型自杀和摆脱病痛型自杀均主要集聚在老年人群体。南方农村中，青年妇女群体中集聚了较高比例的反抗报复型自杀，追求爱情不能获得满足所导致的自杀在北方农村和中部农村的青年群体中分布突出。在北方农村中，中年男子的逃避责任型自杀值得关注。

总体而言，从区域的差异来看，南方农村与北方农村特征更为接近，只是，南方农村往往较北方农村的程度更高，自杀类型的分布占比也更突出，但是，中部农村除了在冲动出气这一类型的自杀外，其他大部分自杀类型的分布占比与南方农村基本上呈现相反的两极化的特征。

当然，上述自杀类型的占比分布是在1980~2012年整体的时间区间中的。如果我们从表4的分时间区间进行考察和检验，会进一步发现一些区域差异特征的呈现。

追求爱情型自杀、反抗报复型自杀和减轻负担型自杀，在各大区域的时间区间中，大体上均呈现下降的趋势，且在北方农村和南方农村的下降趋势尤其显著。生存困难型自杀则在各大区域中大体呈现上升趋势，尤其在中部农村中上升趋势非常显著。摆脱病痛型自杀亦在各大区域中有所上升，并在中部农村中上升趋势明显。逃避责任型自杀在南方农村和北方农村中均上升较为明显，在中部农村亦有所上升。冲动出气型自杀则与其横切面分布的差异不显著一样,纵切面来看,在各区域内部大体呈现下降趋势。

表4 农民自杀的时间与动机区域差异

单位:%

区域	年份	动机							合计
		逃避责任	冲动出气	摆脱病痛	减轻负担	反抗报复	追求爱情	生存困难	
北方	1980	23.1	0.0	15.4	15.4	15.4	30.8	0.0	100.0
	1985	21.1	15.8	26.3	5.3	21.1	10.5	0.0	100.0
	1990	0.0	35.3	17.6	0.0	29.4	17.6	0.0	100.0
	1995	45.5	27.3	0.0	27.3	0.0	0.0	0.0	100.0
	2000	18.2	4.5	9.1	4.5	18.2	4.5	40.9	100.0
	2005	11.1	16.7	11.1	22.2	13.9	5.6	19.4	100.0
	2010	0.0	20.0	40.0	0.0	0.0	20.0	20.0	100.0
	合计	16.3	16.3	14.6	12.2	16.3	10.6	13.8	100.0
南方	1980	22.7	22.7	0.0	4.5	36.4	13.6	0.0	100.0
	1985	6.9	17.2	3.4	5.2	48.3	15.5	3.4	100.0
	1990	6.7	20.0	13.3	2.2	31.1	26.7	0.0	100.0
	1995	8.2	22.4	8.2	10.2	46.9	4.1	0.0	100.0
	2000	17.5	2.5	27.5	7.5	20.0	7.5	17.5	100.0
	2005	18.8	18.8	12.5	12.5	18.8	0.0	18.8	100.0
	2010	16.7	0.0	33.3	33.3	16.7	0.0	0.0	100.0
	合计	11.9	16.7	11.5	7.5	34.9	11.5	6.0	100.0
中部	1980	24.3	32.4	8.1	2.7	8.1	18.9	5.4	100.0
	1985	23.1	25.0	21.2	1.9	3.8	13.5	11.5	100.0
	1990	2.2	53.3	17.8	2.2	8.9	8.9	6.7	100.0
	1995	9.2	23.5	22.4	2.0	3.1	2.0	37.8	100.0
	2000	5.0	4.1	31.4	4.1	2.5	2.5	50.4	100.0
	2005	9.7	13.4	27.6	3.0	2.2	2.2	41.8	100.0
	2010	14.8	7.4	33.3	11.1	0.0	3.7	29.6	100.0
	合计	10.5	18.9	24.9	3.3	3.5	5.3	33.7	100.0
总体	1980	23.6	23.6	6.9	5.6	18.1	19.4	2.8	100.0
	1985	15.5	20.2	14.0	3.9	26.4	14.0	6.2	100.0
	1990	3.7	36.4	15.9	1.9	21.5	17.8	2.8	100.0
	1995	11.4	23.4	16.5	6.3	16.5	2.5	23.4	100.0
	2000	9.3	3.8	27.9	4.9	8.2	3.8	42.1	100.0
	2005	11.4	14.9	22.3	7.9	6.9	2.5	34.2	100.0
	2010	13.2	7.9	34.2	13.2	2.6	5.3	23.7	100.0
	合计	11.7	17.9	19.7	5.7	14.2	7.8	23.1	100.0

五 讨论

前述已从数据分布的方面考察和检验了农民自杀的区域差异分布，这种数据考察和检验至少能证明农村区域差异理论在分析农村社会问题上是有效的。我们接下来要讨论的是，建基于村庄社会结构基础上的区域差异在农民自杀特征分布的差异性上是如何塑造出来的，也即是说，我们需要就区域之下的村庄社会结构与农民自杀差异分布的关系做进一步的讨论性检验。

按照迪尔凯姆的病因学分类，每一种自杀类型对应的是一种社会结构的类型，例如，社会整合强度很高的社会对应的是利他型自杀，而社会整合度低的社会对应的是利己型自杀，社会规范强的社会对应的是宿命型自杀，而社会规范低的社会则对应的是失范型自杀。[①] 然而，在缺乏较好的自杀情境材料的情况下，仅依赖统计数据来论证社会结构与自杀类型的这种进路是可以得到尊重的，但这并不表明它符合实际的自杀类型与社会结构之间的关系。事实上，区分社会结构类型后，每一种社会中产生的不可能是一种完全匹配的单一的自杀类型。从经验调查的角度来看，每一类结构的社会中，恰恰有多种自杀类型同时并存，我们考察和讨论的重点应该是这些并存的自杀类型中哪一类或哪几类是特别聚焦和突出的。

在《论中国农村的区域差异——村庄社会结构的视角》一文中，我们曾指出，用于划分村庄社会结构类型的最核心的变量是血缘组织强度、地方规范强度、商品化程度、个人选择空间四个维度。[②] 对于自杀而言，这些结构性指标与自杀类型之间同样并非一一对应的

[①] 迪尔凯姆：《自杀论》，冯韵云译，商务印书馆，1996。
[②] 贺雪峰：《论中国农村的区域差异——村庄社会结构的视角》，《开放时代》2012年第10期，第108~129页。

关系,从科学主义的逻辑来说,我们似乎应该探索出——对应和指标之间与自杀类型之间的某种排斥关系,然而,事实上,从实践的逻辑来看,根据自杀的经验材料,我们发现,每一种自杀类型虽然有其相对应的最主要的结构性指标影响着,但并不是均匀分布的。所以,从村庄社会结构角度看,每一种区域类型下的村庄里,几乎都可以找到所有的自杀类型。迪尔凯姆的学术继承者之一哈布瓦赫曾试图将这些分析的指标整合起来用以分析问题时能够具备科学主义上的统一性,因此,他将社会整合与社会规范统一糅合进一个新的指标——社会疏离程度(degree of social isolation)之下,来分析社会结构与自杀类型的关系,因为他发现,西方社会中城市自杀率比农村自杀率高的问题无法从既有概念来解释,当社会疏离程度越高时,如城市,其自杀率越高,而当社会疏离程度越低时,其自杀率也越低,如农村。[①] 然而,这种做法从某种意义上不仅未能克服迪尔凯姆可能存在的缺陷,相反,会在更大程度上将实践问题简约化了。正是在对这种学术传统的反思下,我们认为,上述四个指标——血缘组织、地方规范、商品化与个人选择空间会同时在某一村庄社会结构中发生作用,只是各自的强弱可能会有所不同而已。

就南方农村而言,其血缘组织的整合强度大,其地方规范也很强,个人选择空间较小,商品化程度适中。[②]

自杀本质上是社会行动的一种特殊类型,作为行动的一种,它不可能悬空于一个结构之外的任何时空。当然,当我们谈及时空的时候,本质上就已经无法摆脱结构的硬约束了。作为行动,一方面,其发生会有行动者这一能动主体及与之相关的能动者的作用才

[①] Anthony, Giddens. *The Sociology of Suicide*, Cass, 1971: 28 – 35.
[②] 贺雪峰:《论中国农村的区域差异——村庄社会结构的视角》,《开放时代》2012年第10期,第122页。

会有可能，而其发生到底仅是一种意外，还是能够成为一种模式化的类型，就有赖于行动的合法性了。前者主要作用的机理在能动者与能动者的整合层面，后者则在地方规范层面，个人选择空间的大小则决定了行动者抉择的自由程度，这种自由程度最终要受到整合与规范的共同制约。在南方农村，血缘组织强，就会表现为血缘成员之间的黏合程度强，血缘成员之间是强关系，这会使得血缘成员在做出自己的行动选择时会更多考虑对血缘成员的影响，因为黏合程度强，行动者的这种考虑会是无意识的自主行为。

南方农村的农民，在遭遇系列生存与生活困境时，如何面对和处理这些困境，就会在动机上分出明显聚焦的类型，这种行动的模式化反映实质上就是结构的作用，因为黏合程度强，由此产生的是，在做抉择时，会更多替对方考虑，但也同时会对对方寄予更多期望。前者容易出现减轻负担型自杀的出现，也因此，这一类型在南方农村里的分布是三大区域中最为突出的；后者则容易出现反抗报复型自杀，这是更多期望和期望不能得到满足之间的张力所带来的结果之一。而无论是减轻负担的动机还是反抗报复的动机，都与地方规范强有关，这种较强的地方规范将这些自杀动机合理化和合法化了，并最终越来越向某一端聚焦，从而形成模式化的类型。个人选择空间的狭小无疑强化了把这些动机导向实际行动的可能。正是这种机理的作用，生活在这一区域中的人们，在同样遭遇病痛时，他们在选择是否自杀以摆脱病痛的动机考量上，就会有更多的约束，如果不是主动做出减轻家庭成员负担的考虑，他们就需要避免自己因为摆脱病痛而做出的自杀被人看成是反抗报复家庭成员的自杀，所以，同样是疾病，在导致农民自杀的区域分布上，南方农村中的摆脱病痛型自杀是占比分布最低的。有趣的是，在中国农村，因为传统文化的影响，血缘和规范都强的地方，往往就是宗族社会的结构形态，父权制或男权强大是这种结构背后的实际形态，也因此，父母在子女婚姻问题上发言权较大，并在干预子女婚姻甚至包办子女婚姻上更为突出，一些追求美满爱情和追求爱情自由的青年男女在这种结构中更容易出现悲剧性的结果，这在青年女性群体中尤其突出。反过来，我们也会看到，在这种村庄社会结构为基础的区域类型中，青年、女性容易成为自杀的高发群体，相应地，作为与这一结构相匹配的强势一方，老年、男性的自杀较之其他区域来说就要轻微得多。

北方农村，血缘组织和地方规范虽不如南方农村那么强，但比中部农村则要强多了，其个人选择空间亦较小，商品化程度较低。[①] 如果我们将这些指标赋予 1~10 的分值的话，南方农村为 8~10 分，北方农村为 4~7 分，中部农村为 1~3 分。当然，这只是为了我们便于理解这些指标在不同区域农村中的大体强度和位置，实践中的差异很难做到如此量化、标准化和科学化。同上述逻辑，北方农村农民自杀的动机占比分布情况与南方农村接近，但比南方农村要略微弱一些，因此，减轻负担、反抗报复、追求爱情和摆脱病痛等自杀占比均与南方农村相似，但比例确实不如南方农村那么突出。一个突出的情况是，可能在血缘强度适中这一因素的作用下，在核心家庭之外，北方农村没有像南方农村那样形成强宗大族的结构，而更多地表现为五服内为主进行黏结的小亲族结构，其更像是家族，而非宗族。这种既有扁平化特征又有团结化特征的结构使得村庄内部的家族之间竞争非常激烈，无论是村庄政治的选举类政治竞争还是诸如建房消费等社会类竞争，都非常激烈，而感受竞争最激烈的主要是村庄当中的中年群体。由于村庄商品化程度较低，村庄仍是中年人生活的主要生活世界，他们的意义世界需要依托村庄来完成，加上他们的个人选择空间较小，巨大的竞争压力无法向外转移，最终在自杀行动上就表现

---

① 贺雪峰：《论中国农村的区域差异——村庄社会结构的视角》，《开放时代》2012 年第 10 期，第 122 页。

为逃避责任型自杀,也正因此,逃避责任型自杀在这一区域农村中分布最多。

在中部农村,血缘组织弱,地方规范不强,个人选择空间大,商品化程度也很高,使得同样的直接来自生活中的困境,在这一农村区域中却出现了与南方农村截然不同的选择应对方式,也与北方农村有着明显差异。正因为血缘组织弱,作为行动主体的能动者与能动者之间的黏合程度也很低,互相替对方的考虑就比较少,又因为地方规范弱,个体所做出的行动选择就具有弱规范下的合理性和合法性,个人选择空间大则加剧了行动者在做出决定时的自由度,最终的行动抉择的指向,其动机更多是面对行动者自己。商品化程度高,也使得中部农村人的意义世界主要不再依托村庄来完成,他们的目光都向着乡村以外的都市,因此,村庄内部很难对他们的行为构成压力,也缺乏必要的舆论约束。所以,其结果是,类似于生存困难这种自杀类型就在这一区域大行其道。同样,对于病痛,人们不会考虑自己摆脱病痛而自杀后会给血缘组织内部的成员尤其是最直接的家庭成员带来什么非议,所以,他们会更加自由地选择应对疾病的方式,因此,摆脱病痛型的自杀在这一区域来说也是更为突出的。相反,类似于减轻负担、反抗报复和追求爱情一类的自杀类型则在这一区域较少,逃避责任型自杀也不如南方农村和北方农村那样多。

从时间轴上来看,村庄社会结构的松动是往中部农村方向发展的,实际上也是农村社会结构迈向现代化的一个过程。原有社会结构不断解组,血缘联结越来越弱,地方性规范逐渐为国家规范所取代,例如民间法逐渐式微,国家法逐渐主导[①],个人选择空间越来越大,商品化程度越来越高。整个社会逐渐向都市化、市场化、世

---

① 刘燕舞:《国家法、民间法与农民自杀——基于一个地域个案农民自杀现象的分析》,《云南大学学报》(法学版) 2010年第5期,第108~113页。

俗化、工业化等诸多现代化特征的指标转换。而这些新的社会结构中的新的指标系统会越来越形塑着村庄内部自杀类型的发展和转换。从这一点来说,西方自杀社会学家认为,晚近以来的自杀研究也主要是在这些维度的宏观观照下而逐渐展开的[1]。因此,诸如前述表4中的反抗报复型自杀、减轻负担型自杀、追求爱情型自杀这些带有传统色彩的自杀类型会逐渐减少,生存困难型自杀、摆脱病痛型自杀和逃避责任型自杀等带有现代色彩的自杀类型会逐渐增多,而可能更多地与心理因素有关的冲动出气型自杀则仍然保持在一定的水平上,变动不大。在年龄与性别分布群体上,随着整个社会结构的逐步现代化,自杀会往市场中更为弱势的群体如老年群体转移,而性别差异则在现代语境下会不断缩小。

至此,本文基本完成了对文章开篇所提出的问题的答复。但我们还愿意就此做些扩展性讨论。

从农民自杀存在区域差异的基本特征以及其区域差异形成的机理来看,我们认为,一方面,本文不仅仅是完成了对"农村区域差异"这一中层理论的检验,也不仅仅是完成了对农民自杀的区域差异的研究,一个更值得我们今后关注的是,"农村区域差异"理论不仅可以成为分析各种自上而下的农村政策在农村实践的机制及其后果的差异的框架,还可以拓展地理解政策实践以外的一般化意义上的农村社会问题乃至一般化的农村社会现象。例如,农村人情的区域差异问题,农村面子观念的区域差异问题,农村家庭结构的区域差异问题,农村代际关系及其变动的区域差异问题,农村生育观念与男孩偏好的区域差异问题,等等。如此一来,"农村区域

---

[1] Stack, Steven. "Suicide: A 15 - year Review of the Sociological Literature Part I: Cultural and Economic Factors," *Suicide and Life-threatening Behavior*, 2000, 30 (2): 145 - 162; Stack, Steven. "Suicide: A 15 - year Review of the Sociological Literature Part II: Modernization and Social Integration Perspectives," *Suicide and Life-threatening Behavior*, 2000, 30 (2), 163 - 176.

差异"理论的应用范围将大为拓展。另一方面,"农村区域差异"将不仅仅是一种理论,同时,它还是一种农村研究的方法论。例如,如果我们继续做自杀研究,作为方法论的"农村区域差异"理论可以指导我们更好地抽样,这种抽样方式无论是对定性研究来说,还是对定量研究而言,都将更具有实践性。说其更具有实践性,而不是代表性,是因为我们更愿意强调它更能接近所要研究的社会实践的真实。

从今后中国农村自杀问题的干预工作来看,"农村区域差异"理论有助于我们实施分区域治理的干预工作方法。从我们前述研究所呈现的结果来看,当下以及今后中国农村的自杀问题并不是整体性和一致性的,而是有同有异。同的方向当然是各区域农民自杀的特征分布均越来越像中部农村。异的方面则表明,南方农村极其严重的青年妇女自杀问题已经退潮,未来工作方向将是如何提前预防南方农村老年人的自杀问题。北方农村,中年人的自杀预防干预工作将是要重点应对的群体,此外,越来越严重的老年人自杀需要更为积极地干预。中部农村,当下及不久的将来,仍将面临极其严重的老年人自杀问题,这将是中部农村当下最需要实施干预工作的群体。

撰稿:刘燕舞

区域差异视角下的中国农村光棍研究

当前，中国社会正经历着前所未有的光棍危机，严重的性别结构失衡引起了学界、政策界以及全社会的高度关注。国务院发布的《人口发展"十一五"和 2020 年规划》① 数据显示，预计到 2020 年 20~45 岁男性将比女性多 3000 万人左右。李树茁等学者研究发现：我国从 2000 年以后出现严重的男性婚姻挤压，2013 年之后中国每年男性过剩人口在 10% 以上，2015~2045 年达到 15% 以上，平均每年大约有 120 万男性在婚姻市场上找不到初婚对象。②

学术界一般将随着年龄增长而迟迟没有解决婚姻问题的男女性称为大龄未婚青年。在农村，这一群体被称为光棍，农民认为如果男性 30 岁未婚，光棍一生多成定局。刘爽等人在研究中将 30~44 岁界定为"大龄未婚"群体，根据六普数据粗略统计，2010 年全国"大龄未婚"人口有 1500 多万人，其中男性占到了 1100 多万，而在城乡分布上，城市"大龄未婚"有 560 多万人，城镇人口有 210 多万，乡村接近 780 万人③，其内部构成如表 1 所示。

人口性别结构失衡带来的男性婚姻挤压问题越来越凸显，农村男性面临更大的光棍危机，娶妻难成为困扰农民的头号难题。这一问题不仅关系到农民的切身利益以及社会的公平正义，还关系到公

---

① 参见 http://guoqing.china.com.cn/gbbg/2011-10/27/content_23739364.htm。
② 李树茁、姜全保、伊莎贝尔·阿塔尼、费尔德曼：《中国的男孩偏好和婚姻挤压——初婚与再婚市场的综合分析》，《人口与经济》2006 年第 4 期，第 1~8 页。
③ 刘爽、蔡圣晗：《谁被"剩"下了？——对我国"大龄未婚"问题的再思考》，《青年研究》2015 年第 4 期，第 76~84、96 页。

表1 2010年全国城乡"大龄未婚"人口的内部构成

单位：%

年龄组	城市		镇		乡村		合计	
	年龄构成	性别比	年龄构成	性别比	年龄构成	性别比	年龄构成	性别比
30~34岁	60.1	182.6	53.7	238.6	45.4	320.9	51.9	239.2
35~39岁	26.5	203.4	28.6	358.2	31.6	640.0	29.3	375.5
40~44岁	13.4	230.6	17.7	508.3	23.0	1091.7	18.8	561.8
合计	100.0	193.7	100.0	299.7	100.0	488.7	100.0	311.4

资料来源：刘爽、蔡圣晗《谁被"剩"下了？——对我国"大龄未婚"问题的再思考》，《青年研究》2015年第4期，第76~84、96页。

共安全。谁将被"剩"下，以及正在形成中的光棍大军将给社会治理带来怎样的挑战，都成为中国发展中需要被正视的难题。本研究立足于当下中国农村男性婚配困难的基本现实，通过笔者及所在的团队多年来在农村的广泛调研和人口统计数据，从农村区域差异的视角出发，着重探讨在地域辽阔的农村社会中光棍的生产机制以及他们的社会生活。

一 既有理论研究

学界对于当前中国光棍现象的形成存在两种解释路径。

第一种是人口性别结构失衡的视角，如李树茁等[①]学者长期关注的在计划生育政策背景下中国强烈的男孩偏好、对女性的歧视等导致的80年代以来出生人口性别比失调不断加剧，为当下的人口性别结构扭曲、男性婚姻挤压埋下了伏笔，毫无疑问，女性稀缺是

---

① 李树茁、果臻：《当代中国人口性别结构的演变》，《中国人口科学》2013年第2期，第1~20、126页；李树茁、姜全保、伊莎贝尔·阿塔尼、费尔德曼：《中国的男孩偏好和婚姻挤压——初婚与再婚市场的综合分析》，《人口与经济》2006年第4期，第1~8页。

当前光棍产生的根本性原因；除此之外，从空间的视角来看，女性从贫困地区到发达地区、从农村到城市的流动，进一步加剧了农村地区男女性别结构的失衡①。

第二种解释路径则关注更加微观层面的原因，如刘燕舞通过对光棍本身的特征考察，归纳出农村光棍的成因主要有四种：历史塑造、身心缺陷、缘分宿命、经济贫困②。他认为当前农村光棍的主要成因是经济贫困，即在农村婚姻圈的持续扩大造成婚姻资源的不对称性流动以及出生人口性别比长时期严重失调的双重挤压下，婚姻高消费导致经济贫困型光棍形成。桂华和余练以农村人口流动中婚姻市场形成与婚姻资源配置的结构性失衡为背景，阐述了彩礼的性质，从女性婚姻市场要价的可欲性、可能性与基础性，论述了男性婚姻负担的表现形态及社会后果。③

这两种解释视角在阐释光棍的成因方面都具有相当大的解释力度，但是不足的是，从宏观视角到微观视角中，中间缺乏逻辑上的过渡和勾连，结果是要么解释过于抽象宏大，要么过于具体细小，无法在中观层面上解释光棍形成的机制，从而忽视了其他很多影响光棍的形成的基本要素。华中村治研究团队非常关注农村光棍群体，通过对全国不同区域光棍调查的对比，发现农村光棍的形成机制存在一定差别。从总体上来看，出生人口性别比失衡是造成光棍大军的基本因素，但是并不意味着性别比失衡在全国的分布是均质的，也就是说，这一解释无法回应为何有的地方光棍多、有的地方光棍少的问题。而当前需要进一步研究的是在人口性别比失衡不均

---

① 贺雪峰：《农村"光棍"问题需引起重视》，《决策》2014年第10期，第15页；石人炳：《青年人口迁出对农村婚姻的影响》，《人口学刊》2006年第1期，第32~36页。
② 刘燕舞：《农村光棍的类型研究——一种人口社会学的分析》，《中国农业大学学报》（社会科学版）2011年第3期，第160~169页。
③ 桂华、余练：《婚姻市场要价：理解农村婚姻交换现象的一个框架》，《青年研究》2010年第3期，第24~36、94~95页。

质的情况下，各地光棍的形成机制。

同样，经济变量被认为是解释光棍成因的核心变量，的确，在女性资源稀缺的状况下，各地的婚姻消费都在不断升高，农民家庭的贫困往往带来子代的婚配难题。但是经济决定论的解释又过于笼统，同样无法说明为何在家庭资源有限的情况下，有的能够顺利成婚，而有的沦为光棍。经济决定论容易忽视农民家庭内部的责任伦理，忽视了家庭在应对贫困问题时所发挥的主观能动性，即为了阻断贫困的代际传递，父代通过自我剥削的形式将资源集中输送给子代，帮助其走出困境。

贺雪峰认为中国农村社会结构具有明显的区域差异，从村庄社会结构的视角看，中国农村可以分为南方、中部和北方三大区域，其中南方地区多团结型村庄，北方农村多分裂型村庄，中部地区多分散的原子化村庄。区域村庄结构的差异不仅是现代性冲击程度不同和方式不同的结果，还与生态环境、村庄历史高度相关。① 作为中层理论的农村区域差异，既不是对农村社会现象的罗列，也不是脱离农村经验事实的抽象认识，而是在综合社会现象之后获得的基于中国农村普遍性质的认识。② 而在此影响下，龚为纲利用人口数据从生育意愿和生育行为两个层面对男孩偏好的区域差异进行归纳与论证，其所得出的生男偏好的区域差异与贺雪峰划分的农村三大区域相互暗合。

中国农村区域差异是基于村庄社会结构的划分，而在不同的村庄社会结构下面，农民的认同和行动单位不同，代际关系、代内关系以及分家模式等方面都存在诸多差异，而这些又和农民的婚姻模式息息相关。陶自祥提出了"代内剥削"概念作为分析和探讨光棍产生机制的工具。他发现，在多兄弟的家庭中，长子囿于"长

---

① 贺雪峰：《论中国农村的区域差异——村庄社会结构的视角》，《开放时代》2012年第10期，第108～129页。
② 桂华、贺雪峰：《再论中国农村区域差异——一个农村研究的中层理论建构》，《开放时代》2013年第4期，第157～171页。

兄如父"责任伦理限制,没有机会外出务工获得经济资源和女性资源而沦为光棍。他认为,在低度代际责任的情况下,能否有机会外出获取婚姻机会,对于农村的未婚男子能否成婚非常重要。① 李艳等学者发现受习俗文化影响的分家制度对男性失婚也有影响,农村多子家庭中排行靠后的儿子在婚姻机会以及发展方面更容易持续地被剥夺。② 邢成举通过区域比较,从生育观念、文化规范等村庄性质层面,对两个区域村庄的个案光棍成因进行归纳性解释,对于光棍的生产机制具有较大的启发意义。③

光棍的社会生活同样是本文关注的重点,在以往的研究和人们的印象中,光棍总是以弱者、"可怜人"的形象出现的:社会地位低下,处于村落社区的末端,在家庭内部、人情交往、公共生活和政治参与四个层面均被排斥在村落社区之外,是多重边缘人④。除此之外,光棍也常常与公共安全联系在一起,如美国学者瓦莱丽·M. 赫德森等人在《光棍危机:亚洲男性人口过剩的安全启示》中指出:从历史上看,男性对女性的高比例往往是国内和国际暴力的触发因素,多数暴力犯罪是由缺乏稳定社会关系的年轻未婚男性实施的。以19世纪中叶起于江淮之地的捻军为例,当时就是出现了严重的性别比失调,捻军高峰期由10万以上的光棍组成,产生了大规模的对当时政治、社会、经济秩序形成挑战的光棍群体。⑤ 王跃生根据历史档案,对18世纪的晚婚男性

---

① 陶自祥:《代内剥削:农村光棍现象的一个分析框架——基于渝北S村长子打光棍的调查》,《青年研究》2011年第5期,第31~38、95页。
② 李艳、李卫东、李树茁:《分家、代内剥夺与农村男性的失婚》,《青年研究》2014年第3期,第65~73页。
③ 邢成举:《男性光棍构成差异的地域性解释——基于凤城和新县两个村庄的比较分析》,《青年研究》2011年第1期,第72~77、96页。
④ 余练:《多重边缘者:基于对D村光棍群体社会地位的考察》,《南方人口》2011年第6期,第8~15页。
⑤ 〔美〕瓦莱丽·M. 赫德森、〔英〕安德莉亚·M. 邓波尔:《光棍危机:亚洲男性人口过剩的安全启示》,邱彰译,中央编译出版社,2016年。

进行分析，晚婚男性主要集中在贫穷家庭出身者中，经济困窘是婚姻失时的根本原因，而男性晚婚者的大量存在在一定程度上构成对正常婚姻秩序的冲击，使男女在婚姻之外的两性关系禁闭难以形成，至少使严厉的男女"大防"松弛下来，对传统道德的维系产生了冲击和威胁作用。① 刘燕舞以当下农村光棍为对象，从越轨、一般的违法、犯罪和自杀四个层面着重考察了光棍的社会风险问题与治理难题。② 但是在谢小芹看来，随着差序格局的理性化和村落社区的解体，在现代村庄社区中，光棍仅仅是一个未婚的身份群体，并不具有强烈的文化含义，他们同样可以生活得很潇洒，进行正常的社会交往。③ 光棍的形象是存在很大差异的，并且在不同地区，由不同文化规范所形塑的村庄社会结构产生的光棍对自我的认知、社区对光棍的认知以及光棍的社会生活也有很大的不同。

在文章脉络上，本文主要从四个方面展开对光棍的论述：当前光棍危机的产生从本质上讲是 80 年代后出生人口性别结构急剧转型所遗留下来的问题，在不同区域，生育观念不同，出生人口性别比呈现区域差异，从而导致不同区域所面临的光棍危机程度存在差异；在此基础上，经济变量成为影响光棍成因的主要变量，而不同区域的农村家庭在应对娶妻成本时，家庭内组织资源的方式存在较大差异，导致这些差异的核心要素是受村庄社会结构所影响的代际关系、代内关系、分家模式、对招赘婚姻的看法等变量；与此同时，不同区域由于村庄社会结构不同，对待光棍的态度和看法、光棍的自我评价和认知是不同的，因此，本文第四部分重点考察了不

---

① 王跃生：《十八世纪后期中国男性晚婚及不婚群体的考察》，《中国社会经济史研究》2001 年第 2 期，第 16～29 页。
② 刘燕舞：《婚姻中的贱农主义与城市拜物教——从农村光棍的社会风险谈起》，《社会建设》2015 年第 6 期，第 53～69 页。
③ 谢小芹：《"主位"视角下光棍社会地位的再研究——基于江汉平原的经验调查》，《南方人口》2013 年第 5 期，第 10～20 页。

同区域光棍社会生活的差异；光棍的区域差异研究更多呈现的是基于经验基础所归纳概括出的理想类型，当前农村正发生着巨变，全国性婚姻市场形成后，女性在婚姻市场上的主导地位以及女性资源的梯度转移对于不同区域光棍危机的形成有着较大影响，基于区域差异基础上的光棍成因及社会生活也有了更多变动性的特征。光棍问题不纯粹是一个人口问题、经济问题或社会问题，而是多种问题的综合，对于光棍的认识需要有更多的视角。

二 出生人口性别比、生育文化的区域差异

传统中国一直存在普遍的男孩偏好，80年代后期随着计划生育政策执行力度的加大，越来越多的"两非"行为（非医学需要的胎儿性别鉴定、非医学需要的人工终止妊娠）进一步将人口出生性别比推向高点（见图1）。然而，在光棍研究这一话题上面，总体上的出生人口性别比往往容易掩盖区域性的差异，从而对光棍这一问题产生误判，因为性别比失衡的分布并不是均质的。

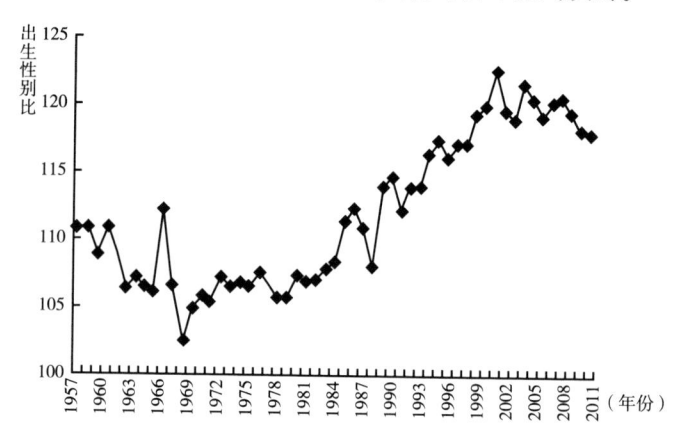

图1 1957~2011年中国出生人口性别比变化

资料来源：王钦池《出生人口性别比周期性波动研究——兼论中国出生人口性别比的变化趋势》，《人口学刊》2012年第3期，第3~11页。

龚为纲研究发现,有些区域男孩偏好会随着社会变迁而弱化,而有些区域可能仍然保持比较强的男孩偏好。从传宗接代的观念来看,在中部长江流域和东北,传宗接代观念已经弱化,"生男生女都一样"成为这些区域生育观念的主导;而在华南,男孩偏好和传宗接代观念依然很强。从男孩偏好程度来看,华南＞中原＞冀鲁、东北、中部。①

男孩偏好程度的区域差异与贺雪峰提出的中国农村三大区域类型差异基本吻合,而在贺雪峰的研究中,不同区域村庄的差异归根到底是村庄性质的不同,他将村庄结构分为宗族地区的团结型村庄,华北小亲族地区的分裂型村庄,以及中部长江流域的分散型村庄。不同村庄类型的生育观念存在差异,导致出生性别比差异,纯女户分布也呈现区域差异。这决定了不同区域男性所面临的婚配难度是有差异的,而女性资源的递度转移实现的前提就是出生性别比失衡的非均质性。

在华南宗族型村庄,传宗接代对农民有着宗教般的意义,对男孩的价值性追求超过了理性的经济算计。我们在华南农村调研时发现,八九十年代出生的人一般至少都是兄弟姐妹四五个,而这一状况在华北农村80年代以前比较普遍。国家计生政策在遭遇宗族团结型村庄结构时,很难执行彻底,不仅无法获得准确的基础数据,而且过分严厉的政策还能造成民间社会的强烈反抗。我们在江西赣南地区调查时就发现,因为乡镇干部在做计生工作过程中方式不恰当,造成了整村村民围攻镇政府,致使计生人员多年不敢进入村庄搞计生工作,计生政策执行就从不能超生演变成为上环、结扎、罚款三项指标考核,也就是在搞计生工作的时候,村干部让那些生了较多儿子的农民去上环、结扎,依次排序,完成当年指标即可。而

---

① 龚为纲:《男孩偏好的区域差异与中国农村生育转变》,《中国人口科学》2013年第1期。

让纯女户去结扎，被认为是非常残忍的事情。因此，村庄内黑户、瞒报人口很多，一个账面仅有4000人的村庄，瞒报数量竟然能够达到上千人，直到2014年计划生育政策与户籍政策脱钩时，这1000多人才排队上户口，赣南农民现在的理想生育数量还是两男一女。

华北农村也有着很强的生男偏好，传宗接代对于农民来讲，不仅具有宗教般的价值，而且在村庄场域中还有很多功能性的意义。华北农村由于血缘关系受到地缘关系的切割，五服范围内的家族关系凸显，家族之间高度竞争，形成的派性结构造成了村庄分裂型的状态。[①] 农民生儿子在壮大家族势力、参与派性竞争方面有着非常重大的意义。然而，各个门派在斗争过程中时常援引国家力量，带来的后果是虽然农民的生育观念很强，但是国家的计生政策执行比华南宗族地区要相对顺畅，80年代后生育转型相对明显，生育数量虽然降低，但是"两非"现象突出，造成出生人口性别比失衡严重。

而长江流域的中部原子化村庄，农民多多少少会有一些生男偏好，但并非一定要生出儿子，传宗接代的观念比较弱，因此，在八九十年代计生政策严格的时候，大多数家庭就只生育一个了，纯女户也相对多一些。在三个区域不同的生育观念的影响下，人口出生性别比也出现了区域差异，这种差异也影响着这些地区男性婚配的压力程度。

三 代际关系、代内关系与光棍形成的区域差异

随着婚姻市场上男女性别比失衡的加剧，经济因素成为影响男性婚姻的主要变量。正如刘燕舞的研究发现，因特殊的历史原因而形成的历史塑造型光棍已在20世纪80年代以前成为历史，身心缺

---

① 桂华、贺雪峰：《再论中国农村区域差异——一个农村研究的中层理论建构》，《开放时代》2013年第4期，第157~171页。

陷型光棍与缘分宿命型光棍则在任一村落的历次年代变化中都基本符合人口学的正常分布规律，但是因经济困难而形成的经济贫困型光棍则自20世纪90年代中后期以来逐渐走高，并且成为几种类型中占比高达60%的主要类型的光棍群体。[①] 近年来，从南到北，各地婚姻消费不断攀升，高额彩礼、酒席花费、住房和买车开支等成为男女婚嫁中的硬杠杆。能否支付高额的婚姻消费成为男性是否能够顺利结婚的关键因素，在不同区域类型的村庄，由于村庄社会结构存在差异，子代为婚姻所获取的支持也存在较大差异。下面，笔者从代际关系、代内关系、婚姻彩礼流向以及对招赘婚姻的看法等变量，探讨光棍生成与社会支持之间的关联。

（一）华南宗族型地区

华南地区多单姓的宗族村落，聚族而居，村庄历史比较悠久。尽管在近代国家政权建设过程中，传统的宗族势力不断被削弱，但是村庄依然保留有较强的规范，改革开放后，宗族势力得到了新的生长。宗族村庄最大的特征是厚重的绵延感，即每个个体都是其姓氏脉络中的一环，深深地嵌入自己的家族结构中，不仅能够向上追溯很多代祖先，同时肩负着血脉延续的使命。

在宗族地区的家庭内部，代际关系概括起来就是厚重平衡，即父代会在抚育子代、帮助子代成婚等事情上力所能及地提供支持，反过来子代也会尽到对父代的赡养责任，代际之间的责任和义务相对比较均衡，并不存在严重的剥削关系。在子代的婚姻问题方面，父母虽然也非常操心，但是不会像华北农村父母那样，从儿子很小的时候就开始给他们积攒以后建房、娶媳妇的钱。正如李永萍的研究，父代对于传宗接代更多的是一种自然而然的期待，是一种

---

① 刘燕舞：《农村光棍的类型研究——一种人口社会学的分析》，《中国农业大学学报》（社会科学版）2011年第3期，第160~169页。

本体性和价值性的需求,这种需求并不一定会转化成为像华北那样不断自我剥削而为儿子娶媳妇的动力。①

案例1 广西富川县S村,JXJ已经60岁,有三个儿子。大儿子(38岁)和三儿子(32岁左右)至今未婚。据了解,JXJ在农忙之余经常会去村里的小卖部打牌,村民说从他平常的行动来看,看不出他因为有两个儿子没有结婚而着急。JXJ讲:"(儿子没结婚)肯定着急啊,但做父母的着急也没用啊,又不是买东西,难道我去买一个回来?着急也没用,生活还是要一样过啊!"②

在宗族地区,兄弟之间有着较强的责任伦理,由于传统宗族地区家庭内的子女数量往往较多,容易出现老父少子的家庭格局,长兄需要协助父亲做好家庭管理。在资源分配方面,长子能优先享受到家庭的资源,尤其是在婚姻问题上,两代人共同努力帮助长子结婚,长子结婚之后需要承担起帮助弟弟结婚的责任。父代的经济能力随着时间的推移不断弱化,长兄如父的角色就凸显出来。因此,在宗族村庄比较传统理想的分家模式是一次性分家,即最小的儿子结婚之后,父代将家庭资源、债务等均分给各个儿子,从此退出当家人的位置。

在宗族地区的多子家庭中,男性完成婚姻主要依靠家庭的支持,如果家庭经济情况一般,在父代所能提供的代际支持有限的情况下,长子能够优先获得家庭资源支持率先完成婚配,越小的儿子会因为父代经济能力的削弱以及已婚兄长家庭经济理性的膨胀而遭

---

① 李永萍:《渐衰与持守:宗族性村庄光棍的生成机制——基于广西F县S村40例光棍的研究》,《中国青年研究》2015年第5期,第59~65页。
② 案例来源于团队成员李永萍等在广西的调查。

遇婚姻困境。尤其是在男女性别结构失衡、婚姻消费不断攀升的背景下，家庭中年龄较小的儿子更容易沦为光棍。

案例2 广东英德H村，PZY，34岁，兄弟六人，排老六。大哥45岁，有两儿两女；二哥42岁，两个儿子；三哥40岁，未婚，在广州打工；四哥38岁，未婚，在广州打工；五哥36岁，未婚，在广州打工；PZY有两个儿子。大哥、二哥结婚的时候，彩礼都是5000元，都是父母和几兄弟一起赚的，到了三哥该结婚的时候，父亲身体不好，"那些年大嫂和父母不和，经常吵架，父亲一气之下把大哥家分了出去。家里没钱，三哥也老实，结婚的年龄就耽误过去了，四哥、五哥差不多也是这样"。PZY因为比较聪明、能说会道一些，在外打工时认识了现在的媳妇，没有要彩礼。现在，他们六兄弟分为两家：大哥是一家，剩下的几兄弟和父母是一家，PZY原本结婚后在外打工，但是考虑到父亲身体不好、自己的小孩又小，他就回来当家。PZY认为："如果当初家里不分家的话，到现在可能都不会分家，现在大家都外出打工了，一年都见不到几次，虽然说分家了，但是兄弟感情没有分。"在粤北宗族村庄调查时，像PZY这种家庭模式，比较普遍。

宗族村落是以父系血缘为基础，不仅具有较强的认祖归宗、子代绵延的观念，同时对于村落范围内的山林、田地、水源等具有较强的祖业观念。这种观念对于异姓男性是排斥的，并且形成了一种强的文化规范。因此，宗族村落对上门女婿非常排斥，不仅极力反对自家男丁做上门女婿，也在一定程度上排斥来到本村的上门女婿。江西赣南地区将上门女婿称为"撑门棍"，是一种带有侮辱性的称谓，上门女婿在村庄中做人也似乎是"低人一等"，而在当前婚姻形势紧张的状况下，宗族地区这种文化使得原本可以作为解决男性光棍危机的替代选择也变得非常渺茫。有限的代际支持、不断弱化的代内伦理，以及对上门女婿的排斥，都使得宗族地区家庭条件相对困难的多子家庭更容易遭遇光棍危机。

（二）华北小亲族地区

与宗族村庄相比，华北小亲族地区的农村则呈现更多断裂性的特征。一方面，村庄相对封闭，具有较强的社会文化规范，另一方面，由于距离国家权力中心较近，并且受近代战争、移民等因素影响，国家政权建设在形塑村庄社会结构方面发挥了比较大的作用。华北地区农村最大的特征就是，农民在血缘认同方面，一旦超过了五服，关系就相对疏远，村庄内形成了互不隶属的门派，河南很多地方称为"门子"或"门头"，关中地方称为"户族"。门子与门子之间、户族与户族之间往往容易形成一种竞争型的关系，比如在家族势力以及村庄政治权力中展开竞争。因此，在华北农村，生男偏好不仅具有传宗接代的价值性意义，还具有很多功能性的考量。改革开放后，华北农村内的竞争也在更多层面上展开：房子建得如何，有没有汽车，儿子发展得怎么样……这种竞争性氛围，让农民不再是为生活而生活，而是为了在村庄中争一口气而活。"亲戚害怕亲戚穷，一家害怕一家有"是豫西农民的经典话语，很生动地描绘出农民对待五服内外的两种复杂心态。农民一方面担心五服内的穷亲戚给自己带来烦恼，另一方面也担心别的门子比自己门子势力大、过得富有。

华北农村的代际关系从总体上讲是一种剥削型关系。由于处于竞争性的结构中，父母带有很强的焦虑感。首先最焦虑的是有没有儿子、儿子多少，其次焦虑的是儿子能不能娶上媳妇，然后焦虑的是儿子和媳妇过得怎么样……华北农村的分家模式以多次分家为主导，即儿子结婚一个分出去一个。而代内没有形成华南宗族那样的兄弟伦理，意味着父母要为每个儿子准备结婚的资源。由于华北农村人口出生性别比偏高，在婚姻市场上，男性的压力很大。华北地区的彩礼近年来不断飞涨,很多地区已经达到了十多万元,除此之外,女方还往往提出房、车等要求。为了让儿子能够顺利结婚,华北农村父母往往从儿子不上学之日起就开始操心他们的婚姻问题,一方面寻找合适的对象来定亲,另一方面,攒钱给儿子准备建房、彩礼。由于缺乏代内支持,代际责任非常沉重,并且多子家庭更容易遭到婚姻市场上的高要价,父母的压力总是很大,子代对父代的剥削就比较严重,但是在父母看来,即便存在这样的剥削型结构,他们也心甘情愿地为儿子付出,哪怕牺牲自己的一切。因此,这种剥削也被称为"温情脉脉的代际剥削"。

案例3 学者李艳等在河南YC区调查时,一位母亲谈起儿子的婚事就哭诉,"想起儿子的事就愁得不得了。恁娘要是有钱,憨子孩(也能娶亲),恁娘白里躺那不好受,黑咧躺那也不好受,别人好看不起。俺的孩成个家,俺死了也心甘"[①]。

由于处于竞争性的村庄社会结构中,华北地区的农民不仅注重外在的面子,也非常注重家庭势力的积累,即娶妻之后就可以获得女方家庭的姻亲关系,对于壮大家族的势力网络有着至关重要的作用,在一些关键性的、涉及对外的对抗中,姻亲关系可以成为重要的援引力量。因此,在华北,女性的地位相对较高,与华南宗族地区相比,婚姻市场上彩礼的流向路径是不同的:华北农村婚姻市场上支付的高彩礼往往都是由女方的父母以嫁妆的形式再还给女儿,甚至有的还要再添上一笔给小家庭。父母希望通过这种方式来提高女儿在夫家的地位,同时让女儿的小家庭用提前转移来的资产过更好的生活。而在华南宗族农村,彩礼是用来补偿女方父母多年来养育女儿的辛苦钱,彩礼一

---

① 李艳、李树茁:《中国农村大龄未婚男青年的压力与应对——河南YC区的探索性研究》,《青年研究》2008年第11期,第18页。

般由女方父母拿着,他们用嫁女儿的钱来为儿子支付彩礼。

不难发现,在华南农村和华北农村中,彩礼的流向和最终用途不同,与华南农村父母相比,华北农村父母要承担的责任和压力更大。帮助儿子结婚后,产生的债务最终都是由父母承担。父母经济能力相对较弱的家庭,更容易产生光棍,并且多子家庭中,还会出现刘升所讲的"光棍株连"现象①。与华南农村相似的是,华北农村的地方文化对于招赘婚姻也有着较强的排斥,男性去做上门女婿,不仅自己面临的社会压力很大,还会给家庭带来影响。竞争性的社会结构使得华北农民极其讲究外在的面子,做上门女婿对于整个家庭来讲都是非常没有面子的事情,这使得作为解决男性婚姻危机的替代选择在一定程度上也遭遇困境。

(三) 中部原子化地区

长江流域的两湖和川渝地区生态多样且不稳定,居住结构以散居为主,村庄历史相对较短。"居民缺少进行合作的压力与动力,村庄未因为严酷的环境压力而生成强大的内生地方性规范,村庄结构与村庄规范之间也未能相互强化和激化,更没有形成相互之间的严密匹配。"② 贺雪峰将这种不存在超出家庭的认同与行动单位、农民原子化程度很高的村庄称为原子化村庄。原子化农村的血缘关系不发达并且进一步被村庄内通婚所形成的姻亲关系切割,而商品经济发达又造成了经济关系比较显著③,施坚雅的"基层市场理论"就是基于这种原子化村庄的认识。

---

① 刘升:《"婚姻株连":理解农村光棍现象的一个框架——基于豫南Q村"光棍成窝"现象的调查》,《中共宁波市委党校学报》2014年第3期,第98~105页。
② 贺雪峰:《论中国农村的区域差异——村庄社会结构的视角》,《开放时代》2012年第10期,第120页。
③ 桂华、贺雪峰:《再论中国农村区域差异——一个农村研究的中层理论建构》,《开放时代》2013年第4期,第157~171页。

原子化村庄的主要特征是农民的个体理性程度很高，接受现代观念很快，心态比较开放。在农民家庭内部，代际关系比较均衡，没有宗族地区责任伦理的厚重感。父代与子代生活相对独立，父代在子代选择配偶方面操心并不多，给予的代际支持相对有限。代内关系也是基于情感的比较平等的沟通和互动。我们在成都平原调查时发现，村里一些子代的离婚事件发生很久后父母才知道，而且父母知道后也不会特别怪罪儿子不告诉自己，离婚这种在传统时期具有一定家庭公共性的事件变得私密化了。更有意思的是，男女双方离婚后，还可以继续生活在同一屋檐下，甚至嫁到男方家的女性在离婚后还能当选夫家村庄中的干部，这在华北、华南农村是很难想象的。在高度个体化、理性化的生活方式中，结婚是儿子自己的事情成为一种共识，即使父母想操心，但是也感觉操心不上，"儿子不着急，我们急有什么用"。因此，家庭缺乏对子代婚姻的整体性打算和资源积累，而在日常生活用度和开销方面，则显得相对大方一些，这与华北农村父母省吃俭用的生活方式存在很大差别。一些年轻人缺乏人生规划和父母督导，在家庭代际支持有限的情况下，为了积累结婚的资本，晚婚比较普遍。团队成员张雪霖在川西平原和鄂西山区调研时发现，年轻人需要自己外出务工攒钱为成家做准备，容易错过结婚年龄，从而成为光棍。

原子化地区没有那么多传统规范的羁绊，村民观念也普遍比较现代，村民比较包容和开放，男女地位比较平等。因此，很多地方婚嫁中并没有彩礼的说法，男女双方是基于情感而在一起，情感破裂则会自然离婚，没有华北、华南那么多复杂的程序和仪式。在经济条件较好的地区，光棍并不多，而在一些经济条件相对较差的地方，光棍现象突出，主要的因素在于传统的通婚圈被打破，女性资源大量外流。在原子化地区，文化比较包容、开放，做上门女婿不是丢人的事情，因此，在婚姻压力比较大的地方，男性可以通过做上门女婿来摆脱光棍困境。

案例4　团队成员谢小芹等人在宜昌一个有着3500多人的村庄（化名为庄村）调研时统计到了100个30岁以上的未婚男性（见表2），这些男性中仅有少部分是不得不成为光棍，多数在婚姻选择上面还占有一定的主导权，考虑到感情等因素而迟迟没有结婚，并且相当一部分结婚的希望还很大，并不能严格定义为"光棍"，或者说他们是具有现代意义的光棍。

表2　江汉平原庄村光棍类型及基本情况统计*

单位：人

数量	类型	基本情况
83	自愿型	生活自理；身体素质较好；住楼房；工作多为打工，少部分务农，平均年收入在1万元以上
17	被迫型	身体残疾、精神疾病、患疑难杂症；一些人过去阶级成分不好；生活不能自理；住房简陋；靠低保、五保等国家救济

* 材料来源于团队成员谢小芹等在宜昌庄村对光棍情况的不完全统计，谢小芹在发表文章时将自愿型光棍统计为91人，被迫型光棍统计为9人，她忽略了过去因为历史问题而成为光棍的那部分群体，故本文在此将数据进行修正。

（四）小结

综上所述，在不同区域类型的村庄社会，农民在婚姻方面所能够获得的资源支持存在差异，农民家庭的代际关系、代内关系、分家模式等都会影响家庭再生产的策略（见表3）。

表3　影响光棍生产机制因素的区域差异

	代际关系	代内关系	分家模式	招赘婚姻	彩礼流向
华南地区	厚重平衡	兄弟支持多	一次分家为主	排斥	女方父母
华北地区	剥削型	兄弟支持少，有竞争性	多次分家为主	排斥	夫妻小家庭
长江流域	平衡不厚重	情感性联结	多次分家	接纳	夫妻小家庭

作为解决男性婚姻问题的招赘婚姻模式在不同区域的文化结构下的社会接纳程度存在较大差异，团队成员龚为纲曾根据五普数据绘制了中国招赘婚姻的区域分布图。龚为纲研究发现，在华南宗族村庄和华北小亲族村庄，这种模式的占比是非常低的，而在川渝以及鄂西等地区，则相对高一些。

村庄社会结构的差异不仅体现在对招赘婚姻模式的接受程度方面，儿子是否打光棍，对父母而言，也面临不同的评价。在原子化村庄，婚姻被认为是儿子自己的事情，父母在过好自己生活的前提下，有多大能力就帮多大忙，儿子娶不到媳妇在社会舆论中指向的是儿子自身无能，而不是指向父母无能，因此，父代的压力就比较小，自上而下的代际资源传递和家庭积累薄弱，并且父代在安排人生任务方面，对于子代婚姻问题往往是缺乏规划的。而在华北地区，社会舆论则会指向父母，认为是父母没有能耐给儿子娶媳妇，对于父母来讲，来自村庄社会的舆论压力迫使他们很早就开始为子代进行规划和家庭积累。

四　光棍社会生活的区域差异

光棍一直被视为弱势的边缘人：没有能力娶妻、无法完成传宗接代的任务、孤独终老，是村庄场域中的可怜人；骚扰妇女、通奸、强奸等越轨行为时有发生，光棍被视为潜在的不稳定因素，是村民眼中"可憎的人"；缺乏奋斗目标，慵懒堕落，无所事事，对公共利益漠不关心，给予其帮助也不知领情，被认为是"扶不起的人"。总之，光棍的形象一直是负面的、消极的。我们在调研中发现，光棍的形象不尽然如此，不同地区光棍的社会生活存在比较大的差异，而这种差异和村庄的社会结构有着比较大的关联。从农村区域差异的视角来看，农村光棍的社会生活大体可以分为以下三种类型。

(一) 华南宗族型地区

宗族型村庄的社会结构比较封闭,这种封闭集中表现在基于血缘和地缘认同基础上村民对于村庄内部自己人的接纳。在村庄社会生活中,无论是闲暇时的聚会聊天,还是公共性的仪式——红白事、宗族祭祀等,光棍都可以正常参与其中,村庄舆论并没有形成对光棍的排斥。正如杨华所讲,在传统村落,光棍是受保护的对象,由于拥有稳定的通婚圈,在宗族的庇护下,"癞子"、"跛子"等带有身心缺陷的男子也能娶上媳妇,即便不幸成为光棍,也会在家庭内部获得村落社区的意义。[①]

在人情交往方面,李永萍等人研究发现,基于宗族村庄的圈层结构和光棍所处的人生阶段,光棍有选择性地参与人情。[②] 在父母未过世的时候,光棍和父母组成的核心家庭中,参与的人情范围是比较正常而广泛的,而这一时期人情参与的主体在村民看来是其父母,而非光棍,因此,人情簿上一般都是写父母的名字;在父母过世之后,光棍是作为独立的个体参与人情,人情范围会进行压缩,主要集中在同一房支内的自己人圈子里,这一圈子是基于先赋性的血缘结构力量。

村落人情往往是农民生命历程中的重大事件,如出生、结婚、生子、死亡等。对于光棍来讲,他生命中的重大事件除了出生,就是死亡,在日常生活交往中,他并不需要建构太多社会关系来为自己的重大事件做准备。基于宗族地区的兄弟伦理,光棍已婚兄弟的人情圈,同样也能在光棍的人生大事中发挥作用。因此,

---

① 杨华:《农村婚姻市场中的结构性因素——基于湘南水村"光棍汉"的调查》,《江西师范大学学报》(哲学社会科学版) 2008 年第 2 期,第 7~9 页。
② 李永萍、慈勤英:《不完整的家:宗族性村庄光棍的生活逻辑——基于广西 F 县 S 村光棍现象的考察》,《吉首大学学报》(社会科学版) 2015 年第 2 期,第 101~109 页。

光棍的人情圈收缩是自然地，而维持家庭之上房支这一圈层的人情也是宗族地区做人之道的基本底线。如果连这个圈子也抛弃了，光棍就等于自绝于村庄社会之外，也就失去了最基本的保护力量。在村庄公共事务方面，光棍则显得相对消极，由于对未来生活没有预期，光棍从失去结婚希望之日起，就逐渐堕落，混日子。宗族村庄农民最重要的人生任务就是传宗接代，这是他们内化于心的基因密码，每个个体的人生安排都是围绕此开展的，而光棍因为无法完成人生任务，即便是宗族没有给光棍带来更大的舆论和排斥压力，但是他们内心是焦灼、恐慌和不安的，在现实世界会觉得自己低人一等，对未来世界又不敢想象，尤其不敢去想死后的世界。

（二）华北小亲族地区

与华南宗族村庄的光棍相比，华北小亲族地区的光棍缺乏宗族笼罩性的保护力量，要承受更大的压力。在华北小亲族地区，村庄内分裂为多个同姓或异姓的、以五服为单位的门子，门子之间经常比较力量的大小，从而形成了一种竞争性的氛围。而身处其中的光棍则显得非常尴尬，他们不但不会增强本家或者本门头的力量，反而会因为自身的弱势形象而让本家受到牵连，尤其是距离他关系最近的人，受到光棍负面形象带来的影响更大。后果是，"当地的女孩更加不愿意选择这样的家庭，从而，在社会关系上，'婚姻株连'直接通过削弱本门头的势力这样一种形式株连到未结婚的弟弟的婚姻"[①]。光棍成为村庄中不受欢迎的边缘人。

---

① 刘升：《"婚姻株连"：理解农村光棍现象的一个框架——基于豫南Q村"光棍成窝"现象的调查》，《中共宁波市委党校学报》2014年第3期，第103页。

在人情方面，同宗族村庄相似，也根据光棍所处的人生阶段和村庄的圈层结构分为两个阶段：和父母生活在一起时，光棍参与人情，但人情簿是记父母的名字；父母不在后，光棍人情圈收缩到最小的范围，甚至不再走人情。一方面，是没有那么多功能性的需求来维持人际关系，人情送出去也收不回来；另一方面，社会舆论也形成了对光棍的排斥，迫使他们收缩社会交往。人情的收缩、社会的排斥、本身名声的负资产、无法完成的人生任务等多重困境集于一身，他们失去了生的希望和动力，自甘堕落。在村庄公共生活方面，光棍无法参与其中，甚至还会成为其他人闲谈时的谈资，因为不需要在村庄中收获更多的价值，他们对公共事务非常消极，这更加引起了其他村民的反感。

案例5 在山东德州，村民对光棍的评价比较负面，当然如果光棍本身比较会做人的话，村民对他还是很接纳的，但即便如此，光棍因为没有后代，在将传宗接代内化于心的村民看来，他们同样无法像正常的家庭一样，是一个不完整的家。如DC村的ZYB，是一位刚退休的老教师，一辈子没有结婚，他虽然每个月有退休金，每餐饭吃得不错，经常骑着电动车到处闲逛，没有负担，看起来日子过得很惬意。但是村民并不羡慕，背后评价说："没有儿子，这样活着，有嘛（什么）意思！"在村民看来，有了儿子，生活才有奔头，"儿子越多越好，攒钱不如攒人！"

光棍是村庄社会性竞争的甩出者，处于边缘位置，甚至是社会性死亡的状态，谁也不把他们当回事，他们在村庄中是没有位置的。因为时刻处于一种结构性力量之中，光棍感受到来自社区、家庭和自身层面的压力，在长久的压力和独居的孤寂之中，这些原本身心正常的光棍更容易产生精神上的疾病，从而变得痴傻或出现一些疯癫行为。

(三) 中部原子化地区

宗族和小亲族地区因为有很多内生的价值规范,光棍社会生活带有较多相似性的特征,但是与原子化地区相比,差异则立刻凸显出来。因为没有内化于心的非要通过生儿子来实现的人生任务,中部原子化地区在婚姻安排的日程上,没有像宗族和小亲族地区那样显得局促。表现在初婚年龄上面,普遍比较晚一些,而"光棍"的心态显得更为平和淡然。之所以给光棍加上引号是因为在华北和华南地区,男性超过30岁,结婚的希望则非常渺茫,沦为终身光棍的可能性比较大,而在原子化地区,就像在大城市中看到的很多30多岁的未婚男性而不觉得其是光棍一样,这一地区的男性在婚姻选择方面则显得相对从容不迫。

在原子化村庄中,兄弟关系比较独立,光棍在家庭中并不需要承担太多的责任和义务,在年轻的时候,由于父母不需要照顾,他们经常外出打工,日子过得比较轻松,在家庭中的地位比较高,行动很自由。

在人情方面,与华北、华南地区不同的是,光棍和父母生活在一起的时候,参与村庄人情是可以在人情簿上留下自己名字的。父母去世后,光棍同样可以作为一个独立的人情单位参与村庄社会生活,他的人情圈不会刻意地收缩。由于原子化地区缺乏紧密的血缘结构,即先赋性的基于血缘的人情单位比较少,更多的人情体现在后天建构的社会交往方面。光棍不再以边缘人的形象出现,像大多数个体一样,平等地参与到村庄社会交往中,也能成为村庄政治的参与者。

案例6 在湖北宜昌秭归县,无论是村庄社会的人情,还是闲暇、日常互助,光棍都是很正常地参与其中。虽然光棍无法举办结婚、生子等仪式,但是他们会通过做寿的方式回收送出去的人情礼金。如村民 HD 快 40 岁，一直没有找到理想的对象，和父母一起生活。村庄内的人情都是他出面走动，礼金也是由他自己来出，当地流行在 36 岁的时候过寿，他就办了酒席，来参加的村民、亲戚朋友等坐了 40 多桌，非常热闹。而这在当地非常普遍。

五 全国婚姻市场的形成与流变中的区域差异

改革开放 30 余年来，中国农村正经历着前所未有的巨变，市场经济、打工潮的繁荣与发展，迅速将现代性带往中国村庄的每一个角落，现代化变革不仅影响着村落社会形态，也深刻影响着生活在其中的每一位农民。如今，这种变革将人们的生活与发展水平推上了新的台阶，同时人们也经受着传统观念与现代社会理念之间的激烈碰撞。几千万光棍大军正在形成，男性婚姻压力从家庭传导到整个社会中。在这剧烈的变迁之下，农民的个体理性与小家庭理性正在不断觉醒，瓦解着传统中国的家庭伦理。

即便是在当前最为传统的宗族村落，也时刻可以看到越来越充满经济理性化的家庭伦理，传统基于家族价值的伦理正在被稀释，一次性分家模式正在被多次分家的模式所替代；小亲族地区性别失衡所带来的高额婚嫁彩礼让越来越多的男性面临婚姻危机，代际关系越来越失衡；原子化地区虽然男女出生性别比相对平衡，婚姻压力不是很大，但是在全国性婚姻市场形成后，一些相对偏远的原子化地区也面临光棍危机，并且原本没有彩礼的地方也开始兴起了这种模式，使得这些原子化地区的农民家庭感到猝不及防。

打工潮的深入发展、现代通信工具和方式的普及、便捷的交通让跨省婚姻变得更加容易，女性资源稀缺所带来的女性在婚姻市场上的要价的优势地位使得资源丰厚的家庭更容易在婚姻市场上胜出。女性从山区流向平原，从乡村流向城市，从西部流向东部，这种梯度转移模式最终使那些偏远、落后的地区更容易出现集中连片的光棍现象。

湖北宜昌秭归地区在生育上并没有男孩偏好，即使有也是极其微弱，当地农村是典型的原子化村庄。以2006年人口数据为例，总人口388273人，其中男性人口201213人，女性人口187060人，全年出生2091人，其中男性1050人；死亡3216人，其中男性1935人。人口出生率为 -2.89‰。[①] 从人口上来看，当地产生光棍的概率理应很小，但是在距离县城较远的几个山区乡镇，却出现了大量的光棍。如JWX镇有14个行政村，2.5万多人，据镇民政办主任粗略估算，大约有1000个光棍，平均每个村的光棍数量在70人左右。

案例7 JWX镇GY村有近2000人，11个村落（也就是村民小组），其中第6村落40多户，180多人，共有19个光棍（见表4），是全村"光棍成窝"现象最突出的小组，并且光棍中有偷盗、诈骗或搞小破坏的，秩序混乱，也是全村最乱的小组。

表4 湖北秭归县JWX镇GY村第6村落光棍基本情况统计*

单位：人

户主**	光棍数量	基本情况
LCY	2	大儿子35岁，从小就小偷小摸，进过牢房几次，领了几个女朋友回家，其中一个还怀了孕，但是没有一个结婚。小儿子32岁，在外打工，脾气比较倔强。
LXS	3	大儿子40多岁，是第二任妻子改嫁带过来的；二儿子35岁，是惯偷，坐过牢，刑满释放后，经常找政府要低保，在村落里讲反动的话，被村书记和镇政府送往精神病院，回来后被村民贴上"假疯子"的标签；三儿子31岁，长期在外打工。

---

① 参见《2006年秭归县国民经济和社会发展统计公报》，http://www.stats-hb.gov.cn/wzlm/tjgb/ndtjgb/ycs/zgx/17610.htm。

续表

户主**	光棍数量	基本情况
LZG	4	六个儿子。老大和老二结婚了,老三、老四50多岁,老五、老六40多岁,都是光棍。几兄弟在村庄"大事不犯,小错不断",爱占小便宜,搞小破坏,邻里很反感。老三、老四早年出去打过工,没挣到什么钱,现在年龄大了,也不出去了,老五、老六小学上了不到一半,出门坐车都不知道方向,没出去打过工。
LMG	3	四个儿子。老大(50多岁)、老二(48岁)、老三(38岁)是光棍,老四(35岁)在北京服装厂打工,认识了一个山东姑娘,结婚后在山东开服装厂,家庭条件不错。老大智力不行,不愿意结交人,只能种田,老二和老三外出务工。父亲2015年去世,母亲患有脑溢血。父母有病后,老二和老三就没外出务工,在家养猪、种田,经济条件还算可以,兄弟之间比较团结,挣的钱一起花,三四年前建了楼房。村民认为三兄弟成为光棍是因为不舍得钱,性格孤僻,不愿意和别人交往。
LZW	2	两个儿子都是光棍。老大50岁、老二38岁,父母在80年代因为事故双双去世,早年姑妈负责照看他们,后来没人管了,兄弟俩不仅不参与集体事务,还爱扯皮。
LKF	2	四个儿子。父母去世得早,老大(40多岁)结婚了,但有精神病,老二(40多岁)做上门女婿,老三(38岁)是光棍,老四(35岁)是光棍、精神病,老三常把外出务工赚的钱给弟弟治病。
LFH	2	两个儿子。老大(30多岁),天生偏瘫和智障,未婚。小儿子30岁,跟着父母在宜昌打工、做点小生意,未婚。
LFW	1	儿子40多岁,90年代动手打警察,坐牢五六年,有污点且错过婚龄而成为光棍。

* 根据团队成员张雪霖、雷望红等人在秭归的调研报告整理。
** 以光棍的父亲作为户主进行统计。

GY村第6村落的光棍情况相对极端一些,但是通过这些光棍的基本情况可以看出,即便是在出生人口性别比相对均衡的原子化地区,女性资源的梯度转移而造成的偏远、落后地区的光棍现象也是比较突出的。村庄社会规范虽然没有形成对光棍的排斥,但是光棍带来的社会治理问题是不容忽视的。GY村在80年代以前很少有光棍,与周边村庄形成了比较稳定的通婚圈,即使身体或智力有缺陷，也能找到门当户对的对象，"疯婆配癫子，蠢婆配傻子"。而在80年代后，打工潮的兴起所带来的人口流动打破了区域性通婚圈的平衡，女性向发展更好的地方流动，GY村等发展的低洼地带成为光棍集中连片地区，各种社会治理问题也随之产生。

同时，另一个值得注意的现象就是已婚男性重返光棍。传统夫妻伦理在现代性的冲击之下，变得越来越脆弱，即便在华南、华北这些规范性比较强的地区，离婚也从令人惊愕的公共事件变得司空见惯。由于女性在婚姻市场上具有优势地位，离婚对男性的打击和伤害远比女性要大，女性很容易在离婚后找到对象，而男性在离婚后找到对象的概率则变得很小。尤其是在华北地区，彩礼金额比较高，往往需要家庭多年的积累，一旦离婚就意味着之前的努力全都白费，需要再次支付高额的彩礼，很多普通的农民家庭是难以承受的。宋丽娜研究发现，重返光棍现象就是在婚姻市场急剧失衡的状态下发生的一系列社会事件的综合反映，这种反映建立在两个基础之上，一个是离婚概率增加，另一个是婚姻支付成本上升。我们从关中丁村2000年以来的离婚案例便可窥见一斑（见表5）。

表5 关中J村2000年以来的离婚案例[*]

出生年份	婚姻时间（年）	离婚年龄（岁）	孩子情况	离婚提出方	离婚原因	再婚情况
1970	6	30	1个儿子归男方	男方	父母看不上儿媳妇	男女均已再婚
1972	3	28	无	女方	女方变心	男女均已再婚
1972	5	28	1个儿子归男方	女方	女方外遇	男未再婚女已再婚
1987	3	26	无	女方	女方变心	男未再婚女已再婚

续表

出生年份	婚姻时间（年）	离婚年龄（岁）	孩子情况	离婚提出方	离婚原因	再婚情况
1984	1	24	无	女方	男方太穷	男未再婚 女已再婚
1973	3	30	1个儿子归男方	女方	女方变心	男未再婚 女已再婚
1980	3	28	无	女方	不详	男未再婚 女已再婚
1984	2	29	1个女儿归男方	女方	家庭不和	不详
1978	8	35	1个儿子归男方	女方	分家致使家庭不和	男女均已再婚
1984	6	29	1个儿子归男方	女方	不详	男未再婚 女不详
1978	8	33	1个儿子归男方	男方	男方外遇	男未再婚 女已再婚
1978	8	35	1个儿子归男方	女方	家庭不和	男未再婚 女已再婚
1979	5	30	1个女儿归男方	男方	女方有白癜风	男女均未再婚
1979	10	35	1个儿子归男方	女方	女方外遇	男未再婚 女已再婚
1984	2	30	1个女儿归女方	女方	娘家穷,想把女儿多卖点钱	男女均未再婚
1978	8	34	2个女儿各要1个	女方	男方干不了重活	男未再婚 女已再婚
1980	20天	33	无	男方	女方有轻微精神病	男女均未再婚

* 材料来源于团队成员李永萍等在关中的调研,表格内的姓名、出生年份、离婚年龄均是指男方情况。详见李永萍、杜鹏《婚变:农村妇女婚姻主导权与家庭转型——关中J村离婚调查》,《中国青年研究》2016年第5期,第86~92页。

可见，女性婚姻主导权上升的背后是家庭生活伦理的空洞化，由此给男性带来更大的危机是即便百费周折娶上了媳妇，但是重返光棍的概率依然很大，而这种现象在华北、关中地区尤为突出。

六　结论与讨论

中国农村区域差异呈现的诸多现象是将一个原本纵向时间轴上发生的变化呈现在了横向的时间轴上面。近代以来，中国发生了并且正在发生着前所未有的巨变，这种变化打破了维持千年的传统农村社会结构。如何认识变迁中的中国农村，华中乡土派以贺雪峰为代表的学者基于经验调查，提出了区域差异的视角，通过建构宗族型、小亲族型、原子化型三种理想类型，为认识复杂转型中的中国农村提供了一个坐标谱系。

在生育政策干预下的人口性别结构急剧转型给当前的光棍危机埋下了伏笔，对于光棍问题的认识需要突破当前从宏观人口结构出发和微观个体生命事件及经济状况出发这两种研究路径，华中乡土派提出的区域差异视角则给光棍研究提供了新的中观层面的研究视角。本文立足于村庄社会结构，探讨了不同区域农村中代际关系、代内关系、分家模式等家庭结构因素差异与光棍产生机制的关联，以及不同区域农村中光棍的社会生活。区域差异的视角更多地将同一时间状态下空间上的农村差异呈现出来，从而为把握整体提供了基本抓手，但这并不意味着是对基于时间变迁中现实世界的否定，乡土社会正在发生着巨变，这种变迁使得三个区域特征综合性地呈现在同一村庄之中。

在传统的通婚圈被打破之后，区域性的婚姻市场失去了平衡，被以经济变量为核心的全国婚姻市场组织了起来，女性资源的梯度转移使得偏远落后地区面临更大的光棍危机，由此伴生的社会治理难题应该得到重视。与此同时，女性稀缺所带来的女性在婚姻市场上要价的优势地位以及在家庭生活中的主导权，也让已婚男性时刻面临重返光棍的困境。

正在形成中的千万光棍大军既是民生问题，也是治理问题，需要政策界、学界以及全社会认真审慎地对待。本文尝试从区域差异的视角揭示村庄社会性质与光棍形成机制、社会生活的基本关联，对于光棍与社会治理方面的探讨相对缺乏，仍需要进一步开拓、挖掘。

撰稿：刘成良

老年人地位变迁的南北差异研究

一 导论

最近几年我们在全国不同地区调研,发现了一些有趣的规律性现象,华南地区的农村老年人较早进入退休状态,一般除了放牛和带孙子就不用干其他农活,在家庭中却拥有较大的权力和威望,像个被家庭供着的"太上皇"。而华北地区的农村老年人却承担着巨大的农业和家务劳动压力,与老年人对家庭经济贡献相反的是,他们的家庭地位却比较低,村庄中时有父子和兄弟之间的养老纠纷,老年人一般只能享受子女的"底线式养老"①。

虽然当前老年人的家庭生活和家庭地位在不同区域呈现较大差异,新中国建立以前,南北中国农村的家庭习俗和家庭权力结构却大体相似。老年人都作为家长掌管着家庭的财产、生产和子女的婚嫁,即使不作为家长的老年人,也保留着家庭尊者的地位。笔者阅读关于家庭研究的历史文献后进一步确认,新中国成立前,包括东北这种新移民社会在内的全国大多数村庄,家庭权力结构的主流是"父为子纲,夫为妻纲"的伦理秩序。因此,家庭权力和老年人地位变迁应是半个世纪以来不同区域村庄的家庭在遭遇外在变迁时所出现的不同变化。

学界主要从三个角度对老年人地位变迁进行研究。第一是从政治和法律角度分析老年人地位变迁。王跃生从国家政策和法律的变

---

① 保证老年人有住有吃有喝能看病,但质量较低,缺乏敬老之心。

化对家庭内部的权力变迁进行解释。近代之前,"长尊成员地位高于幼卑之辈……父家长在家庭居于主导地位,对家庭事务,家庭财产和家庭成员的行为具有控制力"①。老年人在家庭中的长辈权力受到来自国家层面的文化、法律、道德保障,唐朝法律规定:"同居之内,必有尊长。尊长既在,子孙无所自专。若卑幼不由尊长,私辄用当家财务者,十匹笞十,二十匹加一等。"② 然而在现代社会中,"家长的特殊权力失去法律支持",在老年人权力地位弱化后,当代农村的分家行为逐渐普遍化。因此,王跃生认为,"家庭成员的地位、关系在很大程度上是法律规范的,……规定家庭成员不平等地位的法律向平等方向转化"③,这使老年人在家庭中的权力和地位逐渐式微。

第二是从经济角度分析老年人地位变迁。阎云翔在下岬村进行了调研,他认为,传统时期家长掌握着生产资料,老年人通过控制子女经济来源而享有家庭权威。社会主义改造后,集体经济使得老年人无法通过控制生产资料来获得对子女的支配权。分田到户"在恢复农村家庭作为生产单位之功能的同时,具有市场经济取向的农村经济改革也鼓励了个人财产观念的发展",这使得老年人丧失了对子辈的家长权威。非农业收入机会增多使得"青年人实际上在创造家庭财富上起到了至少与他们的父母同等重要的作用,而他们的贡献又多会以现金收入的形式表现出来",这进一步"削弱了父母控制家产的能力和权威"④。

第三是从文化变迁角度分析老年人地位变迁。任德新和楚永生

---

① 王跃生:《制度变革、社会转型与中国家庭变动——以农村经验为基础的分析》,《开放时代》2009年第3期,第97~114页。
② 长孙无忌编撰《唐律疏义》卷12。
③ 王跃生:《制度变革、社会转型与中国家庭变动——以农村经验为基础的分析》,《开放时代》2009年第3期,第97~114页。
④ 阎云翔:《家庭政治中的金钱与道义:北方农村分家模式的人类学分析》,《社会学研究》1998年第6期,第76~86页。

关于伦理文化变迁对家庭养老影响的研究认为，传统中国以孝治天下，因此，"在家庭内部形成'男女有别，长幼有序'和'父为子纲，夫为妻纲'的伦理规范，这种伦理规范和秩序内化于家庭成员的精神之中"。但是80年代中期以来进行的社会转型，使得"社会文化类型由'前喻文化'转变为'后喻文化'和'并喻文化'，从而在经济上和文化上动摇了老年人在家庭中绝对的权威和支配地位"。同时，他们认为传统社会的"家族可以制定家族内带有普遍性和强制性的规范，以及由此而形成的相对稳固的惯例和道德习俗，并依此约束家族内的家庭及其个体成员的行为"。随着现代化开启，社会迁徙加快，"家庭成员不再仅仅生活在家庭或者家族之中，由此使家庭本位价值观逐渐被个人本位价值观所取代。与此相对应，家庭内部的代际关系也开始由以长辈为中心和方向朝着以下代为中心和方向转变"。[①]

以上对家庭权力和老年人地位变迁的研究主要从总体的社会变迁视角进行分析，或结合于具体的微观经验与宏观的社会变迁之间的互动进行分析。这些关于家庭权力和老年人地位变迁的研究呈现了历时性的老年人地位变迁经验和变迁机制，其中的不足之处是难以解释不同区域村庄所呈现的不同经验。因此，笔者借助村庄结构区域差异理论，将老年人地位变迁放到整体的村庄社会结构中分析，并试图从村庄社会结构差异下的村庄变迁差异对老年人地位变迁差异进行历时性和共时性的比较研究。

二 老年人地位变迁的区域差异

依据贺雪峰所做南北区域的划分，南方农村主要包括福建、广

---

① 任德新、楚永生：《伦理文化变迁与传统家庭养老模式的嬗变创新》，《江苏社会科学》2014年第5期，第11~16页。

东、广西、海南、浙东南、江西、鄂东南、湘北等宗族性地区的农村，北方农村主要包括黄淮海流域和西北地区的陕西大部分、甘肃部分地区、山西等。以下依据笔者调研的个案经验来分别呈现北方农村和南方农村老年人地位的典型变迁。

1. 北方村庄老年人地位变迁

新中国成立前，北方村庄和全国农村一样，家庭生活中维持着封建的"父为子纲，夫为妻纲"的家庭纲常伦理。理想的家庭生活是，父亲带领各小家庭共同生产劳作。有几个子女的家庭，当大儿子结婚后，父母会将大儿子留在家中帮忙生产，等到所有的兄弟都结婚后才正式地一次性分家。在家庭中，子女有帮助父母完成家庭责任的义务。在未分家的大家庭中，一般由父亲作为家长。当地的富农、地主以及少量中农能够长期维持着大家庭的生活格局。

案例1 关中平原的朱布宵是家中老二，但是因为喜好打抱不平，年轻时游走四方，后来当了村里的治安队队长，因此，父亲让其来管家。家庭中有四兄弟，老大和老三负责田里的活，老四主要是贩卖农产品。"那时分不分家是由老年人说了算，家里有家长管着，每天早上家长就开始派活"，当时朱布宵家里有17口人总共105亩地，几头牲畜，一家人在他的指挥下生产和生活。

当时有长子不离门的说法，等到所有子女都结婚后，父亲开始主导分家，分家后，父亲一般将老房子留给大儿子，并和长子居住。经济上诸子均分，但是在地位上，长子继承了大家庭的地位，逢年过节其他子女都要到长子家祭祀和团聚。父亲处在一个尊者的地位，长子的社会和家庭地位继承自父亲。

案例2 关中平原的朱启明："那时候不像现在，老年人就是家里的天，有什么吃的首先是给老年人吃。那时女的'不算人'，有人来家里敲门,问屋里有没有人,如果只有女人在家,女人就回答屋里没人。在家里首先是听家长和老年人的,女人被管得严严实实。"

20世纪50年代,国家倡导社会主义的家庭观念,打破封建家庭的等级观念。但是当时的家庭权力依然掌控在老年人的手里,子女并不敢提出分家。

案例3 解放初,已经进行土改了,但是户族里的老年人威望还在。当时有一个媳妇要和老年人闹分家,老年人治不住她就告诉户族里管事的,户族长叫了几个门子①里的侄子把女的吊到树上。从此以后就再也没有媳妇敢和老年人提分家了,媳妇们都乖了。

此时国家已颁布《婚姻法》②,提倡家庭民主平等,提倡妇女解放,但是在村庄内部封建家长制还发挥作用,老年人依然掌管着大家庭的权力。村庄权力格局和家庭变迁发生在60年代,60年代的四清运动和之后的历次政治运动都会把原先的户族长老和地主拉出来批斗。

案例4 村里的老年人说:"四清运动之后,老的就不中用了,被打趴下,不敢吱声了。这个时候再有什么家庭矛盾、媳妇闹分家的事情,请户族里的老年人出来也不顶用了,他们都当和事佬不敢管事情了。"

---

① 华北地区一般把五服以内的血亲组织称为门子、户族。
② 1950年5月1日公布施行的《中华人民共和国婚姻法》,主要内容是打击封建家长制,提倡民主平等的家庭观念,提倡妇女解放。

从这个时候开始，大多数家庭矛盾都是请大队、小队干部出来主持。与户族长主持家庭事务不同，干部们都是站在社会主义新家庭观念的角度进行矛盾调解，不像过去的户族长那样维护老年人的家庭权威，当出现媳妇闹分家时，干部一般都会劝早日分家，以免生起更多矛盾。过去的户族长则大多维护家庭伦理辈分、权威秩序，站在父权角度不允许子女提前分家。也就是从60年代开始到80年代，北方农村开始从一次性分家到多次分家的转变。这背后是失去了户族等传统权威结构对老年人家庭权威的维护，集体时期提倡妇女解放，老年人无法阻止年轻人闹分家，进而不得不提前进行分家。在村集体干预下，子女地位逐渐和老年人趋于平等。集体时期，老年人逐渐地失去了传统时期的家长角色和尊者的地位，老年人掌控下的大家庭趋于消失，封建血缘的户族组织式微。

分田到户后，小家的经济变得更为独立，延续着60年代以来的分家潮流，80年代后华北已经基本没有了联合大家庭，分家模式彻底转向了每个儿子结婚就分家的模式。父母再也不可能作为联合家庭的当家人，年轻人婚后组成的小家庭也不再会帮助父母分担弟妹成家立业的责任。随着农民家庭经济收入的逐渐增高和差距逐渐拉大，经济成就成为家庭的主要目标，经济追求作为家庭的主要价值取向，失去经济能力的老年人成为家庭边缘人。在家庭内部，不仅年轻人认为老年人是家庭经济发展的累赘，身处于村庄经济竞争氛围下的老年人也自认为是家庭累赘。家庭价值观念从新中国成立前的伦理价值追求转变为经济价值追求，由以孝道伦理关系为主决定家庭地位转变为以经济能力为主决定家庭地位。但是此时农村基层组织还具有较大影响力，在村干部的调解介入下，还很少有年轻人打骂虐待老年人的现象，老年人虽然不再具有权力和威望，但能够享受到子女的养老和孝敬。

进入21世纪，农村农业税费改革以后，基层组织能力下降，村干部对农民的影响力下降，此后村干部就很少介入农民的家庭纠纷。

案例5 朱社新:"现在村干部基本不调解农民的家庭纠纷,调解了也不顶用。一般有老人来找我们的(纠纷),我一般都不去调解,现在人不听干部的,你说了也是白说,去了反而子女会怪罪老人抖搂了家丑。只有子女老人一起来找我,我才去(调解)。"

同时,村庄舆论场也很难对年轻人起到制约作用。

案例6 朱启明:"有些老人常在外面说媳妇的坏话,其实并没有作用,媳妇听到后老人的处境将会更差,聪明的老人不管怎么样都不找干部,也不说子女闲话。"

在内部以经济能力决定家庭地位外部缺乏村干部和村庄舆论的保护下,老人在家中的地位彻底边缘。

案例7 80岁的张凤英老年人,和村子里大多数老人一样,平时早晨在庙里打发时间,下午到人多的地方,也不说话,就是坐着。张凤英:"媳妇在家时,不爱在家待,在家里不舒服。只有等到媳妇儿子不在家时,才敢叫朋友到家里玩。"村干部:"村子里每年都有人评上好媳妇,但那些能评上好媳妇的都是因为婆婆好。婆婆腿脚有力可以干活,帮家里把衣服洗了、饭也做了、地也扫了,然后还帮子女干地里的活,媳妇婆婆就不闹矛盾了,媳妇嘴再甜一点就可以当好媳妇了。"

华北老年人家庭地位变迁从集体时代开始。国家政治力量进入村庄内部,使得村庄政治力量开始受到国家意志的主导。老年人的家长权力失去了来自村庄户族的支撑,失去了传统的社会结构和文化对其家庭权势地位的维持。平等、自由、民主的家庭观念深入村庄,老年人开始丧失家庭的家长权力。随着妇女和子代的崛起,大家庭逐渐瓦解为核心小家庭。分田到户后，经济力量进一步改变家庭关系，降低老年人在家庭中的权力和地位。但这个时候，集体时期建立起来的村庄政治力量还在介入家庭矛盾，村干部开始站在家庭地位天平中弱势的老年人这一方，维护着老年人的基本家庭养老条件。税费改革后，村级组织能力开始弱化，村干部更难以管束农民家庭，导致老年人开始失去来自村庄政治组织力量的保护。家庭内部的权力地位彻底由经济地位所决定，老年人成为家庭的累赘和家庭边缘人。

2. 南方村庄老年人地位变迁

新中国成立前，华南地区因为远离中央政权，山地多于平原，宗族社会内部多自成一体，较少受到国家政权干预。在缺少国家政权干预的情况下，华南地区的宗族组织多远交近攻，保护和夺取山林耕地资源，广东地区更是在晚清时期出现了持续几十年的府客大战。南方客家的宗族村落，大多数女人不裹小脚从事农业生产，但是在半军事的社会组织内部，有经济生产能力的女人地位依然很低。宗族村落中的老年人作为村庄主持祭祀的人，主持着村庄内部的大小事宜。宗族内的房头和宗族组织多由辈分高的老年人执掌事权。家庭内部老年人作为子女所说的"天牌"，享有绝对权威。

案例8 广东清远黄志彪："解放前有一个新媳妇，受不了婆婆的气，想自杀。媳妇自己买了砒霜放到锅里煮成汤，准备自杀的，后来老公在外面干活回来口渴，没注意把砒霜汤喝了。事后宗族管事的老年人出来主持，让宗族弟兄把妇女装进猪笼沉到池塘淹死了。"

新中国成立前，当地社会多由父系家长主持村庄事务，严格遵照伦理辈分，老年人在家里享有绝对权威，妇女作为外来依附者必须听从丈夫和老年人的指使。新媳妇备受压抑，因此，在华南宗族村落常听说新中国成立前有妇女跳井跳塘的故事。传统社会以孝治天下，倡导三纲五常的封建伦理。当时国家意识形态、村庄小结构和家庭伦理具有一致性，即老年人在家庭和社会中都有着很高的权力和威望。家庭内部老年人的家长权力受到宗族结构的有力支持，政府也默认许可宗族掌握家法和使用暴力惩罚的权力。

新中国成立后，"随着国家现代化建设的启动，现代国家权力快速向村庄渗透，……国家越来越有能力垄断所有的公权力，过去基层社会中具有公共权力特征的结构性力量只能回归到私人生活领域"①。因此，集体时期，不再像新中国成立前宗族有着掌握暴力惩罚不孝子弟的权力，宗族组织对个人的管束只能通过舆论压力，以及逐出宗族不允许参与村落内的所有活动。因此，这时候想分家的小家庭多通过闹情绪和日常生活中的斗气、偷懒、存私房钱等行为间接逼迫家长分家。但是子辈不敢直接去请宗族里的人来主持分家，即使有子女去请村干部过来主持分家，在没有父亲、母亲或者其他当家人出面的情况下，村干部也不敢主持分家。此时老年人在家中的权力有所式微，个别贫困的家庭开始出现已婚子女在没有等到所有弟妹都成家的时候就开始分家，但是这种行为在村庄舆论中受到强烈压制。

案例9 广东清远，70年代，佛生的媳妇是花高彩礼买过来的，婚后家庭因此贫困，在沉重的家庭负担之下，媳妇常和丈夫闹矛盾，想要分家。父亲为了家庭和睦，只好把老大佛生分出去，同时让他承担结婚花费的1000元债务。为此，村庄舆论一致谴责媳妇不孝，"花这么多彩礼把你娶回来，不帮父母干活，还要闹分家"。佛生媳妇在村庄的地位变得很边缘，一次佛生偷偷将挣的钱给父母，媳妇得知后，一气之下上吊自杀。

---

① 贺雪峰：《论中国农村的区域差异——村庄社会结构的视角》，《开放时代》2012年第10期，第108~129页。

村庄舆论都是向着老年人的，要是有媳妇不孝顺，在村庄就变得很边缘。那些受不了舆论压力的不孝媳妇在村庄内部抬不起头来做人，甚至不敢到公共的池塘去洗衣服。此时的村庄缺乏对个人的硬惩罚，却有着非常有效的对个人进行规训的社会活动、村庄舆论和来自人际关系压力的软约束。

20世纪80年代，分田到户，乡土社会内部的经济多样化，小家庭开始有更多打零工的机会，这些打零工的收入很难被家长监管，因此，小家庭存私房钱的机会增多。这时候，媳妇纷纷吹起枕头风，让丈夫把打零工挣的钱留下来，这使得在由老年人当家的大家庭生活中，老年人很难监控年轻人的非农就业收入。在部分家庭中，由于老年人无法掌管各个小家庭的收入，老年人不得不主动提出分家，让子女各自出去挣钱养活自己，同时将更多的家庭债务分配给独立出去的小家庭。此时老年人的权威还在，但是因家庭经济来源分散的影响，老年人难以管控子代家庭的经济收入，老年人的权力受到削弱。

案例10 水天和火优两兄弟都已结婚成家，两个小家庭都有了孩子。未分家之前过着大家庭的生活，家里的收入和支出由父亲管理，也就是由父亲当家。分家之前，两兄弟都在村庄附近打零工挣钱。但是小弟和弟媳较自私，将打工的钱留一部分到小家庭中，没有将钱全部上缴给当家的父亲。老实厚道的水天却将打工的钱都给了当家的父亲，这就造成了两个小家庭之间的不公平。为此，妯娌之间经常吵架，最后大嫂向父亲提出了分家的请求。父亲为了减少家庭矛盾，只好请村干部过来主持分家。

在家庭经济来源分散的情况下，作为家长的老年人，虽然享有家长的权力，却很难实际监控小家庭的经济收入，部分贫困家庭老年人不得不主动进行分家。老年人的家长权力受到经济多样化的冲击。这时也是家庭矛盾多发期，表现为老年人的家长权力和子代小家庭的经济独立的冲突。

2000年前后，打工潮兴起，40岁以下的年轻夫妇基本在外务工。名义上老年人依然是家里的家长，但是在实际的家庭生活和经济生产中，年轻夫妇在外务工，只留下孙辈在家由老年人照顾。因为经济生活的时空分离，老年人已经失去实际的家庭经济支配权，成为空有其名的家长。在市场经济时代，虽然各个家庭都在努力追求经济发展，年轻人常年在外打工，但是村庄传统伦理秩序并没有丢失。每到清明祭祖时，除了那些在外读书和正式工作的人，在外青年都回家在老年人主持安排下祭祖。村庄之外，年轻人可以按照自己的自由去追求各自的发展，有着自己的社会地位。但是在村庄之内的红白喜事和年节庆典还是依照着传统的秩序，老年人依然是作为秩序的主导者，老年人还以一家之长的角色出现于村庄公共活动。清明节聚餐祭祖、春节时的宗族聚会和村庄召开的大小会议，都由老年人作为当家人出面。老年人享有较高的社会地位，在村庄和家庭层面都作为一个尊者的角色。在家庭聚餐时，老年人往往说话最大声，也是酒桌上最能侃侃而谈的人，而年轻人大多是倾听者的角色。因为经济生活向外，老年人失去了实际的家庭权力，但老年人依然作为家庭的尊者存在，是家庭在村庄公共层面的代表。

新中国成立前，家庭内部的伦理秩序受到了来自村庄和社会层面的支持，村庄有着惩罚不孝子弟的权力和行动能力，老年人作为家长得到了来自村庄层面的暴力支持，拥有着较大权力。新中国成立后，国家垄断暴力，宗族组织丧失了使用暴力惩戒族人的能力，但是村庄内部依然有舆论、社会活动和人际压力等软的约束机制制裁不孝子弟。部分家庭出现没有被规训的晚辈，但这些个例行为都受到村庄层面的有效压制，没有形成广泛的示范效应。分田到户后，老年人作为家长的权力受到来自经济独立的挑战，子辈的小家庭以经济上的不合作来谋求家庭独立。打工经济大规模出现后，老年人的家长权力实际被架空，但老年人依然作为家庭的尊者存在。

从中我们可以看出，新中国成立后，国家颁布新婚姻法，提倡平等民主的家庭生活，要求打破封建家长对子女的束缚。但是华南宗族村庄，国家权力的入侵只是打掉了宗族组织使用暴力的合法性。在社会和文化层面，华南宗族村依然维持着封建家长制的权威，在软的社会和文化力量支撑下，老年人还在主导着家庭生活秩序。真正开始削弱老年人家长权力的是来自经济层面的变化，子辈的经济活动开始脱离村庄社会的家产和族产，老年人无法有效管控年轻人的经济收入来源。通过在家庭层面老年人地位的变化，我们可以发现，能够影响宗族村落的是国家垄断暴力的法治力量和市场经济的入侵，社会内部的文化、声望、权力并没有发生明显变化。家庭内部的老年人也只是丧失使用暴力和家法的能力，丧失对子女经济收入的控制，但老年人依然维持着社会交往、文化活动和伦理关系方面的较高地位。

3. 华北和南方村庄老年人地位变迁的差异

华北和南方村庄老年人地位变迁的差异首先表现在当下老年人的地位差异。北方村庄子女对老年人进行底线式的养老。大多数老年人和子女分开饮食，子女给父母提供米面油，老年人独立开伙。在家庭结构位置中，老年人作为家庭中的剩余人员，即无法给予家庭经济价值，子女以及老年人自身都认为老年人是一个妨碍家庭经济发展的累赘。北方村庄老年人大多在家庭中寡言少语，如果正在接受访谈时，儿子媳妇突然在场，老年人就会表现得不自在，变得谨小慎微。老年人在家庭生活中的边缘位置使得老年人的自我价值感很低，生活于家庭中感受到更多的是不自在。家庭生活中以媳妇和儿子为主导谋求家庭的经济发展，老年人如果不给家庭提供一点劳动贡献就会觉得很不舒服，内心是自责和愧疚的。如果老年人经济不宽裕，没有给子女留下财产，或者老年人在进行财产分割时出现不公，都会造成子女对老年人的埋怨，甚至作为不养老的理由。

南方村庄老年人一般和儿子居住，饮食上也大多由媳妇照顾。在家庭结构位置中，老年人作为小家庭之间相互连接的纽带，大家庭在节日宴饮聚会中，老年人作为大家庭聚会的核心大多侃侃而谈，成为宴会中说话最多的人，子女们不一定认同老年人的话，但态度是谦和恭敬的，或者像宽容孩子一样用微笑包容老年人酒后的胡言乱语。在家庭日常生活中，老年人不需要通过劳动就可以获得家庭生活中的位置感，因此，子女成家后老年人大多进入退休状态，但老年人却保留着家庭生活的尊者地位。由传统儒家伦理决定的家庭意识中，老年人只要生养子女就是对子女最大的恩赐，因此，成家后的子女对老年人有报不尽的恩，尽不完的孝。老年人在家庭生活中的位置是伦理价值赋予的，不需要通过经济能力和家务劳动来获得家庭生活的位置感。

当下北方农村家庭的主导价值是家庭经济发展，子女和老年人自身都从经济价值的角度看待老年人的家庭位置，因此，老年人在家庭中的地位比较边缘。南方村庄中，年轻人在努力在外发展家庭经济的同时，在家庭和村社内部还依然从传统的家庭伦理维持家庭和村庄的社会关系。父母生养子女，子女就应依照孝道报答父母的生养之恩，村庄和家庭还未从经济功能的角度看待老年人。

其次是变迁的内在机制不同。北方村庄老年人地位受国家影响较大，在集体时期，国家力量深入改造了村庄的权力结构，进而改造了村庄的家庭伦理规范，老年人的家长权失去了来自村庄层面权力的和舆论的支持。老年人从过去伦理社会中的家长和尊者，转变为新时期的普通家庭成员，从大家庭的家长转变成小家庭的老年人。南方村庄在国家权力入侵时，失去了外显的族规家法暴力，老年人失去了对子辈尤其是媳妇使用暴力惩罚的能力，但是家庭中的权力结构和等级关系依然维持不变，老年人依然作为家长掌管着家庭事务。国家政权对南方村庄和家庭来说更多像是掌握暴力的外来力量，村落和家庭只是妥协于暴力从而放弃一些明显的封建仪式、祠堂、族谱和族田等，但是在村庄意识之中依然保留着过去的传统血缘伦理规范。华北老年人地位的变迁是由于村落社会很快地接受了国家的意识形态，北方村庄家庭伦理接受了国家的意识改造；华南老年人地位的变迁只是受迫于国家力量而不得不让渡出家法暴力惩治权。

市场经济入侵对华南北方村庄造成的影响不同。与北方村庄主动引入国家力量一样，市场的力量也被主动引入村庄中开展家庭竞争。经济能力成为村庄内部追求面子的主要手段，家庭以发展经济为核心追求，老年人由于经济能力较低在家庭中处于边缘地位。在南方村庄，市场经济的进入没有改变村庄的社会秩序，村庄和家庭都遵从原有伦理秩序。只是老年人的地位受到经济分化的削弱，村庄和家庭的经济重心已经随着经济机会向外倾斜，老年人成为享有村庄传统权力和地位却缺乏实权的尊者。

案例11 广东清远某镇的党委书记说："我姐在市里面，官比我大多了，但是回到家里，地位就不如我，吃饭上桌时没有她份儿，大家还是围着我转。我们这里的人不管你在外面当多大的官，做多大的生意，回到家里就还是按照家里的规矩办，长辈说了算。"而在华北平原，经济能力对人的社会地位更有影响，"不管平时孝不孝顺父母，只要有钱，在老年人死时把丧事办好就有面子。"

在华北，无论是国家还是市场力量，都被村庄引进，改变村庄的社会结构和价值规范，进而改变着家庭权力结构和秩序，使得老年人地位不断发生明显的变迁。在华南，国家和市场力量都很难深入村庄，改变村庄结构和价值规范，这些力量多在村庄结构和家庭秩序之外去削弱既有秩序和规范的作用，进而缓慢地改变着老年人的地位。

三 南北村庄结构差异的解释

贺雪峰认为:"从村庄社会结构的视角看,中国农村可以分为南方、中部和北方三大区域,其中南方多团结型村庄,北方地区多分裂型村庄,中部地区多分散的原子化村庄。"① 笔者曾借用出生性别比和村庄结构之间的关系,用2000年地级市出生性别比的分布图刻画出了三大区域村庄分布的大致范围,"小亲族的分裂型村庄主要分布在华北和西北地区,宗族型村庄主要分布在湘南、江西、福建、广西、广东、海南地区,原子化村庄主要分布在长江三角洲、两湖地区、川渝云贵、湘北地区"②。

本文主要研究北方和南方老年人地位变迁的区域差异,并借用贺雪峰对这两个区域村庄社会结构的差异分析。南方地区移民历史较早,远离中央政权,处于边远山区,宗族之间远交近攻,形成了聚族而居的大量单姓村。"经过长期的发育,在南方农村出现了宗族结构与宗族规范的高度统一,宗族组织与宗族意识的高度统一。"经过自宋朝以来近千年村庄发育,"到了明清时期,以华南为代表的南方地区地缘与血缘高度结合,村庄结构与宗族规范匹配完善,团结型宗族村庄占据绝对主导地位"。华北地区地处平原,靠近政治中心,村庄发育受政府控制较大,较少出现华南宗族村庄之间血腥的宗族械斗。在北方村庄,"绝大多数村庄都形成了多姓聚居格局",这使得"华北地区的血缘基础上的家族结构是依附于地缘关系并且是在地缘之内发挥作用的,村庄内有多元力量并存"。"进入20世纪之前,华北得以形成多姓村庄为主的聚居格

---

① 贺雪峰:《论中国农村的区域差异——村庄社会结构的视角》,《开放时代》2012年第10期,第108~129页。
② 吴海龙:《三大区域村庄类型分布的刻画:历史移民解读》,《古今农业》2013年第4期,第33~43页。

局,同一村庄往往有多个姓氏和门派,地缘与血缘并不重合,且在村庄地缘关系之内的血缘关系因为缺少地缘力量的支持而难以充分发育,血缘关系相对薄弱。""正是在进入20世纪之前的不同区域村庄社会结构的差异,使得村庄面对现代性来袭时,会有不同的表现和后果。第一轮的现代性来袭时以赤裸裸的国家权力的介入为特征的,目前第二轮的现代性来袭则是以市场经济的形式进入的。"① 村庄结构面对现代性来袭时的不同回应方式,使得老年人地位在不同区域村庄出现了不同的变迁方式和结果。

1. 对待政治革命的不同方式:利用与抵制

"在华北的农村,甚至在'文革'时期,村庄两派斗争往往只是传统的结构性力量以派性斗争形式再复活,甚至到了分田到户以后,因为农民负担重而引发村民群体上访背后,也大多是村庄传统结构性力量在起作用。"②

华北的小亲族结构没能覆盖村庄的地缘范围,使得血缘组织不能够笼罩村庄的所有社会关系和政治势力。多个小亲族相互争夺村庄的政治权力,小亲族为了获得村庄政治权力需要笼络其他的小亲族组织以扩大自身的社会力量,与此同时,更为关键的是向外来的国家权力靠拢,借助国家力量的支持获得和维持村庄的政治权力。20世纪初发生革命时,华北的乡绅就主动响应政府的革命需求,在村庄建新式学校,推行改革,以借助国家支持在村庄获得权力。大跃进时期,北方村庄也是响应政府号召较为积极的,因此,三年困难时期饿死人较多的也是北方村庄。为了获得村庄政治权力,华北分裂型社会的村庄精英会积极响应政府的动员。因为村庄分裂为多个小亲族,村庄政治精英只有来自本小亲族的社会支持不足以驾

---

① 贺雪峰:《论中国农村的区域差异——村庄社会结构的视角》,《开放时代》2012年第10期,第108~129页。
② 贺雪峰:《论中国农村的区域差异——村庄社会结构的视角》,《开放时代》2012年第10期,第108~129页。

驭村庄社会,需要联合其他的亲族和村庄精英才能获得村庄熟人社会的权力网络。这就使得国家政权力量很容易借助村庄分裂竞争的社会格局深入控制村庄精英,为了掌权,村庄精英也需要获得来自国家的支持,以此控制村庄其他竞争势力。

20世纪中叶,国家政权深入农村,并打破农村旧的封建伦理习俗。华北分裂型村庄的政治精英主动引进国家力量,四清运动到"文革"的历次政治运动,都被村庄内的精英所利用,以打掉其他亲族的村庄当权派,换上本亲族的精英掌权。为了争夺国家权力的支持,村庄精英激进地执行国家政策。北方村庄激进地执行政治运动,使得村庄原有的户族长老很快被"打趴下了,都不敢吱声了,门子里有事也是当和事佬"。村庄一方面在打击着旧有的封建权威,一方面在改造着封建家长制家庭关系。华北老年人的家长权力在遭遇国家政治革命的集体时期就开始式微,家庭结构很快从老年人当权的联合家庭结构转变为家庭成员平权的核心家庭结构。由于北方村庄的反封建革命较为彻底,老年人的家长权力在集体时期就遭受了来自政治领域的巨大冲击。新中国成立前,华北乡村老年人大多作为家庭的家长,主导着联合家庭的生活,习俗上一般要等到所有子女成家后才在老年人主持下进行正式的一次性分家。封建血缘伦理中,长兄伦理地位较高,作为家庭权力的继承者,新中国成立前,北方农村普遍有长子不离家的习俗,长子留在原家庭中,老年人跟着长子居住,大家庭的祖先神龛设置于长子家中,逢年过节诸子需要到父亲所居住的长子家中祭拜或聚会。在村庄家庭伦理习俗中,长子的权势较高,大家庭关系较为紧密。长子的权势实质继承自父亲的家长权力,因此,长子权势较大即意味着父亲的地位较高。北方村庄在遭遇社会革命后,从六七十年代开始,北方农村家庭普遍从老年人主导的一次性分家转变为多次分家,从长子不离门到所有儿子都结婚后分家出去,留下幼子和老年人在原家庭中生活。这种从一次分家到多次分家的转变,是新生小家庭的媳妇儿子和老年人抗争博弈的结果。为了小家庭生活的自由和减少对大家庭所承担的责任，新生小家庭通过闹情绪和生产生活上的偷懒耍滑抵制老年人的家长权力，瓦解大家庭生活的公共秩序。传统时代老年人的家长权力可以获得村庄血缘组织和村庄舆论的支持，进而惩罚不孝的儿子媳妇。在经历了历次政治运动后的集体时期，老年人已经丧失了来自家庭之外的血缘组织和村庄层面对老年人行使家长权力的有效维护和支持。

华南宗族村庄往往是聚族而居，血缘组织与地缘组织同构，血缘组织笼罩于整个村庄，村庄内的地缘关系依附于宗族的血缘关系。和北方村庄一样，宗族内部也有着相互竞争的房头势力，但房头和宗族都共享同一套血缘伦理价值规范和组织方式。通过对共同的祖先认同和宗族村落之间争夺山林水源田土的竞争，可以将宗族村落整合成一个整体。南方村庄团结型的社会结构使得包括国家在内的外部势力很难借助村庄原有裂痕进入村庄社会结构内部。

土改时，因为村庄缺乏分裂斗争的派系而不能为政府权力介入提供较好的支点，国家一般倾向从新嫁过来的媳妇、旧社会遗留下来的外姓长工这些未能很好融入村庄生活的边缘人中提拔村干部，以便实现国家对村庄政治权力的控制。但这些人缺乏村庄社会基础，权力悬浮于村庄之上，只能依靠国家的政治高压来维持自己的权力。华北的村干部借助本门子的血缘组织而具有一定社会基础，再积极执行国家政策从而巩固权力。因为缺乏分裂竞争的村庄结构，华南宗族村落很难发动同宗村民对地主和政治地主[①]进行批斗。华南乡村一般采取在各个村落之间调换地主进行批斗的方式，一般是在敌对宗族势力之间调换地主进行批斗。

在宗族势力强大的南方团结型村庄，国家不得不借助村庄边缘人进行统治，借助地缘村落之间的矛盾发动对地主的批斗。不同于

---

① 拥有土地不多，但一般为村庄长老或者宗族长的角色。

北方村庄引入国家力量的做法，华南的村落对国家政治权力的深入以及对国家一些违反既有宗族伦理关系的政策是抵制的。只是迫于政治高压而不得不隐忍，宗族社会本身的血缘伦理秩序和血缘伦理价值还较好地保存，只是外显的大规模祭祖等宗族活动被遏制了，宗族社会内非仪式性的血缘关系和村庄规范依然保留着。与此同时，村庄通过社会关系和舆论对个人行为具有较强约束，"传统的结构性力量并没有彻底消失，而是在观念层面，在软的方面仍在发挥作用，所谓'软的不软'"①。

此时的村干部和村庄地方规则还在起到支撑着老年人家长权威的作用。如，在分家方面必须由老年人主动提出分家，子女主动提出分家是失德的。与此同时，分家规则具有很强的宗族公共性和仪式性规则，必须由村干部、宗族房头、叔伯弟兄主持和见证，未经父母出面，村干部是不能主持分家的。在婚姻选择上，女儿出嫁的时间和彩礼价格都由父母定夺，女儿私自恋爱结婚会被村庄舆论唾弃："白养这么大了，不孝顺父母。"

南北方村庄结构的差异，导致国家政权进入村庄的方式和程度产生了较大差异，国家在村庄层面进行的社会革命也产生较大的实践差异。北方村庄的村庄精英竞相引入现代国家政治力量和革命运动。南方村庄则抵制国家权力的侵入，在政治压力之下依然利用村庄习俗和规范维护村庄传统秩序，以及建立在传统秩序之上的老年人权力和地位。

2. 市场经济影响的不同：强化竞争与消减权威

"南方农村与北方农村在村庄社会结构上的差异，使它们回应现代性来袭的方式十分不同，传统的结构性力量不仅决定了回应现代性方式的差异，而且这种结构性力量至今仍在发挥重要作用，并

---

① 贺雪峰：《论中国农村的区域差异——村庄社会结构的视角》，《开放时代》2012年第10期，第108~129页。

正在回应新一轮的以市场经济为核心的现代性来袭。"① 南方团结型村庄有着笼罩性的血缘伦理关系,人与人之间的私人关系更多来自伦理辈分的先赋性等级关系,排斥相互之间的竞争。与此同时,村庄中,从家庭到宗族的各层级血缘组织都强调公共秩序和公共价值。经济发展和贫富分化并没有改变村庄公共活动的规矩。在红白喜事上,人们依照传统仪式规范进行。北方农村可能在婚丧嫁娶诸事上展开激烈竞争,甚至在丧事上表演脱衣舞增加人气。

南方村庄村民发家致富之后往往保持村民普遍具有的低调内敛的性格,财富的增加并没有让他们在公共场合大声说话。在公共场合、集体聚会和聚餐中,在房族的年节聚会中,能够侃侃而谈的人还是主持公共秩序的长老和老年人。在宗族村落中,能赢得尊重的是具有公共价值的人,首先是辈分较高的人,其次是为集体做事情的人。发家致富而不回馈族人的人会遭到村民的唾弃。最能够赢得村民尊重的是长老型人物,他们一般家庭条件较为殷实,发家致富之后,追求村庄公共价值,成为村庄公共建设和集体秩序的带头人。在公共意识较强的南方团结型村庄,人们在社会层面所追求的价值不是赢得大家的羡慕,而是站在公共利益的角度,做出公共贡献赢得大家的尊重。充当长老角色的老年人一般家庭殷实,老年人在家庭中具有当家权,或者老年人在家庭中威望较高,使得老年人可以获得子女支持去实现自己的公共价值。南方村庄,经济宽裕的有闲人主导着村庄公共秩序,成为村庄公共价值的担纲者,从而有效维护了村庄传统伦理秩序,成为孝敬老年人的表率。

市场经济条件下,外部经济机会增多,更多经济生活溢出了村庄血缘关系。这些经济生产不受村庄所支配,但人们的生活面向还

---

① 贺雪峰:《论中国农村的区域差异——村庄社会结构的视角》,《开放时代》2012年第10期,第108~129页。

在村庄之内，村庄之内的生活依然按照血缘伦理秩序进行。贫富分化所产生的社会价值需求要在参与村庄公共秩序和公共价值层面才能获得，村庄公共秩序是由血缘秩序和祖先崇拜建构出来的，财富没能独立出村庄公共生活而任性地展示自己。在这套公共性的血缘伦理秩序的保护下，丧失家庭经济权力和实质当家权的老年人依然维持着家庭尊者的地位。

"北方村庄因为村庄内有着不同的门派，村庄分裂的小亲族之间的斗争仍然影响着村庄治理和村民生活的各个方面。"[①] 小亲族不仅竞争村庄政治权力，还竞争村庄社会声望，红白喜事尤其是丧事成为村庄竞争的重要载体。北方村庄的丧事由主家出资，在小亲族内通过议事谋划举办的规模和方式，并且由小亲族内"脸大的人"充当总管主持丧事，小亲族成员参与帮忙。丧事是主家经济实力、村庄人缘以及小亲族内的动员能力在村庄的一次集中展演。

不同于南方村庄具有本体性的传宗接代价值观念，北方村庄的生育观念还更加侧重于功能性价值，即村民试图通过生育壮大本亲族的实力，以在村庄获得人力竞争上的优势。华北小亲族之间的相互竞争带动村庄社会整体的竞争意识，这种竞争在村庄生活的各个方面展开。北方村庄缺乏血缘伦理关系的本体价值追求和规范，各个层级的血缘结构更多是作为人们在村庄竞争中的功能性组织。社会性价值成为村庄的主要价值追求，在经济分化不明显时，人们攀比人缘好坏，有没有人当干部，门子大兄弟多又团结，会做人有威望，等等。当打工经济来临，经济分化越来越普遍，村庄竞争转而在经济领域展开，通过经济实力竞争村庄的社会性价值。村庄开始攀比房子、汽车、会挣钱等。

---

① 贺雪峰：《论中国农村的区域差异——村庄社会结构的视角》，《开放时代》2012年第10期，第108~129页。

市场经济的影响被北方农村社会结构性力量强化了。各个小家庭都将经济发展作为家庭主要目标,村民外出打工挣钱,在家省吃俭用,攒足资本盖让自己长脸的房子。家庭内部的权力结构也依照着经济贡献调整,"能挣钱的男人,则家庭在村庄有面子,丈夫在家中也有地位。没本事挣钱的男人,家庭内一般由女人当家"。在南方宗族村落,不论男人能否挣钱,甚至女人作为家庭的主要经济来源时,家庭依然维持着男尊女卑的权力格局。与此同时,老年人在家庭中的地位也主要取决于其经济贡献能力,只有那些给子女较多财产,又能劳动的老年人才能获得家庭地位。大多数老年人年老体衰、经济贡献能力差,在家庭中的地位较低。

北方村庄,小亲族相互竞争,村庄缺乏稳定的本体价值,导致村庄很容易将市场经济竞争转化为村庄内部的面子竞争。市场通过村庄竞争结构扩大了对村庄社会和家庭生活的影响。随着经济意识主导村庄价值追求和家庭生活方式,经济贡献能力差的老年人成为家庭生活中的边缘人(见表1)。

表1 村庄回应市场经济的区域差异及对老年人地位的影响

	北方村庄	南方村庄
村庄结构	分裂竞争型	团结有序型
村庄价值面向	强经济竞争、弱伦理规范	弱经济竞争、强伦理规范
家庭权力结构	经济能力为主导	以伦理为主导的尊卑等级
对老年人的影响	老年人辛勤劳动,家庭地位边缘	大多数老年人失去实际当家权,但依然作为家庭的尊者

四 进一步的认识:村庄信仰与价值规范的差异

"在进入20世纪之前,中国南方地区、北方地区(典型为华北)已形成有相当差异的村庄结构,基于血缘关系的宗族在农村治理中发挥着十分重要的作用,但宗族在不同区域发挥作用的程度完全不同。在南方农村,宗族是笼罩性的力量,在北方农村,基于血缘关系的家族是功能性组织。"① 因此,北方和南方农村的社会规范也有着内涵的差异,南方村庄以血缘规范为主,而北方村庄以地缘规范为主。以此相对应的是在宗教信仰方面"北方多村庙,南方多祠堂"。北方庙宇供奉的神灵大多是官方认可的正统神灵,如关帝、观音②、土地神等。不同于南方的祖先崇拜,这些正统神灵和人们没有紧密的血缘伦理关系。北方人与神灵之间的关系更多是功能性关系,人们烧香供奉神灵就是功利地让神灵满足自己和家人世俗生活的各种需求。这使得北方村庄中人与神灵的关系既缺乏像基督教、伊斯兰教中人和神灵普世主义的本体价值,又缺乏像南方宗族型村庄人与神灵具有特殊血缘关系的本体价值。华北人与神灵关系的生动的体现是,天旱时村民花费巨大精力和物资向龙王祈雨,不得时,人们就会愤怒地抽打龙王的塑像。

功能性关系的人神关系笼罩于整个地缘村庄,成为村庄日常生活中的部分。在关中平原,几乎每个自然村落都有一个以上的庙宇,庙宇坐落于村庄显眼的公共空间,占据着人们最多的超验想象空间。每逢初一、十五和节日妇女都会到庙里烧香,每个村庄每年都会至少举行一次庙会,庙会成为人们最热心参与的公共生活,这些公共生活形成了地缘认同。以此对应的是,北方祖先崇拜显得较为微弱,人们大多只祭祀两三代先人,最多不超过高祖,大多是在世时为人们所认识的先人。村庄缺乏祖坟山,也缺乏统一的宗族祠堂。村庄既没有集体的隆重祭祀,也没有在平常生活中的私人祭祀,只是在清明、春节、先人忌日时才有私人祭祀祖先的行为。当

---

① 贺雪峰:《论中国农村的区域差异——村庄社会结构的视角》,《开放时代》2012 年第 10 期,第 108~129 页。
② 村民多把观音庙称作娘娘庙。

问及神灵时，南方村庄人们想到的是祖宗，北方村庄人们想到的是关老爷、送子观音等。

与神灵世界相对应的是，北方村庄血缘组织规模较小，且结构不紧密，血缘伦理规范不强，地缘关系笼罩村庄，对人们日常生活影响更为显著。中国文化以孝道为主导，血缘关系的价值规范最强，地缘关系则很难发育出很强的价值规范。北方村庄以地缘关系投射的人神关系很难发育出具有本体性价值的人神关系，与此同时，得不到来自信仰体系支撑的血缘伦理关系也很难发育出厚重的伦理价值规范。因此，在北方村庄，我们看到的是价值层次较低的功能性人神关系、较弱的血缘关系和功能性的村庄地缘关系并存的弱价值性的村庄规范。南方村庄，因为所有村庄关系都囊括在血缘伦理关系内，呈现出来的是血缘组织笼罩村庄，并且规范能力和价值性很强，地缘关系由血缘关系主导形成了团结型村庄，人神关系具有浓厚的价值特征，南方村庄呈现地缘、血缘、人神关系三者都很紧密的形态。南方村庄依靠一元的血缘伦理价值整合了村庄世界的主要社会关系。北方村庄则同时存在血缘价值、地缘规范、功能性的人神关系等多套价值系统，而主导中国人价值核心的血缘价值没能够占据村庄意识形态的主导位置。

北方村庄社会结构缺乏本体性的价值规范，导致历次社会革命运动向村庄袭来时，价值层次较低的信仰、神像和庙宇很快在运动中被国家力量所清除。与神像一同倒下的是老年人的家长权力，以及背后的村庄血缘伦理等级意识，国家用平等、民主的社会关系改造了狭隘、保守、尊卑等级的血缘伦理关系。

南方村庄的信仰与北方的地缘功能性神灵主导村庄对超验世界的想象不同，南方村庄血缘价值性的祖先信仰笼罩于整个村庄。南方地区几乎每个自然村都有一个以上的宗族祠堂，宗族祠堂大多位于村庄中心位置。在广东清远农村，祠堂是整个自然村落规划布局的地理中心，祠堂建设的样式、长宽高决定了整个村庄所有房屋、道路、广场和池塘的空间布局，即村庄建筑秩序围绕祠堂展开。除了为全村始祖修建祠堂外，各个房支还为本房祖先修建祠堂。村民房屋正厅迎门的地方一般会设置祖先牌位。村庄背后一般有一座被称作后龙山的地块作为安葬祖先的公墓，村庄绝对不允许砍伐祖坟山上的树木，因此，祖坟山一般树木高大，云雾缭绕。村庄生活中，从家庭到村庄公共空间再到周边的山林田土，都充斥着祖先的气息。南方村庄也有土地、龙王等非血缘性神灵，这些非血缘性神灵在村庄信仰体系中比较边缘。

与祖先信仰相应的，南方人还特别迷信风水。村民会将自己家庭和村庄兴衰荣辱归结为风水造化。他们建构的风水秩序大多与祖先相关，如祖先牌位的摆放位置、供桌规格朝向、周边环境都用风水进行解释。只有把祖先供奉在一个风水宝地，祖先才会降福祉于家中。祠堂的修建更是村庄最为重要的风水事件，往往因为祠堂修建得不符合风水规格而拆毁重建。南方长期迁徙的客家人，在迁徙之前会将祖先的遗骨收拾好放到坛子中一起迁走，因为他们害怕敌对势力破坏祖坟的风水。在南方村庄，风水的超验世界将祖先对子孙的影响通过风水解释体系作用于村民的世俗生活，从而使得祖荫落实到村民的日常生活。通过风水这一解释体系展现人与祖先的联系更多表现为功能性，而人们与祖先的联系更为重要的是本体价值的血缘关系。在广东新城村调研时，人们常说："山是日升公的山，地是日升公的地，连人是也日升公的人，我们生活的所有都是祖先给的。"家庭或村庄有重大喜讯都会到祠堂向祖先汇报，家里添丁、考学、婚嫁都会进祠堂感谢祖先。村民与祖先的关系是子女与父母关系在超验世界的投射，人与神之间有着温情脉脉的生养给予、感恩报答和荣辱与共的关系。

血缘伦理规范作为中国社会的主导价值规范，给予普通农民生活本体性的价值指导，而这一价值在南方村庄成为整合村庄的价值规范。华南宗族村庄的信仰体系以祖先崇拜为主，村庄信仰体系、村庄血缘社会组织和家庭秩序可以共享一套本体价值的血缘伦理。一元的血缘伦理价值观统合了村庄信仰、社会关系和家庭关系。在南方村庄，我们看到的是村庄内部神灵信仰强烈而厚重，宗族规范深沉有效地将村庄整合成团结型村庄，家庭生活中人们严格按照伦理规范调节家庭关系。不依靠国家的支持，村庄可以凭借自身整合，为村民提供水利、道路、村庄宅基规划等公共品供给。这也意味着，国家政治力量和意识形态很难深入村庄。南方村庄的宗族祠堂大多经受住了新中国成立以来的历次社会运动而保留下来，其中办法是，在受到冲击时，村庄以改建学校或者仓库的方式将宗祠保护下来，等到政治环境松动后再将其修缮或重建。村民坚守村庄信仰体系，不仅是在坚守可以保护自己的神灵，更是在超验世界中坚守人与祖先的血缘伦理关系。

由于整个村庄都建立在共同的血缘伦理规范之下，家庭伦理规范也是村庄整合规范。因此，在南方宗族村庄，涉及伦理的家庭事件就会转化为村庄公共性事件。南方村庄，村干部特别注重维护村庄"风气"，"有一次，一个媳妇骂了她婆婆一句，我听到了，很生气，我当即对婆婆说：'你给我打她，出了问题我负责。'我们这里的风气很好，不能因为你一个人给我败坏了。要是有人不孝顺、吵架，我们都会骂，不能坏了这里的风气"①。这里的风气指的是村庄伦理规范。老年人地位和村庄公共秩序、价值规范高度相关，因此，老年人地位得到村庄的有效保护。

在长期的村庄发育过程中，北方形成了以地缘为主的村庄结构、社会规范以及相应的信仰体系；南方村庄则是血缘关系笼罩包括人神关系在内的所有关系，从而形成了南方村庄以整合能力强的血缘伦理一元价值观主导村庄的世俗生活和宗教生活，这使得南方

---

① 郭俊霞：《农村家庭代际关系的现代性适应（1980~ ）——以赣鄂两个乡镇为例》，华中科技大学博士学位论文，2012。

村庄的传统社会结构、规范和信仰要明显强于北方。在遭遇现代性冲击时，南方村庄也能够抵挡现代革命对村庄既有血缘伦理秩序和价值观的冲击。依附于血缘伦理价值的老年人地位得以在经受了现代革命和市场入侵后有一定的保持（见表2）。

表2　神灵信仰区域差异对老年人地位变迁的影响

	北方村庄	南方村庄
超验世界结构	官方认可的正统神灵为主	宗族祖先为主导，辅之以风水迷信
人神关系	功能性供奉与庇护关系	紧密的血缘伦理价值关系
村庄价值规范形态	地缘规范主导，血缘规范次之；功能性关系强，本体价值弱	血缘伦理价值统合宗族、地缘、家庭和人神关系
抵御国家反封建革命的能力	弱	强
对老年人地位的影响	神灵的规范作用弱于功能作用，没有起到支撑老年人地位的作用，只是成为老年人的精神慰藉	受祖先规范的血缘尊卑伦理价值支撑着老年人在村庄和家庭的伦理地位

五　总结与讨论

1. 总结

20世纪以来，中国发生多次社会革命。包括五四运动在内的新文化运动主要是在精英群体和城市中开展打倒孔家店的反封建革命。新中国成立后，传统族权、父权、夫权遭受到不同程度的打击。改革开放以后，市场经济浸入农村，进入21世纪，打工潮使得村庄社会关系和家庭关系受到了市场经济快速发展所带来的冲击。传统中国以孝治天下，受经济生产方式和主导文化价值影响，老年人地位比较高，处于村庄和家庭较为核心位置。当今中国，诚如我们所见，老年人地位已经大大降低，父为子纲的长幼秩序已经发生了颠倒。站在中国文化角度看，老年人地位变迁无疑是中国乡村社会所发生的重大历史事件。这是中国乡村社会伦理价值变迁的重要体现，贺雪峰认为，"当前中国农村出现了严重的伦理性危机，其原因是构成中国农民安身立命基础的本体性价值出现了危机"①。本文以老年人地位变迁为抓手，分析现代变迁在南北中国乡村的区域差异的影响和变迁机制。

中国是一个国土面积辽阔的巨型国家，各个地区地理气候、经济差异较大，尤其是受到地理气候、植被、人文影响较大的农村，相对城市而言，更为保守和封闭，村庄社会所具有的地域特殊性使得村庄在遭遇社会变革时，产生了各自的回应方式。通过考察中国各区域村庄"特殊"的回应现代化变迁这个"一般"的不同方式，我们可以认识中国各区域村庄所具有的特殊结构和文化，同时也能够让我们更好认识乡村社会现代化这个"一般"。贺雪峰依据村庄结构和文化类型将中国地理格局中瑷珲－腾冲线以东的中国汉文化核心区域村庄划分为三大区域类型。本文以其中的南北村庄类型作为理解乡村社会变迁的两个研究对象。

笔者以贺雪峰所提出的中国农村区域差异类型为理论框架，主要考察新中国成立以来的乡村社会变迁对老年人地位的影响。从村庄政治革命、反封建文化革命和市场经济影响三个层面分析乡村社会因结构差异而产生的不同回应方式，乡村社会变迁方式的差异导致老年人社会地位变化的差异，以及当前呈现出来的老年人地位的南北差异。"在华南的宗族农村，宗族想方设法阻拦革命力量，外来冲击被减缓。在北方农村，面对强有力的革命力量，村庄不同门派各自借用革命话语以强化本门派的力量，革命因此被更加激进地

---

① 贺雪峰：《农民价值观的类型及相互关系——对当前中国农村严重伦理危机的讨论》，《开放时代》2008年第3期。

引入。"① 当下北方村庄在面对强有力的市场经济影响时，各个小家庭和各个门派都借助经济力量在村庄展开社会竞争。南方村庄一方面在抵御着市场经济对村庄既有的非竞争性伦理秩序的影响，另一方面村庄富人借助经济力量和既有村庄公共秩序和公共价值实现自己的社会价值。南北中国乡村对这些现代化事件的不同回应方式，使得嵌入于村庄结构中的家庭秩序和老年人地位发生了不同的变迁方式、变迁速度和变迁后果。

2. 讨论

近代以前，影响中国社会的因素主要呈南北分布。现代社会受区位经济影响较大，而传统社会受地理气候影响更大。中国地理气候受东亚季风影响，呈南北分布，影响传统社会最重要的农业经济在中国呈现南北分布。受这一大地理格局的影响，中国历史上的战争、政治和社会事件也主要呈南北分布。主要的战争威胁来自北方的游牧民族，主要的政权割裂对抗呈南北分布，国家对社会的统治能力呈南北分布——主要的政治统治中心都位于北方，社会移民的时间和方式的差异也主要呈南北分布。因此，在近代以前，影响社会的要素呈南北分布，无疑也使得中国社会的区域差异呈现南北分布。近代以来，尤其是最近30余年来的经济发展，才使得中国社会呈现了东西差异的区域格局。东西差异主要由区位经济造成，因此，沿海、中部、西部的差异首先表现为经济差异，其次才是经济差异所产生的治理、社会和文化差异，这种差异首先体现在城市的经济规模、产业格局和治理方式，其次才体现在乡村。南北中国的差异在历史中形成，今天，影响南北差异的要素对社会的塑造已经大大弱化，那些生成区域社会结构和关系的要素作用已经降低。因此，南北中国的差异首先体现在遗留的地域文化和人的地域性格差

---

① 贺雪峰：《论中国农村的区域差异——村庄社会结构的视角》，《开放时代》2012年第10期。

异上，这也是有着广泛社会阅历的人最容易察觉的南北中国差异。在历史中生成这些地域文化和地域性格的社会结构和社会关系的差异却很难被人们察觉，这些东西现在只是保存在相对封闭传统独立的乡村社会中。

这些保留和展示在乡村中的社会结构和文化的差异不体现在直观的经济领域，所以很难为我们的政府、制定政策的部门和一些只看数据做定量研究的学者所察觉。

撰稿：吴海龙

南北中国

治 理

⑤

中国农村生育模式的区域差异分析
——村庄社会结构的视角

一 问题的提出

自20世纪70年代实行计划生育以来，中国经历了急剧的人口转变，总和生育率从60年代末的6左右降到了1980年的2.24，至2010年"六普"已经达到了1.18，低于生育更替水平。然而，尽管具有统一的政策与发展背景，中国的人口转变并不遵循单一路径，各省市县人口统计数据以及以之为基础的研究均表明，各区域的生育率与出生性别比有巨大的差异，呈现为不同的样态①。如何总结中国人口转变的空间分布规律，并对其做出解释，构成了当前学界亟待研究的重要课题。

在一般分析中，计划生育政策与经济社会的发展被视为理解人口转变的两大基本因素，以此为基础，学者们发展出了较为完善的"发展－计划生育－生育"的分析模型②。顾宝昌对这一模型进行了经典的阐释，即国家政策与经济发展的差异决定了不同区域的人口转变差异，并且，两者对生育既有独立的重要影响，又有共同作用的影响。③ 此后大部分学者依循这一研究思路，不过侧重点略有

---

① 王良健、梁旷、彭郁：《我国综合生育率的县域差异及其影响因素的实证研究》，《人口学刊》2015年第3期。
② 穆光宗、陈卫：《中国的人口转变：历程、特点和成因》，《开放时代》2001年第1期。
③ 顾宝昌：《论社会经济发展和计划生育在我国生育率下降中的作用》，《中国人口科学》1987年第2期。

不同。强调政策变量的学者认为，中国人口的转变具有"诱致型"的特征，政策执行的差异是影响人口转变区域差异的重要原因。这一方面较为典型的研究有郭志刚、宋月萍等通过比较不同类型生育政策下的出生性别比，指出"一孩半政策"地区的出生性别比明显高于其他政策生育率的地区，并由此认为计划生育在不同区域的政策诱发了农民差异化的生育行为。① 郑卫东以更微观的调查经验表明，地方政治的整合力度影响了生育政策的执行，并按政策执行的强度，将中国各地区分为"制度化型"、"先松后紧型"与"消极懈怠型"三个类型②，以此解释不同区域农民生育行为的差异。与之同时，强调社会经济变量的学者则认为发展起到的作用更为基础，并在80年代以后日益替代政策成为影响人口分布差异的主导变量。③ 这方面的研究主要集中于学者们对于省级数据的分析，考察两者的相关性。例如马妍、刘爽基于聚类分析的方法表明，省级人口转变具有趋同的特点，并和社会的发展具有一致性。④ 彭哲希、黄娟分析了50年代到90年代各省综合经济发展水平与生育率之间的关系，发现两者具有显著的相关性。⑤ 此外，也有学者对这两个变量的综合性作用进行分析，例如蒋正华、贾忠科利用省级剖面数据进行的分析⑥，王金营、解振明等对省域内不同区域的人口转变

---

① 郭志刚等：《从政策生育率看中国生育政策的多样性》，《人口研究》2003年第5期；宋月萍：《生育政策对出生性别比的影响》，《人口研究》2009年第5期。
② 郑卫东：《村落社会变迁与计划生育——山东东村调查》，上海人民出版社，2007，第230~233页。
③ 徐莉：《中国生育率的区域差异分析》，《人口与经济》1994年第4期。
④ 马妍、刘爽：《中国省级人口转变的时空演变进程——基于聚类分析的实证研究》，《人口学刊》2011年第1期。
⑤ 彭希哲、黄娟：《试论经济发展在中国生育率转变过程中的作用》，《人口与经济》1993年第1期。
⑥ 蒋正华：《中国生育率变化及人口发展分析》，《人口研究》1988年第5期；贾忠科：《中国省级社会经济发展计划生育与生育率变化的关系研究：1981~1985》，《中国人口科学》1991年第1期。

的研究均是此方面的典型①。

计划生育政策与经济社会发展对人口转变的作用是毋庸置疑的，两者的确在很大程度上推动了中国人口的转变，这在解释总体性的人口转变趋势时尤其适用。但是，当试图以这两个变量解释中国人口转变区域的不同类型时，却面临巨大的困境：一些区域的人口转变与"发展－计划生育政策"具有一致性，但也有大量的区域与之呈现非一致性。越来越多的研究证明了这一点。风笑天、张青松以广东高经济水平与高生育偏好和上海的经济发展与生育率变化的弱相关性为例，指出"发展－计划生育"与生育行为转变的关系并不是线性的，"生育观念并不随经济变迁而同步变化"，具有自身的发展逻辑。② 陈卫、靳永爱详细考察了各地违反计划生育的比例，证明了"各省的地区生产总值、地区发展指数与违反政策生育比例之间并非严格的线性关系"③，其对妇女生育意愿与生育行为的差异研究也得出了类似的结果，"不能完全用经济发展水平来解释中国妇女的生育行为"④。可见，经济变量与政策变量都无法与区域化的人口转变建立起完全的时空对应关系，两者之间甚至有很大的偏差。正是这个事实给解释中国人口转变的区域差异提出了更大的挑战：我们要如何解释其中的非统一性？

要破解这个问题可能首先就要问："在人口转变的视野中还漏

---

① 王金营、王志成、何云艳、段成荣：《中国各地区妇女生育水平差异的社会经济影响因素分析——兼对1990～2000年期间各地区生育水平下降因素考察》，《南方人口》2005年第2期；解振明：《生育率区域差异的主要成因——安徽省72个县和县级市的印子分析》，《中国人口科学》1993年第1期。
② 风笑天、张青松：《二十年城乡居民生育意愿变迁研究》，《市场与人口分析》2009年第1期。
③ 陈卫、靳永爱：《中国计划生育的执行及其影响因素——基于微观视角》，《人口与经济》2014年第4期。
④ 陈卫、靳永爱：《中国妇女生育意愿与生育行为的差异及其影响因素》，《人口学刊》2011年第2期。

掉了什么?"① 戴维斯在《社会结构与生育率：一个分析框架》一文中指出，人们在研究人口转变时，常常只注意到了传统与现代社会的结构差异，而忽视了传统社会结构本身的差异以及它对生育率的影响。② 戴维斯对社会基础性结构的认识极具启发意义。当前的中国正处于现代化的转型中，仍然存在区域性的、具有乡土特色的村庄社会结构，恰恰是这些基础性的社会结构构成了生育主体所面临的生活语境，形塑着农民的生育行为。③ 因此，必须要厘清生育主体所处的特定社会结构类型，以及社会结构与生育行为之间的关联机制，才能够对中国的人口转变有真正的认识。本文试图论证村庄社会结构区域差异与生育行为区域差异的相关性，并分析其中的作用机制。

既有研究表明，通过运用个人或是小群体生育决策与生育行动模型的研究，可以对宏观的人口现象进行解释。并且，这一方法已经取得了不少卓有成效的结果，"将会极大地助益于人口科学体系的完善"④。因此，在方法上，本文一方面通过宏观数据统计的方式对生育行为的区域差异与社会结构的区域差异的相关性进行验证，另一方面则具体分析不同区域的社会结构，揭示它与生育行为的关联机制，以此证明社会结构的差异是造成中国人口转变区域差异的重要原因。本文的分析与论证基于广泛的实践调研，笔者及所

---

① 李建民：《人口转变论的古典问题和新古典问题》，《中国人口科学》2001年第4期。
② 戴维斯：《社会结构与生育率：分析框架》，载于顾宝昌编《社会人口学的视野》，商务印书馆，1992，第75页。
③ 据学者估算，中国农民约为9亿，占据中国总人口的绝大部分（参见贺雪峰《地权的逻辑》，中国政法大学出版社，2010，第29~42页）。同时，城市环境具有高度的趋同性，在生育上很早就完成了现代化的转型，差异不大。中国人口转变的区域差异主要是由农民的生育行为所造成的。因此，用农民生育行为的区域差异解释人口转变的区域差异具有合理性。
④ 伯奇：《人口行动的结构》，载于顾宝昌编《人口社会学的视野》，商务印书馆，1992，第104页。

在的研究团队一直在全国农村开展广泛的实践调研，调研地点遍及全国绝大部分的省市。由于在同一社会结构下的村庄中的农民的生育意愿、生育行为有很强的趋同性，本文不对各个调研地点的经验进行细致化的展开，而是在适当归纳与提炼的基础上进行一般性的分析。

二 分析框架：村庄社会结构与生育行为

生育是一种社会性的行为，受特定的社会结构制约，并具有规律性，即特定的社会结构会允许一些生育行为，控制另一些生育行为，从而形成与特定的社会类型相适应的生育行为模式。对当前的中国而言，大部分的人口仍然生活在保留着浓重的乡土性、为紧密的血缘与地缘关系笼罩的村庄内。村庄不仅是农民"生于斯，长于斯"的熟人社会，同样也是国家进行治理的基本单元。正是基于这两个特性，村落的社会结构构成了农民生活所面临的基础性社会结构，是农民生育行为所嵌入的直接环境。

村庄的社会结构具有区域差异，同时又相对保持稳定，它是基于自然条件、历史变革与现代化的冲击而形成的较为稳固的结构。一般而言，社会结构既包含活生生的社会关系层面，体现为人与人之间的联系或分离的关系网络，又包含特定的文化模式，体现为一整套的价值与规范体系。这两者共同影响农民的生育行为，具体而言，后者作为价值规范形塑农民的生育意愿，前者则以集体行动的形式创造农民的生育空间。不同的生育意愿与生育空间决定着农民的生育行为，并会形成一定的统一模式。以下对其进行阐释。

（一）生育意愿与价值规范

生育意愿，是主观上对生育子女的数量、性别等生育愿望的表达，即"想不想生"的问题。主体的行为动机主要取决于行动者对行为的价值判断以及对社会规范的认知①，生育意愿或者说生育动机同样取决于特定社会结构下的生育价值观与生育规范。

生育价值观是农民对于生育行为的稳定看法，其中生育目的居于核心位置，决定了生育数量、性别等具体偏好。根据程度的由深到浅，生育价值观可以分为以下三个层次：一是终极的价值层次，在这一层次的生育观下，生育包含实现自我终极价值的意涵，被看作人生在世必须完成的使命，是判断个体生命价值完整与否的重要依据。二是社会性需求的层次，生育的主要目的是实现生育主体的社会地位，这不仅包含功能意义上的家族势力壮大、村庄地位提升，也包含面子、荣誉等社会价值的内涵。三是以满足个人日常生活上的需求为目的的生育观，即生育是为了实现养老、增加家庭劳动力、获得情感体验等现实性的目的。这一层次的生育观具有很强的功能理性的特点。② 实践生活中，三个层次的生育价值观很有可能交织而行，但在不同类型的社会结构下，各个层次的价值观的强弱程度不同，一般有一个作为主导价值，被看作生育的根本意义所在。此外，不同层次的生育观具有不同程度的稳固性与持久性，越是深层次的、精神性的需求越难以稳固，越是功能性的需求则越有可能受到外界的影响发生变化或被替代。

生育规范是与生育价值观相匹配的一套制度设定，相比于价值观的内在性，它是外在于主体的道德规范，却能够对主体造成强烈

---

① 陆益龙：《生育分析的社会人类学框架》，《人口学刊》1998年第6期。
② 穆光宗、陈俊杰将中国人的生育需求分为四个层次，即终极价值需求、继嗣需求、情感需求、续梦需求。这一分类的主要不足在于：第一，以个体的主体体验为依据，较少考虑结构性的社会对生育需求的定义。第二，该分类未能遵循穷尽性与排斥性的原则。例如，不少农民生育是为了养儿防老，生育的这一日常生活需求不能被这一分类所包容；再如，在不少地区都将传宗接代看作人生的终极目标，终极价值需求与继嗣需求两者就重叠了。参见穆光宗、陈俊杰《中国农民生育需求的层次结构》，《人口研究》1996年第3期。基于这一分类的不足与广泛的经验调研，本文将农民的生育价值观分为终极价值需求、社会性需求、个体生活性需求这三个层次。

的社会压力。费孝通就通过对生育制度的描述，揭示了农民的生育行为是如何被礼治秩序与道德规范所制约的。① 生育规范从根本上来说即是对特定生育行为的奖惩机制，它存在于生活的方方面面，通过社会舆论、展示性的仪式、村庄内部的资源分配等多种方式被表现。例如，生育行为可以成为个体孝顺与否、有没有能力的价值评判标准，并在整个村庄获得共识，任何不符合特定生育行为的个体都有可能背负道德指责并为村庄所排斥。一个典型的例子是，修族谱、祭祖等活动规定只有特定性别的成员才能参与，这就起到了鼓励或禁止特定生育行为的目的。事实上，生育规范通常是相当细密的，可以蔓延到日常性的生活中，农民之间极为细小的表情、眼神的差异，都能够使社会规范得到隐秘的表达，进而对生育主体产生影响，使其调整生育意愿。此外，生育规范在不同结构的村庄具有不同的强弱。生育规范越强的村庄，特定的生育价值和生育偏好就越稳定，越强烈，越少受到外部力量的影响，反之亦然。

（二）生育空间与关系网络

生育意愿要转换为生育行为，必须存在相应的生育空间，即"能不能生"的问题，它是农民生育的客观条件。我国自20世纪70年代初期就开始执行计划生育，由此，国家行政力量开始正式进入农民的生育行为之中，成为影响生育不可忽略的一个变量。国家政策主要对生育数量进行刚性的规定，大部分省份的政策生育率都仅为1~2②，极大地压缩了农民的生育空间。但是，制度性的生育空间与农民实际的生育空间之间存在间距，在实践中，农民的超生行为普遍存在，实际的生育空间一般要大于制度性的政策生育

---

① 费孝通：《生育制度》，商务印书馆，1999。
② 郭志刚等：《从政策生育率看中国生育政策的多样性》，《人口研究》2003年第9期。

率，本文的生育空间是指在实践层面农民可生育的机会。可见，农民的生育空间的大小很大程度上取决于其软化国家刚性政策，实现生育意愿的能力。

个体差异对生育空间区域性的分布影响不大，它并不取决于个人能力，而是以村庄为单位，同一个村庄具有大体一致的生育空间。原因在于，村庄是国家与农民对接的中介，计划生育政策的终点并不是个体性的农民，而是社区。国家政策的执行，农民对政策的反应、承受均是以社区为平台，同一村庄内部政策的执行程度大体一致①。不同村庄具有不同的关系网络形态，面对国家的正式制度，具有完全不同的行动能力，进而影响国家政策执行的效力②。生育空间的差异则取决于不同的社会结构下社会关系网络的结构与密度。

首先，关系网络的形态与密度决定了农民集体行动的能力，它是农民反抗国家的必要条件。农民要创造计划生育的空间大抵有两种形式，一是集体抗争，二是规避政策。农民集体行动能力强，就能够有效组织，进行联合行动，使抗争成为可能。而一旦农民组织起来，形成群体性事件，国家的治理成本就会增大，出于稳定与执行可能性的考虑，政策必然在一定程度上软化，农民的生育空间就得到扩张。同样地，农民要规避国家政策，也依赖于农户之间彼此保密，相互合作。关系网络越紧密，农民就越倾向于相互保护，越不可能去告密泄露信息，任何出卖村社成员的人都可能被整个村庄谴责与边缘化。而国家在有限的治理能力下，显然不可能获得村民的完全信息，自然增加了农民的生育机会。

其次，关系网络决定了村干部嵌入村庄的程度，影响了行政力量

---

① 彭希哲、戴星翼：《农村社区与农村人控制》，《人口研究》1992年第2期。
② 彭玉生：《当正式制度与非正式规范发生冲突：计划生育与宗族网络》，《社会》2009年第1期。

的整合力度。作为国家政策执行的末端，村干部得力与否是计划生育政策能否有效执行的关键。但在不同的社会结构之下，村干部因对村庄规范的遵从程度不同、面对的村民所具备的抵抗能力不同，其所扮演的角色差异也很大，会在不同程度上偏向保护人或是代理人[1]，从而扩大或挤压农民的生育空间。显然，社会网络紧密的时候，村干部的嵌入程度比较深，就会偏向于保护人的角色，此时，村干部不但不会完全执行政策，甚至成为农民逃避国家政策的重要帮手。反之，社会网络稀疏，村干部受到村庄规范的制约就少，很容易被国家吸纳成为代理人。国家就可以借助村干部有效执行政策，农民的生育空间就会受到压缩。

农民的生育行为是生育意愿与生育空间共同作用的结果，前者代表着主观偏好，后者则是客观条件。不同的社会结构将形成完全不同的生育意愿与生育空间。一般而言，在发展与政策作为变革力量的条件下，生育意愿与生育空间具有三种形态：①生育意愿与生育空间具有较低的变更速度，均保持在较高的水平；②生育意愿与生育空间发展错位，生育意愿低于生育空间；③生育意愿与生育空间均快速变化，处于较低的水平。农民就在生育空间限定下，策略性地释放自己的生育意愿，呈现不同模式的生育行为。

综上所述，不同的社会结构设定了与之相匹配的生育文化与关系网络形态，前者决定了农民的生育意愿，后者决定了农民的生育空间，两者共同形塑出统一结构内农民趋同性的生育行为。而正是这一微观性的生育行为呈现区域的差异，在区域内部聚集，形成了宏观人口转变在区域上的差异性分布。由此，我们可以建立村庄社会结构与农民生育行为之间的关联性模型（见图1）。

---

[1] 徐勇：《现代国家的建构与村民自治的成长——对中国村民自治发生与发展的一种阐释》，《学习与探索》2006年第6期。

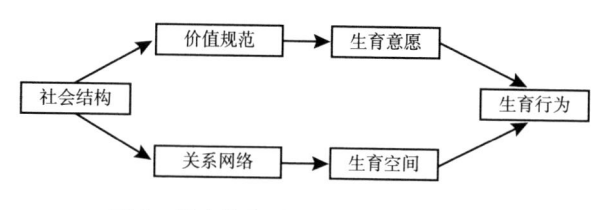

图1 社会结构对生育行为的影响机制

三 宏观分析：农民生育行为的区域差异

生育行为的现代化包含三个内容，即数量的下降、性别比的均衡、生育时间上的正常化。① 其中，又以生育的人口数量与生育的性别结构为最重要的指标。顾宝昌指出，"一个个人的生育行为聚集成生育水平"②，宏观上所观察到的总和生育率，标志着这群妇女平均的生育数量。同样的出生性别比，则标志着这群妇女生育的平均性别结构。事实上，正是微观上趋同性的生育行为模式，影响着宏观的人口转变。③ 本文主要引用学者以第六次人口普查为基础对县级的人口数据进行的统计与挖掘，并以此为基础考察当前中国农民的生育行为及其分布。

（一）生育行为的区域差异

王良健等利用全国2357个县（市、区、旗等）第六次人口普查数据，运用四分位图法绘制了总和生育率的空间分布图。④ 总体而言，瑷珲－腾冲线以东，生育行为的分布具有显著的差异，呈现

---

① 顾宝昌：《论生育和生育转变：数量、时间和性别》，《人口研究》1992年第6期。
② 顾宝昌：《生育意愿、生育行为和生育水平》，《人口研究》2011年第2期。
③ 伯奇：《人口行动的结构》，载于顾宝昌编《人口社会学的视野》，商务印书馆，1991，第104~118页。
④ 参见王良健、梁旷、彭郁《我国综合生育率的县域差异及其影响因素的实证研究》，《人口学刊》2015年第3期。

较强的地理区位特色。① 其中，人口生育数量较低的地点主要分布于两个区域：一是以黑龙江、辽宁、吉林这三个省组成的东北地区；二是长江流域内的中部地区，包括长江上游的成都平原（以川、渝为主），中游的洞庭湖平原与江汉平原（鄂中南部、湖南省的东北部），下游的长江中下游平原（包括浙江大部分与苏南地区）。此外，山东半岛、广东和福建的沿海部、津京唐地带也都是较低的区域，不过这些地带基本是城市分布带。这类地区生育水平基本处于第一类与第二类地区，总和生育率为 0.7~1.48。人口生育数量较高的地区分布在江西、广东、福建、广西、海南这五个省构成的华南地区，以及湖北南部、湖南西部、浙江西南部。这几个区域基本连成一片，构成了全国生育最高的地带，绝大部分属于第四类，少量为第三类，总和生育率在 1.49~2.45。处于中间的则主要集中于华北平原与西北，属于中国的北方地区，包括河南省、河北的南部、江苏北部、安徽北部、山东的西南、山西、甘肃，这些地区生育水平处于第二类与第三类地区，总和生育率为 1.3~1.64。

从县（市、区、旗等）层面来看，出生性别比同样呈现很强的区域差异，并与总和生育率的空间分布具有一致性。② 出生性别比较低的地区，同样位于东三省，长江流域上游的成都平原（以川、渝为主），中游的洞庭湖平原与江汉平原（湖北省的中南部、湖南省的东北部），以及山东半岛与京津唐地区。这一区域内的出生性别比基本正常或处于低度的失衡状态。出生性别比较高的地区

---

① 中国的人口主要集中于瑷珲-腾冲线以东，并且，西部省份有较多少数民族，政策生育率较高，与东部地区有完全不同的生育空间，因此，本文以瑷珲-腾冲线以东作为分析对象。

② 龚为纲根据 2010 年第六次人口普查数据中地级市的出生性别比数据绘制成出生性别比分布地图。参见龚为纲、吴海龙《中国农村生育转变的类型与宗族文化的区域差异》，《中国乡村发现》2013 年第 1 期。

则主要位于广东、广西、江西、福建、海南这几个省份，而出生率比较高的鄂东地区、湘南地区同样出现了严重的出生性别比的失衡。此外，出生数量位于中间层次的北方地区，即河南省、河北的南部、江苏北部、安徽北部、山东的西南也是出生性别比失衡重灾区，其生男偏好与华南地区不相上下。

不难发现，总和生育率与出生性别比的区域差异在空间分布上基本是重叠的，并且大致按照南方、中部、北方、东北这四大区域进行分布，其中东北与中部的生育模式基本一致。因此，可以根据总和生育率与出生性别比得知各个区域生育行为的一般倾向与模式，并将中国的生育行为分成四大区域、三种类型模式（见表1）。

表1 不同区域的生育类型

变量区域	东北	中部	北方	南方
总和生育率	低	低	较低	高
出生性别比	低	低	高	高
生育行为	少生、无性别选择		少生、生男	多生、生男
生育行为类型	现代型		过渡型	传统型
村庄结构	分散型		分裂型	团结型

概括来说就是：东北和中部地区的生育行为表现为"低生育率－低出生性别比"的生育行为；北方的生育行为表现为"低生育率－高出生性别比"的生育行为；南方则表现为"高生育率－高出生性别比"的生育行为。按照人口转变理论，人口现代化的突出表征就是生育率的下降，对中国这一强生男偏好的国家而言，生育行为的现代化要经历两个具体的过程：首先是人口数量的转变，表现为生育率的大幅度下降，其次则是人口出生性别比的转变，后者一般来说滞后于前者，并具有一定的稳固性。以这两个维度作为人口现代化的标准，根据各个区域所处的相对阶段的差异，则东北、中部为现代型生育行为模式，北方地区仍然处于生育行为

的转型与过渡时期，而南方地区是传统型的生育行为模式。① 那么，生育行为的分布与村庄社会结构之间有什么关联性呢？

（二）社会结构的区域差异

笔者及所在的研究团队对农村的区域差异进行了持续的关注，我们发现不同区域的农村具有完全不同的社会结构。贺雪峰在《论中国农村的区域差异》这一具有总结意味的文章中，对中国各个区域的自然区位、历史过程、经济发展状况等多个方面进行了考察，认为中国农村存在三类较为稳定的区域结构，并大致按照南、中、北在空间上规则分布。② 其中，南方村庄为团结型村庄，包括福建、广东、江西、广西、海南所在的华南地区，以及浙西南、鄂东南、湘南等区域；北方村庄为分裂型村庄，主要集中于华北平原与西北农村，即包括冀鲁豫、晋陕甘，以及皖北、苏北；长江流域上游的川渝、中游的鄂湘皖则是分散型的中部村庄，基于东北与长江流域社会结构的一致性，将其统称为中部农村。贺雪峰的这一区分，已经得到了相当多研究的支持。除了早期弗里德曼、林耀华、黄宗智、费孝通等学者对各个不同区域研究的成果③，近期桂华、欧阳静、杨华、刘燕舞、贺雪峰等人则在乡村治理、面子、宗教、自杀等多个方面都进行了卓有成效的研究，进一步表明了村庄社会

---

① 经典人口转变理论将人口转变定义为三个阶段，其中传统型即高出生率、高死亡率和高自然增长率。显然，即使是本文中的南方生育率较高的地区，总和生育率也仅在 2 以下，不是经典人口学释义上的传统类型。本文对于不同区域生育模式的界定是为了区分出人口转变路径与速率，传统、过渡与现代都是针对其他类型比较意义上而言，或者说是从何种更为接近现代生育类型的角度的划分，而非绝对标准意义上的。
② 贺雪峰：《论中国农村的区域差异——村庄社会结构的视角》，《开放时代》2012 年第 5 期。
③ 弗里德曼：《中国东南的宗族组织》，刘小春译，上海人民出版社，2000；林耀华：《义序的宗族研究》，三联书店，2000；黄宗智：《华北的小农经济与社会变迁》，中华书局，2000；费孝通：《江村经济——中国农民的生活》，商务印书馆，2001。

结构区域差异的存在。①

比照村庄社会结构对中国进行的区域划分与生育模式的区域划分，可以看到，两者具有高度的一致性，在空间分布上基本是重合的，其中南方村庄的团结型结构对应传统型的生育模型，中部村庄的分散型结构对应现代型生育模型，北方村庄的分裂型结构对应过渡性的生育模型。更为引人注目的是，大量在经济与政策的解释下相对不规则的区域，按照村庄社会结构的差异，其分布都是相对规则的。例如，广东、福建都是东部沿海省份，也是改革开放较早的地区，比广西、鄂东南地区的经济发达许多，但都属于传统型生育模式，它们的村庄社会结构都属于团结型结构。同样地，位于长江流域的四川、湖北、湖南等中西部省份，其经济的发展程度落后于东部省份，但在生育类型上却更加接近现代，其结构都属于分散型。此外，一般来说，同一省份的经济发展水平趋同，行政体制内部的结构也大体相似，国家推动生育政策的力度应该也大体相似②，但在实际中，省份内部却因为社会结构的不同，呈现内部很大的生育分化，例如湖北的江汉平原与鄂东南地区、湖南的洞庭湖

---

① 贺雪峰：《论村级负债的区域差异——农民行动单位的视角》，《管理世界》2005年第11期；桂华、欧阳静：《论熟人社会面子——基于村庄性质的区域差异比较研究》，《中央民族大学学报》2012年第1期；杨华、欧阳静：《信仰基础：理解农民宗教信仰区域差异的一个框架》，《民俗研究》2016年第1期；刘燕舞：《中国农民自杀问题研究（1980～2009）——社会互构论的视角》，华中科技大学博士学位论文，2012。
② 尽管政策文本具有统一性，但在行政体制内部则可能因为变通等原因产生实践的差异。不过政策变通主要是发生在统一行政体制内，是行政体制设置产生的结构性原因。（参见刘骥、熊彩《解释政策变通：运动式治理中的条块关系》，《公共行政评论》2015年第6期。）一般而言，政策变通要在各个区域产生规则性的、区域统一的影响，其可能性并不大。因此，在生育模式的区域差异中，政策在行政体制内部（乡镇及以上的行政设置）的变通可以被视为弱变量，或者说国家推动政策的力量并不具有规则的区域性差异。因此，政策的执行变差可以分为两个层次上的，一是在行政体制内部，二是社会对国家政策的影响，包括半正式的村干部基于其在村庄内部的角色产生的影响。

平原与南部地区、安徽的南部与北部之间的差异。事实上，这一现象不独独是中国，科尔对欧洲700多个省份人口变动的考察①和弗里德曼的研究均表明，生育的类型与文化的亚区域分布是一致的，人们的生育行为是深深嵌入其所在的文化社会结构之中的。②

这些事实无疑有力地证明了，村庄社会结构与农民的生育行为的相关性非常显著，其相关程度超过了发展与计划生育这两个变量。社会结构必然是影响农民生育行为差异的一个重要因素。

四 微观机制：生育行为区域差异的形成逻辑

（一）南方村庄：团结型结构与传统型生育行为

南方团结型村庄主要集中于华南地区，由于远离国家政权，一直以来又少受战争的纷扰，村庄宗族组织发育完全，形成了单一姓氏聚集而居，宗族规范强大，以血缘关系为基础的团结型结构。同一的血缘是村民之间相互关联的重要机制，所有村庄成员都以共同的祖先为中介，在与祖先的关联中确定自身的身份谱系、与他人的关系。这一血缘关系不是简单生理意义上的，而是在强烈祖先崇拜下对彼此同根同源的身份的认同，包含农民对自身生命意义的追寻。因此，南方团结型结构不仅具有强大的以祖先崇拜与传宗接代为核心的价值规范，同时其社会关系网络团结而牢固。③

---

① 科尔：《人口转变理论再思》，载于顾宝昌编《社会人口学的视野》，商务印书馆，1992，第122~142页。
② 弗里德曼：《生育下降的理论重新评估》，载于顾宝昌编《社会人口学的视野》，商务印书馆，1992，第249~270页。
③ 对南方团结型村庄的分析均基于笔者与所在研究团队在广东、广西、福建、江西南部、湖北东南部等地进行驻村调研所取得的一手资料。

特殊性的血缘认同下，团结型的南方村庄形成了以实现自我价值为意义，以多生、生男为偏好的生育意愿。既然血缘是维系农民与祖先，进而与整个村庄形成认同关系的纽带，生育这一直接的血缘创设行为自然就构成了世代连接，建立与祖先关联的根本手段。每个人都自祖祖辈辈的生养而来，还要不断生育子子孙孙，生命得以繁衍而生生不息，这就是生育的价值所指。诚如贺雪峰所言，"有限的生命因为可以融入子子孙孙向下传递的无限视野中，而具有永恒的意义"①。在生育之中农民进入了延绵不断的生命中，体验生活的无限之感，自我的归属之感，生育成为农民认识自我本体性价值、安身立命的根本。并且，农民普遍认为生育的男孩越多，与祖先的联系就越厚重，越能使血脉延绵不绝；相反，如果哪个农民不能为家里添男丁，就会觉得愧对祖先，有深深的负罪感，再难体会到生活的价值与意义。

强有力的生育规范进一步将传宗接代的生育价值道德化。多生育男孩的农民被认为光宗耀祖而享有荣耀，不能生育的男性则是不孝子孙，地位低下。这一尊卑地位不仅成为村庄中的共识性舆论，而且在公共仪式中被不断强化展演。扫墓、修祠堂、修族谱等一切与祭祀祖先相关的公共活动中，均以男丁为成员，除了妇女不允许参与，一些宗族甚至会将光棍、没有生育儿子的农户看作命不好会影响宗族的气运，而将其排斥。后者在族谱上通常以"止"字显示其血脉的终结。下葬时，人们更是以其子嗣的多少对死者盖棺定论，子孙越多越热闹，福气越好，如果一个儿子都没有，村民们就会纷纷评价这个人算是白活了，其一生的价值都因此被抹去。可见，南方团结型的村庄不仅只将生育了男丁的成员看作享有完整宗族成员资格的人，而且一致的行动力能强有力地排斥不符合生育规范的成员，将其建构成公共生活与道德中的边缘者。这无疑给农民

---

① 贺雪峰：《乡村社会关键词》，山东人民出版社，2016，第117页。

强烈的情感刺激与社会压力，只要预想到没有儿子的境遇，就必然会选择对生育价值与生育规范的遵从。因而，尽管国家与现代性力量都与此相悖，但团结型的南方村庄的生育观念并没有多大改变，多生、生男还是当地农民生育的最优选择。

从生育空间看，团结结构的南方农村仍然维持着较大的生育空间，农民的实际生育数量要远超于计划生育率。出于强烈的宗族认同，南方村庄在面对整体利益时，不仅能够抑制内部关系的亲疏远近、利益的相对分裂，形成团结紧密的社会网络，而且为了维护宗族利益，敢于与外部力量直接对抗，具有很强的集体行动能力。当国家试图以强制性的行政力量对村民的生育进行规训时，即使针对的是个别超生户也会被视作侵害了整个宗族的利益与价值，引发农民的集体反抗。农民不仅能够以暴力的形式反抗下村做工作的乡镇干部，将其赶出村庄，有些大宗族甚至促成跨村的联合行动，直接对地方政府构成威胁。面对宗族强有力的反抗，出于维稳和治理成本的考虑，国家政策会发生一定程度的软化，南方村庄计划生育也就常常执行得并不彻底[①]。此外，农民规避政策也相对容易，紧密的社会关系网络强烈抑制了损公肥私的行为，村民相互出卖将被认为是对整体宗族利益的破坏，将为全体村民所不齿。因而，南方村庄很少出现农民的告密行为，相反，所有族人都严防死守，为超生户遮掩躲避政策的执行。

村干部则构成了国家政策执行的另一困境。南方团结型村庄的村干部首先是以血缘团体成员的身份而被认同，他嵌入村庄的程度很高，受到村庄规范的强烈规训。在这一情况下，村干部就既不会，也不敢以牟利型代理人的身份出现，反而要时时考虑村庄内部的利益，避免被村民边缘或受到攻击，扮演着典型的村庄保护人的

---

① 彭玉生：《当正式制度与非正式规范发生冲突：计划生育与宗族网络》，《社会》2009年第1期。

角色。因此,国家对村干部的激励措施收效甚微,他们很难被整合进政策的执行网络。相反,村干部借由这一便利位置,常常偷报漏报信息,通风报信,协助农民逃脱国家的行政力量。而一旦缺少了村干部的协助,县乡就难以获得农民的准确信息,如果强制执行,将进一步恶化干群关系,引发更大的冲突。贺雪峰对村级债务的研究也很典型,他指出这一区域类型的村级债务是最少的,农民不仅可以通过直接对抗、上访等途径有效遏制国家征税行为,村干部的不妥协、不配合也使得国家力量无法顺利进入。① 这表明,计划生育并不是特例,保护村庄利益、抵制国家进入是团结型村庄与国家冲突时一以贯之的行动逻辑。

强有力的集体行动与无法整合的村干部,都使得南方团结型村庄的计划生育政策不能有效执行,村民的生育空间大大扩增。从图2的总和生育率就可以看到,南方村庄的实际生育人口要远多于中部地区和北方地区。此外,由于国家进入的强度较低,南方团结型村庄人口的漏报比例非常高,其实际的生育空间可能比统计数据要更大。②

可见,在南方村庄,团结型的村庄结构构筑了一张严密的保护网,它一方面强化了农民的生育价值观,使其偏向于多生、生男,另一方面则塑造了较大的生育空间,使农民的生育意愿能够最大程度地实现。现代性的发展变量与国家政策的因素都在社会结构的强力抵制下被软化,从而无法真正变革农民的生育行为,后者得以维持原来的生育惯性。因而,可以将南方团结型村庄的人口转变路径

---

① 贺雪峰:《论村级负债的区域差异——农民行动单位的视角》,《管理世界》2005年第11期。
② 赣南地区属于典型的团结型结构村庄,这一地区的人口漏报现象极为严重。笔者曾在该区域的一个乡镇调研,2014年户口登记放开,该镇上户口人数激增,其中一个村庄从8000人增加到近10000人,增加了将近20%,可见其漏报的严重程度。这种情况尽管无法进行精确的数据统计,不过在宗族地区都是极为常见的现象。

概括为"抵御维持",这种结构的村庄呈现"高生育率-高出生性别比"的生育行为。

(二) 北方村庄：分裂型结构与过渡型生育模式

北方分裂型村庄主要集中于华北地区，与南方团结型村庄相比，其距离中央近，又长期受到战乱影响，村庄不存在强宗大族的宗族组织，而是由若干个姓氏联合构成。"五服"以内的小亲族血缘圈是农民认同与行动的单位，多个血缘单位之间一方面为了争夺村庄的资源，相互博弈，激烈竞争，另一方面则基于村庄合作的需要而不得不遵循一定的规则。竞争与整合的复杂关系使村庄的社会性高度发达，形成了在村庄规范下血缘团体激烈竞争的分裂型结构。[①]

相比团结型的南方村庄，北方农民的祖先观念相对淡薄，血缘的记忆较短，仅维持在五代，难以形成超越性的生育价值观。但是高度发达的社区生活同样锻造着农民其他面向的生活意义，其核心是"使自己的家庭能够成为一个参与地方社会或村庄的社区互动的单位"[②]，并在激烈的竞争性结构中获得优势，从而赢得社区的认可，获得面子与地位。生育服务于农民对这一社会目标的追寻，多生男丁是为了尽可能壮大自己家庭与亲族的力量，在村庄中说话说得响，有面子。因此，与"继承香火"相对，北方分裂型村庄将生育称为"顶门户"，即需要男性继承家业，代表家庭与门户在村庄中立足，将门户顶起来。没有儿子，则会被称为"绝户"，后者并不是指断了祖宗的血脉，而是无人代表自己参与村庄的公共竞争，丧失了社会性的地位。可见，在分裂型结构的村庄，生育被当成了农民维持社会地位、改善社会处境的重要手段。

[①] 对北方分裂型村庄的分析均基于笔者与所在的研究团队在河南、甘肃、山东、山西、陕西、安徽北部等地进行驻村调研所取得的一手资料。
[②] 陶自祥：《分裂与继替——农村家庭延续机制的研究》，华中科技大学博士学位论文，2013，第141页。

南方团结型村庄通过价值上的边缘化实现生育规范，分裂型的北方村庄，生育规范则更为现实，是在村庄的竞争秩序中被确立与强化的。由于缺乏统一的规范，每个小亲族无法形成一股主导性的力量，分裂型村庄的社会竞争表现得异常激烈，从日常性的红白喜事、为人处世、村庄舆论，到纠纷调解、村庄选举，人口多的大亲族总能在其中得到好处，并且讲话硬气，处处都高人一等，相反，势力小的亲族则处处吃亏，还得不到支持，只能忍气吞声吃哑巴亏。[①] 可见，竞争性的社会网络之下，村庄的社会规范带有很强的强弱秩序的特征，亲族的大小决定了社会、物质资源的分配，它激励着农民不断生育男丁避免受到欺负打压。尤其是一些受了气的小亲族，更是铆足了劲儿多生儿子，伺机报复。尽管北方分裂型村庄也面临国家与现代性的冲击，但正是这种对社区生活的强烈参与和激烈的竞争格局，农民的生活面向朝内，仍然关注自己在社区内的地位，多生男孩的动力得以有力的保持。

但是与农民强劲的生育意愿相比，北方农村的生育空间则相当有限。在分裂型的结构下，农民的认同与行动单位仅仅维系在五代以内的亲族，并且各个亲族之间由于激烈的竞争互相存有间隙难以合作，村庄自然无法形成强有力的集体行动。国家的行为只能在各个亲族内部激起反应，无法进一步扩展，而单个亲族的力量显然过于薄弱，没有能力同国家进行博弈与对抗。政策规避在分裂型村庄同样存在困难。尽管家族成员之间倾向于相互保护，但其他血缘团体则并不如此认为，相反，在生育政策如此严苛的条件下，谁都不愿意哪个亲族多生育扩大了自己的势力。农民彼此之间成了相互监督的力量，不同亲族之间的告密行为时常发生，沉于村社中的信息由此浮出水面，变得难以隐藏。此外，分裂型结构中，村干部的保

---

① 申端锋：《农民行动单位视域中的小亲族——以鲁西南 S 村为表述对象的个案呈现与理论阐释》，《江海学刊》2007 年第 4 期。

护作用也不强。他仅仅认同自己的亲族单位,也的确会利用权力使自己亲族内的成员有更多的生育空间,但对其他村庄成员就没有保护的义务与动力,执行政策时并不会手软甚至借此打压其他亲族的势力。而被打压的小亲族显然不会就此罢休,在强烈的激愤下,农民会通过上访引入国家的力量对村干部进行报复与反制。这种政治斗争很可能持续地在多个亲族单位内轮番展开,国家的力量则被农民反复援引,不断深入,波及整个村庄。[①] 由此,分裂型的北方村庄不仅无法抵御国家力量,反而通过竞争将其锐化,村庄的生育空间在这个过程中被逐渐耗尽。一些想要多生育的农民不得不逃着生,跑着生,但这一方式形塑的生育空间显然要比团结型结构的南方小得多。

北方分裂型村庄强烈的竞争,不仅强化了村庄内部的生育动力,也强化了进入村庄中的国家力量,两者的目标不一致使农民处于主观生育意愿与刚性的客观生育空间的张力之中。相比于其他两个区域的农村,北方分裂型村庄的农民自然最快地达到了极限生育空间[②],也是遭遇主客观冲突最为严重的地区。为了消解这中间的张力,农民不得不做出策略性的调整。与南方相对自然的生育不同,北方地区几乎家家户户都会进行怀孕检,人为地进行性别鉴定,以保留性别上的偏好。因此,北方分裂型村庄的生育行为就出现了生育数量少,但通过技术手段人为地生育男性的传统型生育行为。这也是不少北方分裂型村庄的出生性别比甚至比团结型村庄更高的原因。可见,面对外部刚性行政力量的挤压,由于缺乏足够的抵抗力,北方农民只能调整自己相对滞后变迁的生育文化,以达到生育意愿与生育空间的相对平衡。基于这一特点,可以将分裂型结

---

① 田先红:《农民行动单位与上访行为逻辑的区域差异——一个解释模型》,《人文杂志》2012年第4期。
② 李树茁、闫绍华、李卫东:《性别偏好视角下的中国人口转变模式分析》,《中国人口科学》2011年第1期。

构下的生育转变路径概括为"挤压适调",这种结构的村庄由此形成了"较低生育率-高出生性别比"的过渡型生育行为。

(三) 中部农村:分散型结构与现代型生育模式

中部分散型村庄,主要包括位于长江流域沿岸的两湖平原、江汉平原、成都平原、长江中下游平原以及东北地区。这些区域或是由于生态不稳定,或是由于商业开发较晚,并不存在稳定的血缘关系成长的空间,大多为散居的杂姓村。村庄的行动与认同单位已经内缩到核心家庭,户与户之间连接松散,又缺乏内生性的规范,形成了原子化的分散结构。①

既没有南方团结型结构维系的宗族体系,又没有北方分裂型结构的社会竞争,以核心家庭作为行动单位的中部农民,私人性的家庭生活构成了村庄社会的聚焦点。他们很少有超越性的、社会性的价值体验,而是更加倾向于生活的舒适与享受,以满足个人日常性的需求为目的,呈现高度生活化、理性化的行为逻辑。生育在这一文化氛围中服务于农民的私人生活,被置于功能的考量之中。国家力量与现代性的因素侵入之前,中部农村的农民同样倾向于多生、生男,具有与其他村庄一致的生育偏好,但其所包含的生育价值却截然不同。它所考量的是在市场经济与保障体系尚不完善之时,生育的成本不高,相比女性,生育男性更能够养老,增加家庭的劳动力。最能显著表明这一点的就是当农民生男而不得时,就会停止生育而多采取招婿的方式完成家庭的再生产。中部农村招婿的比例远高于其他两个区域,上门女婿也很少遭到排斥。② 可见,在分散型的中部农村,并不存在"继承香火"与"顶门户"的价值追求,

---

① 对中部分散型村庄的分析均基于笔者与所在的研究团队在四川、湖南、湖北、浙江、江苏、安徽南部等地进行驻村调研所取得的一手资料。
② 龚为纲:《男孩偏好的区域差异及其逻辑》,《战略与管理》2013年第2期。

男性只是由于功能上的优势才被偏好。

相比于价值与社会层次，这种功能主义的、以个人日常生活的需求满足为目的的生育偏好显然具有高度的不稳定性，它很容易因为功能的存在与丧失而发生改变。当市场经济、教育等一系列现代性因素进入，使得生育的成本变高，男性与女性的差异化日渐缩小时，农民多生、生男的偏好也就随之发生改变。更为重要的是，分散性结构的村庄缺乏内生性的价值，也无统一的规范，生育并没有像其他区域一样成为一种道德规范。农民的生育行为不需要承受社会压力，更多是私人性的，是核心家庭内部的决策，甚至连兄弟、父母都无权干预。因此，相比其他两个区域，中部农村的生育观念转变得最快：一是生育质量替代了生育数量，认为"多生没用，也养不起，还不如培养一个好的有用"；二是性别偏好的消失，认为生男生女都一样，不少农民甚至觉得女儿更加孝顺，更加贴心。为了适应生育上的改变，中部分散结构的农村大多兴起了"两头走"的婚姻形式，女儿与儿子一样具有了继承财产的权利与负担养老的责任。① 至此，中部农村的农民已经从家庭制度上解决了男女的区分，生育上的性别差异在根本上被抹平了。

从生育空间看，中部分散型村庄的生育空间也是最小、最为接近政策生育率的。国家形塑的生育空间可以看作是加速农民生育转型的另一股力量。如果说北方农村尚有亲族的血缘小团体作为国家与农民之间的中介，那么分散型的中部农村，农民则是以核心家庭直面强大的国家，缺乏中间的缓冲余地。尽管中部村庄农民与农民之间也相互联系走动人情，但其所建构的交往圈均是以个体为中心，不仅扩展的范围有限，而且是以互助为目的的建构性的弱关联。这一稀疏的社会结构根本无法结成守望相助的共同体，事实

---

① 王慧、狄金华：《"两头走"：双独子女婚后家庭居住的新模式》，《中国青年研究》2011 年第 5 期。

上,在农民看来,国家的进入只被看作是针对具体的超生户,是别人家的事,与己无关。因而,与南方团结型村庄的强势地域和北方分裂性村庄的间接引入不同,在结构薄弱甚至可以说无结构的分散型中部农村,国家几乎是可以完全无阻碍地长驱直入,分散的个体式的农民毫无抵抗能力。

村干部则进一步推进了国家力量的渗透力。如同上文所分析的,对中部农村的村干部而言,其所面临的一边是松散的、无约束的村庄,一边是强有力的国家,在这一背景下,村干部必然会被国家所吸纳。除了村干部,在这一区域,党员、小组长,甚至一般群众也都被整合进了政策执行的网络。他们都构成了国家的代理人群体,成为国家无所不在的渗透到村庄中的庞大的辅助力量。农民的组织能力弱,无法形成反抗,对村干部都相当惧怕,相反,代理人不仅毫无忌惮,而且工作作风通常相当粗暴,手段凌厉,多以强制的方式完成任务。事实上,正是在这一区域,在任务的强压与强激励下,缺乏村庄制约的村干部最容易向牟利型代理人转变,一些带有黑社会性质的狠人成为村干部,直接使用暴力手段对付村民,成为"三农"问题最严峻、干群问题最突出的地带。① 但如果仅从政策执行的角度看,计划生育政策得到了执行,它以一种相对残酷的方式彻底压垮了农民的生育空间,规训了其生育行为。

综上所述,分散型结构的村庄缺乏抵御国家、自我保护的能力,其生育空间无疑是最小的,然而,与之同步的是,其功能导向的生育价值观迅速适应了经济发展的变迁而转变了生育上的偏好,对生育空间的刚性需求就自然下降,生育空间与生育意愿在新的阶段达成了平衡。可以看到,在缺乏结构与价值规范的中部村庄,无论是经济社会的变迁还是国家力量都能够迅速进入,对农民的生育

---

① 贺雪峰:《论中国农村的区域差异——村庄结构的视角》,《开放时代》2012年第10期。

行为进行形塑,其生育上的变化路径可以概括为"顺应转型",并形成了"低生育率-低出生性别比"的现代型人口类型。

基于不同地区生育行为转型的路径与生育行为模式,可以得出结论:社会结构的不同决定了农民基础性的生育价值规范与行为能力,发展与政策变量必须与它相互适应,并共同塑造出了区域性的生育意愿与生育空间,进而决定了生育模式转变的不同路径、差异化的生育行为,并在宏观上呈现为总和生育率与出生性别比的差异(见表2)。

表2 社会结构与生育行为的区域差异

	生育价值规范	关系网络	生育意愿	生育空间	生育转型路径	生育行为模式
南方农村	价值型强规范	紧密合作关系	强	大	抵御维持	传统型
北方农村	社会型强规范	分裂竞争关系	较强	较小	挤压适调	过渡型
中部农村	功能型弱规范	分散原子化关系	弱	小	顺应转型	现代型

由此可见,社会结构的区域差异不仅与生育模式的空间分布有较强的相关性,而且的确是影响生育行为重要的变量,能够对不同区域的生育模式做出解释。

五 对人口转变理论的反思

经典的人口转变理论认为社会经济的发展是影响生育转型的根本原因,人口将随发展自然地经历从高生育率到低生育率的过程,也正因此,发展被称为"最好的避孕药"。中国的人口在70年代经历了国家的强干预,从而出现了猛烈的人口转变,为了适应中国这一特殊的国情,学者们对经典的人口转变理论进行了补充,并发展形成了"发展－计划生育－生育"的解释模型①。该模型重视政策与发展这两个外部力量对生育的影响,但很少对生育人群与其所处的环境进行分析。作为一般性的结论,这一解释模型并不存在问题,发展与计划生育的确构成牵引人口转变的关键性力量。但是,令人感到困窘的是,这种一般意义上的正确性,也带来了其解释上的不充分性:发展与计划生育跟生育之间的一致性通常伴随着非一致性的阴影,两者无法建立起完全的线性关系,中国人口分布的区域差异正是这一问题的直接体现。这意味着不仅人口转变中的非一致性无法在这一分析框架内得到解释,而且其一致性的部分也只能被降格为一种相关性上的形式分析,无法对集合性之下的差异性分布及其发生路径做出回应。无论是从现实的解释,还是从理论的发展,人口转变必须要对其与"发展－计划生育"中的非一致性做出回应。

正如本文在开头引用的戴维斯的话,"发展与计划生育"均是变革性的要素,人们过于关注它们对生育的作用力,却无视它们所作用的对象及这些对象所处的社会环境,而后者恰恰构成人口变化的起点。正是由于无视起点,"发展－计划生育－生育"模型将所有的生育主体看作是无差别的,外部力量被认为具有完全相同的效果,忽视了生育主体是为其所生活的社会结构所包裹的,不仅具有差异性,而且还会对外部力量形成作用力。认识到这一点是重要的,尤其在中国,现代化的过程方兴未艾,大部分地区仍保留着乡土性的前现代痕迹,区域间存在很大的差异性。基于这一客观的事实,除非我们了解生育的初始状况及其所处社会的本质,要弄清楚人口转变的真实图景几乎是不可能的。

基本中国的现实,本文提出在"发展－计划生育－生育"这

---

① 参见顾宝昌《论社会经济发展和计划生育在我国生育率下降中的作用》,《中国人口科学》1987年第2期。

一模型中引入村庄社会结构这一变量,并强调其在不同区域之间的差异。社会结构是影响人们生育行为的重要变量,但对它的强调并不是否认发展与计划政策的作用,而是将其作为生育行为的基础与起点,将其作为影响生育行为的先导性变量。作为变量,它在两个层次上影响生育行为:其一,直接对生育主体产生影响,不断生产出与特定结构相匹配的生育价值与规范,塑造出特定的生育偏好,其可能与现代性的观念相契合也有可能完全背离;其二,与"发展-计划生育"这一外部的力量进行互动,无论是国家还是发展的力量在进入村庄的时候都将遭遇社会结构的反作用,从而呈现不同的样态。在前者,"发展-计划生育"与社会结构在个体层面交互,后者则直接以结构为平台发生作用,在这个过程中,两者相互适应,相互改造,最终的生育行为是各种机制竞相发生作用的结果,它远比"发展-计划生育-生育"这一模型复杂得多。"发展-计划生育"仍然是引发变革的根本力量,但社会结构的作用也不容忽视,我们可以对原有的模型进行稍微的修正(见图2虚线部分)。

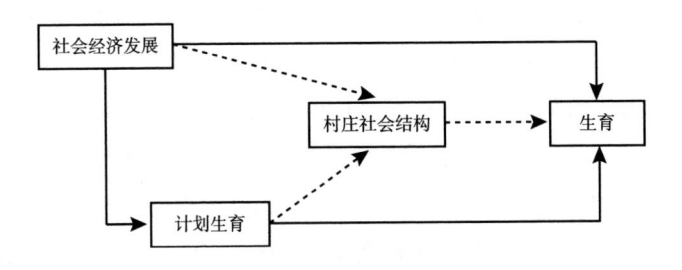

图2 "发展-计划生育-生育"模型与修正图

可以看到,"发展-计划生育-生育"模型只关注发展与计划生育政策驱动力,并试图直接得出结论。但引入社会结构则意味着,发展与以计划生育政策为主导的国家力量仍然是大系统的决定性变量,它不仅能够直接作用生育主体而且也能够改造微观的社会结构，但是社会结构也会对生育行为产生影响，前者的力量很大程度上会因为后者而发生变形，或被强化或被弱化。由此，添加社会结构这一变量，不仅没有削减"发展-计划生育"的作用，反而将其从抽象单一的变量转变为在不同场域中具体化的样态，且有不同方式和强度，使其更加丰满具体。从后者的角度，社会结构的区域差异是对两个宏观变量的有力补充。

同时，引入社会结构区域差异变量将研究分析的注意力从论证"发展-计划生育"与生育之间的一致性转向关注人口分布上的差异性，从简单的相关性研究转向了差异形成的因果解释的机制研究。以此为媒介也使得这种非一致性变得可分析：一方面，将人口的简单加总转变为了人口的差异性分布，质性地界定出具有特别特质的群体，及其在空间上的占有率及其分布特征；另一方面，把从宏观层面的抽象作用下降至区域社会结构层面，研究宏观变量到底是如何起作用，或者说人们是如何回应发生在他们身边的经济和社会变迁。但差异性的分析最终仍要服务于对人口集合的理解，其思路的中心观点是，承认"发展-计划生育"对社会有同一方向的推动力，但认为各个区域在社会结构方面存在差异，也许在最终结果上趋同，人口转变发生的速率与前进的道路却是非常不同的。从这个角度，我们就可以对一些人口现象做出重新的认识，这对人口理论、人口政策都有非常重要的意义。以人口转变的临界点为例，人口转变理论的其中一个弱点就是难以确定清晰的临界点，以可靠地证明某一社会发展到一定程度就会出现人口的转变。尽管区域社会结构也无法在定量上给予解答，但能够通过对不同类型结构性质的考察，质性地区分出这一临界点的高与低，例如团结型结构村庄的临界值必然是最高的，分裂型结构的村庄高于分散型结构的村庄。更现实层面的则是对中国人口更为全面的把握，当我们认识到中国人口转变的多种模式与多种路径，就不会抽象地问中国人口转变是否完成，而是更有针对性地对不同区域的人口形态做出评估与认识。更细微的则是能对何以广东、福建作为发达地区在人口转变上相对缓慢，四川作为落后地区为什么人口转变较快做出解答，以及前瞻性地对人口进行更加准确的预测，例如在国家放开二胎政策以后，哪些区域的生育率会发生快速转变，哪些区域仍将维持原状。

以社会结构的区域差异对人口现象进行分析并强调其重要性，并不意味着对社会结构有一成不变的认识。事实上，在经济社会发展与国家力量的作用下，区域性的社会结构很可能越来越弱化，社会的格式化、现代化的程度越来越高，社会结构变量的影响力自然也会减弱。但是，中国是一个巨型国家，同样也是一个发展中国家，这意味着包含人口现代化在内的现代化的过程必然是漫长的，社会结构的区域差异将在相当长的时间段内产生影响。更重要的是，由社会结构留下的文化传统通常具有更长的生命力，现代化的过程难以保证是线性的道路，"不同的社会组织有各自的规律，并且文化模式会影响人口变迁的时机和规律——它何时开始以及怎样进行"①。正是基于这一认识，需要我们基于中国社会自身的特点进行对问题的解释与理论的创新，这也是村庄社会结构区域差异试图去完成的。

六 结语

通过对中国人口生育行为模式与村庄社会结构的区域差异在空间分布上的相关性的呈现，以及村庄社会结构对生育行为作用机制的分析，本文证明了不同区域的社会结构形塑出特定的生育行为，社会结构是影响生育行为的重要变量。中国的人口转变不是单一路径的，而是在区域差异的社会结构的影响下，呈现多种路径、多种

---

① 约翰·R. 魏克斯：《人口学概论》，侯苗苗译，中国社会科学出版社，2016，第79页。

模式。这表明，中国的人口研究需要关于对中国本身社会基础的认识，"发展－计划生育"这一抽象的宏观变量需要在更加基础的层次上被认识与具体化，才有可能对中国的人口转变的复杂性有真正的认识。

撰稿：仇叶

村级负债的区域差异
——农民行动单位的视角

仿佛在一夜之间，村级债务在 2000 年前后凸显出来，并迅即成影响乡村治理的死结。根据王润雷的研究，村级债务的形成经历了三个阶段，这三个阶段均与自上而下的政策安排有关，但村级债务正如村级债权一样，是最终由全体村民所有并且与村民利益密切相关的事务，虽然村级债务是由村干部一手操作形成的，村干部的行为却逃脱不了村民的眼睛。与村民利益关系密切的村级债务的形成过程中，村民会有不满、抱怨，乃至会集合起来一致行动，以抑制村干部可能的不良行为。在同样的政策和制度背景下，农民行动能力的差异，可能形成村级负债的差异。

本文中，我们将分四个部分来讨论村级负债的区域差异。第一部分主要依据农业部王润雷先生的研究，介绍全国村级债务形成的阶段及村级债务与国家政策和制度安排的关系；第二部分讨论不同阶段村级负债复杂的内在机制，尤其是在不同阶段中自下而上因素在村级债务形成中发挥作用的过程；第三部分讨论农民行动单位与村级负债的关系；第四部分结合已有村级债务的统计数据，检验从农民行动单位视角解释村级债务区域差异的有效性。

一 村级债务形成的三个阶段

据农业部农村合作经济经营管理总站王润雷的划分，从 1990 年到 2001 年，全国村级债务大体经历了三个高速增长阶段，第一阶段从1990年到1993年,第二阶段从1994年到1997年,第三阶段从1998年到2001年。1990年是一个关键的年份,因为正是在这一年,全国村级债务总额为402.5亿元,大于债权总额(397.5亿元),出现了5亿元的净债务。村级债务形成的三个阶段的情况如表1所示。

表1 全国村级债务形成的三个阶段

	第一阶段 1990~1993年	第二阶段 1994~1997年	第三阶段 1998~2001年
债务状况	从402.5亿元增至1021.3亿元,增长了153.74%,年均增长206.27亿元,平均增长率为36.39%	从1076.1亿元增至1978.6亿元,增长了83.87%,年均增长300.83亿元,年均增长率为22.51%	从1932.6亿元增至2796.9亿元,增长了44.72%,年均增长288.1亿元,年均增长率为13.11%
主要原因	村级举债兴办集体企业	借款应付达标升级活动	借款完成税费上缴任务
政策举措(形成)	中央提出消灭空壳村,地方政府将集体企业产值、销售收入、利税等方面给各村下达指令性计划	公益事业的达标升级,尤其是"普九"、卫生、道路的达标验收	1994年实行分税制,中央及省级财力增强,县乡财力下降。农业税收和乡村统筹费用在乡镇财政中的比重越来越高
政策举措(结束)	1993年,安全与环境问题引起重视,国务院连续发文对乡镇企业进行清理整顿	1993年前后农民负担引起中央高度重视,1996年中央明确禁止一切要农民出钱出物出工的达标升级活动	2002年开始进行农村税费改革试点
内因	村办企业效益不佳	加重农民负担及借贷	将村干部报酬与完成农业税收、提留统筹任务挂钩
外因	地方政府积极性	粮价较高,基金会	粮价大幅下降,对乡镇企业的清理整顿及市场竞争加剧

资料来源:王润雷《全国村级债务形成的几个阶段及成因》,《中国农业会计》2004年第4期。

形成村级负债的原因是村级收不抵支。在上述形成村级债务的三个阶段，村级支出的理由是不同的，收入来源却大致不出以下几种：一是向银行借贷，二是向私人借贷，三是向农民收取，四是出售集体生产，五是集体经营所得，六是上级的转移支付。在每一个阶段，构成村级负债原因的收入与支出项目有很大的差异，同时，在不同地区，村级收入与支出也有十分不同的特点。

在形成村级债务的第一阶段，村级举债兴办集体企业，主要是向银行贷款。在中西部传统农业地区，虽然自上而下消灭空壳村的政策压力很大，且安排了专项银行贷款，但总的来说，银行不敢随便给村级组织贷款办企业，即使给予贷款，也是数量有限。相反，东部发达地区和有较多资源的地区，特别是矿产资源较多的地区或城郊地区，村办企业有一定规模，银行融资渠道较畅通，村一级为办企业，从银行获得大量贷款。

在形成村级债务的第一阶段，因为村办企业的产权不清，加之1993年国务院和农业部等针对生产安全与环境污染问题连续下发文件，要求清理整顿乡镇企业，结果是村办企业亏损面加大，并影响了地方政府投资乡镇企业的积极性。以兴办集体企业为主的村级负债的第一个阶段结束，全国村级债务完成了第一个高速增长阶段。

形成村级债务的第二阶段，是自上而下的达标升级活动。因为达标任务的刚性，地方政府难以变通，从而不得不在地方财力不足的情况下，层层向下摊派，不仅加重了农民负担，而且形成了严重的村级负债。以教育"普九"达标为例，1995年前后，在"普九"验收的强大压力下，乡村两级大规模地向农民集资和向社会借贷，买了很多不该买的设备，建了许多不该建的房子，成为这一阶段村级债务增长的主要原因。在"普九"中，教育行政部门不顾实际地强化部门利益，而在中西部农村留下了一大笔村级债务。

除"普九"以外，农村公路建设、卫生达标建设以及在20世纪90年代中期多如牛毛的各种超越村级承受能力的公益事业达标活动纷纷而起。这些达标升级活动大多超过了农民的实际需求和承受能力，变成地方政府的面子工程、政绩工程，甚至成为地方政府负责人谋取工程回扣的行为。

形成村级债务的第二阶段，以中西部农业地区受灾尤重。因为中西部地区以农业为主，农民收入有限，村集体财力有限，各种达标升级活动所需资金，不得不向农民摊派，恰是20世纪90年代中后期，粮食价格一路下降，农业比较收益很低，农民负担成为农业地区的严重痼疾。

沉重的农民负担引起干群关系紧张和群体性事件的此起彼伏，在1993年前后，农民负担问题引起中央高度重视，1996年，中央明确禁止一切要农民出钱出物出工的达标升级活动，除教育行政部门依然偷偷摸摸不切实际的"普九"达标外，大多数达标升级活动停止下来。

这一阶段出现大量农民摊派，农民负担日益加重，农民负担成为20世纪90年代中后期中国社会的主要关键词。

在形成村级债务的第三阶段，1994年开始的分税制改革，使中央和省级财政收入的集中度不断提高，县乡财政越来越困难。而从1994年到2000年，全国县乡财政供养人员从2251万增加到2959万。据统计，在2000年，全国县乡财力仅占地方总财力的40％，财政供养人员却占地方财政供养人员的70％。刚性的主要用于发放工资的财政支出压力，使得县乡政府不得不竭泽而渔。

而从增加财政收入方面看，分税制以后，乡镇财政收入中，农业税、农业特产税、屠宰税等涉农税收和乡统筹费占很大比重，农业特产税和屠宰税费因为很难计量，往往由猪头税变为人头税。国家规定向农民收取的三提五统费用，不得超过上年农民人均纯收入5％的高压线，又使地方政府倾向于虚报农民人均纯收入。

20世纪90年代中后期，一方面，粮价持续下跌，农民增收越来越困难，乡村干部明显不合政策的乱收费、乱集资、乱摊派以及虚报农民人均纯收入，引起农民强烈不满。中央越来越严厉的农民负担政策和新闻媒体越来越广泛的减轻农民负担的宣传，使乡村向农民收取税费的难度增大。另一方面，为了保障农业税收和提留统筹的及时、足额收缴，各地通行的做法是由乡镇决定村干部的报酬数量和结构，并将村干部报酬与农业税收、提留统筹任务的完成情况挂钩。由于乡镇安排的税费任务太难完成，一些地区的村干部便采取"上清下不清"政策，借贷款代农户垫交税费，由此形成村级债务。

形成村级债务第三阶段的显著特点：一是农民利益与乡村干部的利益严重分化；二是乡村之间出现利益合谋，乡镇默许村干部借收取税费的机会捞取灰色收入，村干部则利用协助乡镇收取税费的机会，"搭车"收取各种费用。

第一阶段形成的村级债务，主要与经济发达程度有关，往往越是经济发达地区、矿产资源丰富地区或城郊农村地区，村级负债越多。因为是向银行借贷，村干部能否贷到款，关键在于银行是否愿贷，而非村民是否同意贷款，因此，此一阶段的村级负债，与农民行动单位关系不大。

第二个形成村级债务的阶段，达标升级活动与村民的生产生活利益关系密切，在农民行动能力较强的地区，村干部会较为理性地比较达标升级工程与农民负担的利弊，并且一般不会贸然大量借贷举办难有经济回报的达标升级工程。

第三个形成村级债务的阶段，村干部为了获得个人经济上的好处，而想方设法借贷上缴农业税费，乡镇为了解决收不抵支的财政危机，不得不通过默许村干部自肥，来换取其收缴税费的积极性。在农民行动能力较强的地区，农民会对村干部明显的自肥行为构成监督与压力，从而使得村干部借贷垫交农业税费的动力不足。

因此之故，在形成村级债务的后两个阶段，同样的以农业为主的农村地区，因为农民行动能力及其行动单位的差异，而会造成村级负债的差异。我们在下一部分讨论这种差异。

二　村级债务形成的内在机制

我们可以找到一个简单的线索，来勾勒村级债务形成的内在机制。

Ⅰ. 自上而下的行政压力使村级扩大支出。

Ⅱ. 村干部可以通过向农民收费、向个人借款或向银行贷款来获得村集体的收入。

Ⅲ. 村集体可以通过经营获得收入，包括经营村办企业，出租土地、房屋等获得收入。

Ⅳ. 乡镇为了调动村干部收取税费和完成自上而下任务的积极性，倾向于默许村干部的谋私与自肥行为，村干部因为有了乡镇的默许，更加积极地完成自上而下的各种任务。

Ⅴ. 村干部的收费行为、自肥行为及完成自上而下安排的各种任务的行为，受到村民的抑制，其中包括村干部作为村庄一员所受到的压力，村民联合起来抵制村干部有损村庄利益的行动，村干部向农民收费收税时，村民消极逃避的行为，等等。

Ⅵ. 当村级支出包括上缴税费、举办企业和兴建公益事业等各项支出超出其收入时，村级负债就形成了。

Ⅶ. 在不同阶段，影响村级收入与支出的机制是不同的，而这种机制之不同，又与自上而下安排的制度或实施政策的不同有关。在同一阶段，不同区域自下而上的社会内生因素存在巨大差异，从而形成了针对同样自上而下制度安排的不同的社会应对机制，由此形成村级负债机制的区域差异。

以下讨论在不同阶段，自上而下的政策和制度安排如何影响了村级负债的状况。

1. 村级举债兴办集体企业阶段

在村级举债兴办集体企业阶段，面对自上而下要求兴办集体企业的压力，决定村级是否举债的因素有三个：一是村干部是否有抱负和决心（或私心）来举办集体企业，其中包括能否找到合适的项目；二是村民是否会认为上项目的风险很大，并因此有能力将自己的风险意识传递给村干部，影响村干部的决策；三是村集体能否找到借款。

在1990年的背景下，"无工不富"深入人心，渴望举办企业并因此致富的热情，在中国农村可谓不分南北，因此，只要村干部可以找到银行借款并有可以举办的企业项目，很少有村民会反对。倒是村干部较为缺少办企业的经验，担心办不成而产生亏损。既然上级要求消灭空白村，要求"村村点火，户户冒烟"，村干部就会想办法外出寻找可能的项目，上项目以完成上级安排的任务，同时实现全村致富的期望。

因此，最终能否上成项目的关键，是村集体能否获得借款。有一些能干的村支书，借与银行的好关系，在国家政策范围内（中央文件要求银行为乡镇企业提供支持性贷款）获得大量贷款。

银行向村庄提供贷款，不仅存在风险，而且银行贷款是稀缺资源，希望得到贷款的村庄多。可供贷款的额度有限，那些已有一些工业基础或有矿产资源的村庄，或城郊土地升值的村庄，更容易获得贷款。那些胆大、能力强、创业热情特别高的村庄负责人，可能凭借与银行的好关系，来获得大量的银行贷款。其结果，在20世纪90年代初，沿海发达地区和矿产资源较多的地区和城郊农村，获得了大量银行贷款，并举办了大量的乡村企业。而当1993年国家因为生产安全、环境污染等理由清理整顿乡村企业时，银行贷款的偿还就成为问题，村级债务就沉淀下来。

在一般中西部农业地区，银行不能为所有村庄提供贷款，那些有一定工业基础、负责人胆大能力强又善于搞关系的村庄获得了大量银行贷款，其中一些村庄利用贷款成功地举办了大量非农产业，而大部分村庄的银行贷款打了水漂，并因此形成巨额村级债务。

因此，在20世纪90年代初形成的村级债务中，有三个明显特点：一是村级负债主要集中在欠银行贷款；二是沿海发达地区、矿产资源较多的地区和城郊农村村级负债远高于中西部一般农业地区；三是中西部一般农业地区，开始出现少量巨额负债村，也出现了更少量的村集体经济成功发展起来的明星村。总体来讲，在形成村级债务的这一阶段，农民行动单位的区域差异，对村级负债区域分布的影响不大。

2. 达标升级形成村级债务阶段

在达标升级形成村级债务阶段，面对自上而下的达标升级压力，决定村级如何回应这种压力的因素有以下几个。

第一，达标升级活动出于上级不切实际的想象，并成为地方政府政绩工程，大多超出农民的实际需要和承受能力，因此，村民缺乏出钱出物出工的积极性。

第二，达标升级活动与兴办企业不同，不是企业性投资，而是有投入无经济回报的活动。因此，达标升级活动缺少向银行贷款的理由，而需要由农民出钱出物出工。

第三，乡村要农民出钱出物出工进行达标升级，就要进行摊派。摊派大多借征收农业税的时机进行。随着达标升级活动越来越多，摊派越来越重，农民不堪重负，逐步出现拖欠乃至抵制摊派的行为。乡村两级越来越难以通过摊派收取各种税费。

第四，在强大的自上而下达标升级压力下，乡村两级越来越倾向于通过借贷来完成自上而下安排的各种任务。

第五，当村民反对不切实际的达标升级，且有能力将这种反对的声音表达出来，形成对村干部的压力，村干部在面对自上而下的达标升级压力时，会慎重行事。一般来讲，村干部不仅不会贸然借贷举办那些不切实际的工程，而且很难有效完成上级安排的各种摊派任务。

这样一来，面对同样的自上而下的达标升级压力，因为农村自下而上因素的差异，而会造成不同的村级债务状况。具体来说，我们可以区分出四种情况。

第一种情况是，在强有力的自上而下的压力面前，乡村两级不顾农村的实际情况，不切实际地开展各种达标升级活动，并向农民摊派，农民负担很重。农民十分分散，无力抵制乡村两级的摊派。乡村两级收取大量人财物力用于各种达标升级活动。其后果是，虽然农民负担重，但各种达标升级任务都完成了，村级债务也没有大幅度增加。

第二种情况是，虽然农民十分分散，但乡村两级的摊派太重，农民无力承担，只能消极逃避各种摊派，甚至通过自杀这种极端的行动来抵制摊派。乡村两级面对农民负担的极限，不得不通过借贷来完成不能赢利的各项达标升级任务，并由此形成村级债务。

第三种情况是，农民有一定的组织行动能力，乡村组织无法将过重的负担摊派下去，农民负担不重。乡村组织不得不通过借贷来完成达标升级任务，由此形成村级债务。

第四种情况是，农民不仅具有一定的组织行动能力，而且会对村干部的行动构成巨大压力，村干部因为受到村民的压力，不敢贸然借贷去完成那些不切实际的达标升级任务。乡镇一级在既无法加重农民负担，又难以从村干部借贷中获取达标升级所需人财物资源时，为了化解自上而下的达标升级压力，不得不出面向银行或社会借贷，包括向当时流行于全国农村的农村合作基金会借贷，由此形成乡镇债务。

因此，在20世纪90年代中期第二阶段形成的村级债务中，有两个明显的区域性特点。一是在农民组织能力较低的一些地区，不仅农民负担重，而且村级债务重；而在农民组织能力较强的一些地区，不仅农民负担较轻，而且村级负债较少，相应地，在乡镇一级则可能形成较高额的负债。二是在农民组织能力较强的农村地区，因为乡村无力收取达标升级的摊派，而无法完成达标升级任务，因此，在这些农村地区，学校可能更破败，村庄道路更少维修，乡村街道更加陈旧，等等。

换句话说，在形成村级债务的第二阶段，传统的以农业为主的中西部农村，因为农民组织能力的差异，而形成了村级负债的区域差异，在农民组织能力很低的地区，不仅农民负担沉重，而且村级负债迅速增加。相应地，乡镇街道上、学校校园内，增加了很多用农民血汗堆积出来的现代建筑。

3. 借款上缴形成村级债务阶段

1997年以后，粮食价格大幅下降，农民收入难以增长，同时，农民负担问题引起更加广泛的关注，农民负担一票否决，使之前乡村组织可能凭借强制力向农民收取费税的可能性下降，县乡财政收入增长十分困难，而支出压力迅速增加。为了解决日益严重的财政困境，县乡两级越来越不考虑长远目标，而集中精力关注短期财政增收，其表现就是，县乡两级均以能否完成税费收缴任务作为工作考评的唯一重要指标，出现了所谓"不能完成税费任务的干部不是好干部"的普遍说法。

为了鼓励村干部完成税费收缴任务，乡镇默许村干部借向农民收取税费的时机，"搭车"收取其他各种费用，并默许村干部贪污自肥。其中最为严重和普遍的情况是，乡镇为了鼓励村干部按时完成税费上缴任务，要求村干部高息借贷款代农民垫交税费，村干部为了获取高息收入，而将自己的工资或现金作为税费垫交上去。在有些农村，有钱的村民甚至要巴结村干部，以高息借钱给村集体垫交税费。因为高息转本、本又生息产生的村级债务，滚雪球般快速成长起来。

因为县乡集中关注从农民手中获取税费，有意纵容村干部贪污自肥，在一些地区，村干部近乎公开的贪污自肥行为得不到查处而愈发严重，从而使村级债务快速增长，一发不可收拾，最终形成目前的严重局面。当前在以农业为主的中西部地区的严重村级债务，大多来自此一时期。

换句话说，在第三阶段形成的村级债务中，不仅存在县乡两级要求村干部上缴税费的压力，而且县乡两级前所未有地默许乃至纵容村干部贪污自肥而不查处①，从而使村级债务在极短的时间极快地膨胀起来。当县乡默许村干部贪污及自肥时，村干部的贪污自肥行为逃不过村民的眼睛，如果村民具有行动能力，通过持续的上访告状，可以抑制一些村干部的不良行为，并因此使县乡更难从农民那里收到税费。而在那些村民有行动能力，且村干部在乎村民评价的村庄，村干部就更加不会为了完成县乡安排的税费任务，而不惜代价地高息借款垫交税费，也不会因此来获取可能的贪污和自肥。

正是在这个阶段，因为农民行动能力的区域差异，或因为农村社会的区域差异，村级债务形成了明显的区域差异。这个阶段的特点是，在中西部以农业为主的农村地区，县乡财政压力极大，县乡将收取税费作为考核村干部的几乎唯一指标的情况下，村干部具有很强的与县乡谈判的能力，即村干部可能借完成税费任务，来获得县乡对自己贪污及自肥行为的保护，这个时候，可以限制村干部不良行为的主要力量，在于村干部是否自制，村民是否可能形成对村干部强有力的压力，村庄本身是否具有价值生产能力，等等。

4. 小结

虽然以上我们分三个阶段讨论了村级债务的形成，但正如有学者总结的一样，中国一直以来实行的是压力型体制②，自上而下地

---

① 有乡镇负责人说，查处一个贪污的村干部，就会得罪一大批冒着风险顶着压力为县乡收取税费包括借款上缴的村干部。因此，可以将村干部贪污及自肥行为看作风险成本。
② 关于压力型体制，参见荣敬本等《县乡两级的政治体制改革》，《经济社会体制比较》1997年第4期。

下达各种指标，强制下级完成各种任务。兴办企业、达标升级、完成税费任务这三个阶段，虽然在20世纪90年代各有侧重，却很难截然分开，直至2003年全国农村税费改革，没有太多变化。区分阶段，有助于更精细地讨论问题，但因为压力型体制将各种自上而下的任务混杂在一起，而使阶段的区分具有相对性。

三 村级负债与农民行动单位

无疑，农民行动能力与村级负债状况有着密切关系。而农民行动能力的状况，又与农民的认同与行动单位密切相关。农民认同与行动单位的差异，构造了不同的村级负债机制。

从我们调研的情况来看，可以分出五类具有区域特点的农民认同与行动单位，即宗族、小亲族、户族、联合家庭、原子化农户五类。① 以区域为基础，我们可以区分出三种主要的农民认同与行动单位类型。一是宗族主导型农村，以江西、福建为代表；二是小亲族主导型农村，以山东、豫东、皖北、苏北所在的黄淮海地区为代表；三是原子化农户主导型农村，以湖北、辽宁、吉林等省为代表。在另一项研究中，我们将专题研究当前中国农村主导认同与行动单位类型的分布，在完成此项工作前，我们只能以已有的有限资料，来推断农民认同与行动单位的分布状况。因为农民认同与行动单位是以地方性共识作为基础的，农民主导认同与行动单位就会是一个相当广泛区域内具有普遍性的单位。

我们首先讨论不同农民认同与行动单位会如何构成村级负债的不同机制，造成哪些可能的村级负债后果。

1. 宗族主导型农村

宗族主导型农村，在农民行动能力方面具有两个特点。一是宗

---

① 参见贺雪峰《农民行动单位与乡村治理的区域差异》，未刊稿。

族具有笼罩性的价值生产能力，强有力的宗族认同的存在，必然以对过去的认同为前提，也会对未来构成明确预期，或者说，在宗族认同强烈的农村，人们生活在过去与未来之间，现在的生活是过去的延续，也面向着未来。这样的农村，有稳固的未来预期，有对村庄生活的长远考虑，村民在乎他人的评价，可以较为理性地采取行动来谋划自己的长远利益。二是宗族农村，村民具有集结起来一致行动的能力，或者说，村民可以成功阻止不利于村庄整体利益和长远利益的事情，也可以成功（较小程度上）促成有利于村庄整体利益和长远利益的事情。

在形成村级债务的三个阶段中，宗族主导型农村自下而上会对村级债务的形成产生不同的作用结果。

在第一阶段，村干部和村民在决定是否上企业项目时，更多从村庄实际考虑，而不是屈从于上级要求兴办企业的压力。兴办企业是村民和村干部均不熟悉的事情，风险很大，因此，宗族主导型农村会更为谨慎地对待兴办企业的风险，更为慎重地决定是否上企业项目，也因此更少出现兴办企业形成的负债。

第二阶段的达标升级活动，在宗族主导型村庄可能引起两种反应。一是对于那些不切实际的达标升级活动，不仅村民反对，而且村干部也无实施的积极性与动力。即使有村干部迫于上级压力，通过向农民摊派进行达标升级，这些达标升级活动一般也不会过于脱离农民生产生活的实际。二是对于切合农村实际的达标升级活动，村干部受到上级压力，有主持完成的动力，村民也认为这些活动可以改善生产生活条件，从而由村干部与村民共同协商形成一个切合实际的方案，村民有力出力，村集体有钱出钱，经费不足，还可以向外出工作的村人募集。在宗族主导型农村，一般不会出现原子化村庄在"普九"中普遍出现的由村民集资办起达标小学，却因为本村儿童不足旋即被撤的情况。正因此，除少数切合农村实际的达标升级工程由于得到村民支持而形成村级债务外，并无大规模的村级债务产生。

第三阶段，县乡具有强烈的从农民手中获取财政收入的压力与冲动，并试图通过增加农业特产税、屠宰税等来缓解压力。县乡默许村干部贪污自肥以调动村干部协助县乡向农民收取税费的计划大多不会成功，尤其是由村干部向农民收取难以计量的特产税和屠宰税时，容易引起村民的反感。当村干部协助收取税费的积极性不足时，县乡就可能直接组织人员到农户家中收取税费，结果却是人难找，税难收，强制收税费，还可能引发干群之间的大规模冲突。

村干部不仅缺少协助收取税费的积极性，而且大都不会高息借贷来完成县乡下达的税费上缴任务，因为村干部很清楚高息借贷的后果。村民也有力量反对村干部的高息借贷。因此，村一级形成债务，却可能更多是欠县乡应缴税费任务，而非欠银行或私人借款。

总体来讲，宗族主导型农村，因为农民具有行动能力，村干部在乎长远评价，而较少形成恶性村级债务。

2. 小亲族主导型农村

小亲族主导型农村与宗族主导型农村有很大的不同。具体地，小亲族主导型村庄内往往有数个小亲族，因此，一般不存在笼罩性的价值压力，村庄内明显分成多个派别与群体。同时，因为小亲族内部团结有力，而使村庄具有强有力的行动能力，其中可能表现为一个群体对另一个群体的反对，数个群体之间的公开或暗中竞争。

因为村庄内部的相互竞争，各个竞争群体为了获得竞争优势，一方面要联合其他群体，另一方面需要借重县乡行政力量，其中，占据村庄权力的群体，期待县乡支持，以稳固已有权力，在野群体为了获取村庄权力，而愿意仔细搜集村干部任何可能的违反政策及贪污自肥行为的证据，并通过上访诉诸县乡行政来查办村干部。其结果是，县乡行政力量强大，村干部受到县乡和村民的双层夹攻。

在形成村级债务的第一阶段，因为兴办集体企业需要大量银行贷款，但事实上银行贷款有限，没有特殊关系，村干部很难从银行获得贷款。因此，此一阶段，在中西部农业型地区，形成的村级债务并不严重。

中西部农村形成村级债务最为严重的时期，是达标升级阶段，这一阶段除了自上而下的达标升级以外，在一些地区还出现了所谓"逼民致富"一类的行政行为。曹锦清先生撰写的《黄河边的中国》，是1996年在河南农村调查的成果，也正是形成村级债务第二阶段的状况，书中较为忠实地记录了这一阶段小亲族主导村庄形成村级债务的状况。

第二阶段形成村级债务的原因，是达标升级活动虽然可能超出农民的实际需要，看起来却有利于提高农民的生产生活条件。即使逼民致富、强制农民调整产业结构，地方行政主观上也是想要提高农民的收入。正是因为既有自上而下的压力，又有形式上的合理性，村民难以采取有效行动，以抑制村干部完成自上而下的达标升级任务。

在形成村级债务的第三阶段，县乡试图通过默许村干部贪污自肥来换取村干部协助县乡收取税费的积极性，因为村干部的贪污自肥很容易被村民发现，且村民有能力组织起来，通过上访告状等办法，将村干部贪污自肥的行为公开出来，并因此抑制村干部的不良行为。因此之故，造成严重村级债务的高息借贷以上缴的情况，在小亲族主导型农村反而不严重。

在小亲族主导型农村，当小亲族力量很强且村庄内部竞争激烈时，村庄内的竞争，还会变成在野集团凭借中央政策，来状告村干部乃至县乡干部的情况。也就是说，在形成村级债务的第二阶段，县乡两级通过摊派来筹集达标升级的资金，摊派不仅加重了农民负担，而且往往明显地不符合中央减轻农民负担的政策。有能力组织起来行动的农民通过上访告状，使县乡摊派无法进行。县乡两级为了完成达标升级任务，要么要求村干部出面借贷以完成任务，要么由乡镇政府出面借贷以完成任务。由此，或留下村级债务，或留下乡镇债务。

从以上讨论可以得出以下初步结果：在小亲族主导型农村，村级债务一般较同等经济发达水平的宗族主导型农村的债务重。小亲族地区在达标升级阶段，容易形成较高的债务。而在达标升级阶段，如果小亲族群体借中央减轻农民负担的政策上访告状，诉诸中央和省政府，那么，这些地区的村民可能负担较轻，村级债务较轻，而乡镇却可能负债严重。

3. 原子化农村

原子化农村的情况较为简单，因为农户之间不能形成联合，农户个体力量单薄，不能对村干部形成有效制约，且因为大多数原子化村庄同时也是人财物外流严重、价值生产能力较弱的村庄[①]，村干部也缺少对村庄本身的长远预期。因此，面对自上而下的压力，村干部在可能的范围内，积极行动起来，以使自身利益最大化。具体来说，在形成村级债务的第二阶段，面对自上而下达标升级的压力，村干部想方设法通过摊派和借贷，来完成任务，并从完成任务中获取好处。在第三阶段，因为县乡的默许，村干部会使用各种可能的扩大个人利益的办法，来应对上级要求，获取个人好处，而完全不顾村集体的利益。其中，在相当部分农村，不仅出现了村干部高息借钱给村，以垫交税费，获取高息的情况，而且村干部利用国家允许拍卖"四荒"的政策，将各种可能变卖的集体资产变卖一空。村集体负债的极限，直到村集体所有资产卖光，所有信用破产，不再可能向任何人借贷为止。换句话说，原子化村庄在形成村级债务的第三阶段，债务以极快的速度增长，直至村集体实际上破产为止。

---

① 徽州农村较为例外。虽然徽州农村也是原子化的村庄，村庄价值生产能力却依然存在，见贺雪峰《徽州村治模式的关键词》。

这样，我们就可以将不同阶段、不同类型村庄村级负债的差异概括如下（见表2）。

表2　村庄类型与村级债务形成的关系

阶段	宗族主导型农村	小亲族主导型农村	原子化农村
兴办企业阶段	少数村开始形成债务	少数村开始形成债务	少数村开始形成债务
达标升级阶段	开始形成较轻微债务	开始形成较严重债务	开始形成较严重债务
借贷上缴阶段	维持轻微债务状况	维持较严重债务状况	形成极严重债务

下面我们利用可以搜集到的公开发表的关于村级负债的资料，来检验以上推导。

四　村级负债的区域差异

要讨论村级负债的区域差异，就需要有全国各地区村级负债的资料，可惜现在没有找到面上的资料。通过中国知网，我们搜集到一些地区村级负债情况的资料，下面，以此资料，来验证我们的推导。

因为缺少农民认同与行动单位的区域资料，只能以我们已有调查的经验和学界发表的相关成果，将江西、福建农村作为宗族主导型农村，将湖北、辽宁、吉林作为原子型农村，将山东、豫东、皖北、苏北所在的黄淮海地区作为小亲族主导型农村。

我们以"村级债务"作为关键词，在中国知网中进行搜索，共获得318篇报告，其中有90篇报告记录有明确的村级负债状况。[①]

---

① 因为所引文献的资料不全，部分数据从其他方面获得，如省区行政村数量和乡村人口数量的数据，来自《中国农村统计年鉴（2003）》（中国统计出版社，2004）。市县的农业人口数据和行政村数据，来自各市县政府网站，其中少数市县政府网站只有总人口数，没有公布农业人口数据，笔者以市县公布的总人口乘以70%，获得农业人口数据，并以此计算人均农业人口村级负债的数量。

利用搜集到的资料，可以较为细致地列举出全国村级债务的分省区情况。利用以上资料，我们作简要比较和评论。

1. 全国不同时期的村级债务情况

我们依王润雷的资料，列出全国不同时期村级负债总额和人均负债额（见表3）。

表3 全国不同时期的村级债务情况*

年份	总额（亿元）	人均（元）	村均（万元）
1990	402.5	47.4	5.75
1993	1021.3	120.2	14.59
1994	1076.1	126.6	15.37
1997	1978.6	232.8	28.27
1998	1932.6	227.4	27.61
2001	2796.9	329.0	39.96

* 为计量的方便，均按8.5亿农业人口和70万个行政村来计算平均村级债务。

2. 宗族主导型农村：江西、福建省村级负债情况

因为缺乏具体的宗族在江西、福建分布的资料，我们很难在江西、福建省内进行宗族与村级负债状况的区域比较。依据我们已有的调研和学术界研究的成果，江西、福建是当前中国农村宗族最为活跃，改革开放以后宗族重建最为积极的两个省份，我们以江西、福建两个省级单位作为宗族主导型农村的区域，来讨论其负债情况，应该相对合理。

江西和福建的差异在于，福建是沿海地区，比江西发达，村办企业尤其是以矿产开发为基础的村办企业在福建农村的规模很大。

在搜集到的90篇报告中，共有7篇报告与江西省有关，时间从1997年至2005年，涉及江西省5个地市（赣州市、吉安市、抚州市、九江市、宜春市），样本村数足够。其中，除2005年调查的宜春市袁州区柏木乡11个村的村均负债高达43.8万元以外，其余所有调查的村均负债均未超过20万元，平均负债在村均10万元左右。这样的村级负债，是较为轻微的负债，并不构成对村级治理较为严重的不良影响。考虑到宜春市袁州区柏木乡的例外，江西省应该属于村级债务很轻的省份。江西赣州较为典型地代表了江西全省的村级债务情况。2002年底，赣州村均债务为10.09万元，人均64.9元。

在搜集到的90篇报告中，共有8篇报告与福建省有关，时间从1998年至2003年，其中1篇是全省的村级负债情况，另外7篇涉及6个市县，除南靖县龙山镇只有23个村的样本外，其余均为市县全部行政村，样本数足够。2000年底，福建全省村均负债55万元，这在所有报告中，接近最高水平。另外7篇报告中，福清市占了2篇，1篇是1998年底，1篇是2002年底。1998年底，福清市村均负债为22.4万元，是所有报告中村均负债最低的，而2002年底上升为村均负债78.7万元，是所有村级负债中最高的。

因为福建省属于沿海发达地区，村均55万元的负债，虽然不低，但考虑村集体生产能力和经济发展水平，福建省的村级债务不算很高，另外，福建村庄规模较大，按人均计算，福建省2000年底农业人口人均村级负债仅266元，低于全国平均水平（见表4）。

表4　全国农村与宗族主导型农村的比较

单位：元

年份	全国人均村级债务	江西赣州	福建
1998	227.4		
2001	329.0	64.9 (2002)	266 (2000)

3. 小亲族主导型农村：黄淮海地区诸省村级负债情况

小亲族主导型农村主要分布在黄淮海地区。黄淮海地区一马平川，地形地貌相似，气候条件相近，经济结构和种植结构相差不多,因此,形成了相近的文化风格。就当前一般的观点,黄淮海地区包括皖北、苏北、豫东、鲁西、鲁南、冀南等广泛的地区。而就小亲族的影响所及,鲁中的潍坊也是典型的小亲族主导型农村地区①,在黄淮海这一广大区域,涉及多个省份,其中山东、江苏是沿海发达地区。

我们先来看一看安徽省的情况。我们共有11篇从1997年到2003年关于安徽村级负债的报告,按1998年底的数据,安徽全省村均负债16.91万元,以这个平均村级负债作参照,11篇报告,除和县历阳镇20个村的村均负债远远超过平均数,达到73.1万元外,其余报告的村均债务数量与之十分接近。考虑到历阳镇系和县城关镇的特殊性,可以认为,安徽全省的村均债务,在1998年底为16.91万元的数据,较为可靠。合理推测,到2000年底,安徽省村均负债为20多万元。

以上11篇报告中,有3篇报告分别涉及属于皖北的阜阳、宿州和宿州灵璧县的村级债务情况,其中最高负债为2000年底灵璧县的,村均34.6万元。2003年笔者曾到阜阳临泉县调查,发现临泉县村级负债大多为10万元到20万元。因此,可以大致推断,皖北地区村级负债为20万元左右。

再来看一看山东省的情况。遗憾的是,我们搜集到的山东省的6篇报告,均非鲁西、鲁南地区,而是集中于胶东半岛。从这6篇报告看,山东胶东半岛的村级债务不算很高,村均在40万~80万元。但要注意,山东省的村,一般较小,据统计,2000年,山东全省乡村人口数为7038.18万,村委会数为86700个②,因为乡村人口既包括乡镇所在人口,又包括村庄所在人口,所以,山东省村

---

① 笔者曾与山东潍坊市农工办主任、曾长期担任乡镇党委书记的宋智勇先生讨论,得出此结论。
② 参见山东省农业厅网站(http://www.sdny.gov.cn)。

均人口数低于812人。换句话说,从人均村级负债来讲,胶东半岛的人均负债是相当高的,其中,烟台市1999年底农业人口人均村级负债达到1210元。这样的村级负债,即使在发达地区,也是较高的。

再来看江苏的情况。江苏省共有4篇村级负债的报告,其中宿迁市2000年底债务总额达7.2亿元,村均31.3万元,农业人口人均188元(见表5),算是较低的村级债务。宿豫县2001年3月村均债务为24.6万元,与宿迁全市的平均债务相近。

表5 全国农村与小亲族主导型农村的比较

单位:元

年份	全国人均村级债务	江苏宿迁	河南	山东菏泽牡丹区	安徽宿州	安徽阜阳
1998	227.4					
2001	329.0	188 (2000)		53.2	105 (2000)	141

再来看河南村级负债情况。共有4篇报告,其中邓州市十村镇人均村级负债达944元,为最高,而2003年在全省5个贫困县95个村调查的村均债务为20万元,人均144.9元,为最低。另外2篇报告,1篇是信阳市,1篇是新野县,均为豫南地区,其中新野县2003年村均债务高达140.8万元,人均626元,相当高。新野县与邓州市接壤,均属河南南阳地区,可见河南南阳地区村级负债很高。信阳市1998年底村均负债为43.14万元,人均210元,也是较高的。考虑到1998年底至2003年,全国村级债务还在继续上涨,信阳地区的村级债务应该更高。

从以上讨论来看,黄淮海地区的村级债务为村均20万~40万元,算是较重,但不算最高。

表5中,因为缺少完整的黄淮海小亲族地区的村级负债资料,

不敢贸然得出结论，但就已有的村级负债情况来看，人均村级负债明显低于全国平均水平，且低很多，几乎与江西省的人均村级债务水平持平。尤其是山东菏泽市牡丹区，其村级负债与山东沿海农村差异极大。

4. 原子型农村：湖北、辽宁、吉林等省村级负债情况

依据笔者在湖北、吉林调查的经验，湖北大部分农村可谓原子化村庄，在村中，缺乏强有力的超出村民家庭的认同与行动单位，因此，村民不能有效约束村干部的不良行动，村庄中，不仅农民负担重，而且村级债务沉重。笔者在吉林省调查后，以为吉林省农村大多也是原子化村庄。依与朋友讨论，不仅吉林省，而且整个东北地区均可作为原子化农村，这可能与东北是移民开发地区、土地资源相对充裕、人与人之间的联系较为松散有关。

我们来看湖北省村级负债的情况。共有1993～2003年的15篇报告，除1993年荆门市沙洋区村均债务为14.7万元外，其余14篇报告中的村均债务均在30万至80万元，人均村级负债则在200元至500元。依2002年湖北全省的统计，村均债务在2002年达到70.29万元，农业人口人均为502.1元（见表6），说明湖北省村级债务十分严重。

分地区看，以人均村级债务比较，以上15篇湖北省村级负债中，仅汉川市和南漳县的人均村级债务在300元左右，其他地区人均村级债务均接近或超过400元，进一步说明湖北省村级债务的普遍性及严重性。

再来看辽宁省的村级债务。我们找到了9篇与辽宁有关的报告，其中4篇与葫芦岛市有关，1篇是全省的统计。据辽宁省1999年末的统计，全省村级债务总额为116亿，村均74.6万元，农业人口人均580元。再看其余8篇报告，除葫芦岛金星镇村均债务超过省村均数据、曹庄镇与金星镇超过全省人均数据外，其余报告的数据均没有省均数据高。但其他8篇报告中，村均债务最低也超过

20万元，从人均来看，除义县巨粮屯乡人均村级债务为56.1元外，其余大都接近或超过300元。由此推断，辽宁全省村级债务情况十分严重。

再来看东北其他省区的村级负债情况。我们有5篇吉林、黑龙江和内蒙古的报告，其中除吉林柳河县村均债务18万元、人均负债125元以外，其余4篇报告中的村级债务都很严重，就农业人口人均债务而言，吉林双辽市、黑龙江绥化市和内蒙古科左中旗的农业人口人均村级负债均超过500元，属于严重负债的农村。

小结湖北和东北各省区原子化农村的情况，明显可见，除少数地区外，这些地区的村级负债大都十分严重，农业人口人均村级负债接近甚至超过了500元。

顺便作个推测，在河南村级债务的数据中，信阳地区和南阳地区的人均村级负债异乎寻常地高于全省其他地区，可能说明河南这两个地区农村原子化程度与湖北省无异。

表6 全国农村与原子化农村的比较

单位：元

年份	全国人均村级债务	湖北	辽宁	吉林双辽	黑龙江绥化	内蒙古科左中旗
1998	227.4	462.5	580（1999）			570（1999）
2001	329.0	502.1（2002）		502（2202）	725	

从表6可以看到，虽然湖北是中部一般的农业地区，其村级农业人口的人均负债，却远远高于全国同期的平均水平。辽宁属于沿海省份，但就全省而言，辽宁仍然属于农村经济发展水平中等的农业地区，其人均村级负债水平是全国人均水平的近两倍，说明辽宁省的村级负债并不仅仅是由其农村经济发展程度所决定的。

总体来讲，湖北、东北等农村经济发展水平中等的省区农业人口人均村级债务，异乎寻常地超过全国平均村级债务很多。

5. 其他地区的情况

除以上地区以外，我们还获得了其他省区的一些村级债务资料。其中，广东省村均负债达到183.31万元，可能为全国村均负债最高的省份。不过广东是发达地区，村集体拥有大量资产，这些村级债务相对于当地农民的收入水平和村集体经济的收益，并不算高。给人以深刻印象的，倒是河北省的村级负债到2003年村均仅20万元。因为河北省的村一般较大，其农业人口的人均负债就会更低一些。云南省的村级负债，2002年底，人均为126元，也不算高（见表7）。陕西省的村级负债缺少面上资料，从调查资料来看，陕西省村级债务不算高。山西省人均村级负债332元，相对于山西经济发展水平，是较高的，但考虑山西煤矿较多，村一级有较多来自煤矿的收入，这么多村级债务也不算太高。

表7 全国不同农村地区的比较

单位：元

年份	全国人均村级债务	河南新野	山东烟台	湖南常德	广东省	云南	河北	山西
1998	227.4		1210 (1999)		800 (1999)		185	332
2001	329.0	626 (2003)		396		126 (2002)		

表7中，河南新野、山东烟台、广东省的农业人口人均村级负债远高于全国平均水平，其中山东烟台和广东省属于沿海发达地区，其人均村级负债较高当属正常。奇怪的是河南新野村级负债过高，与湖北和东三省的情况很相似，反推一下，可能河南新野农村也是原子化农村。

表7中，湖南常德、山西省的人均村级负债略高于全国水平，其原因，在山西省，可能与其煤矿有关，而在湖南常德，可能与农民的组织化程度较低有关。

表7中，云南、河北人均村级负债低于全国水平。在云南，可能与其农村经济发展水平低于全国一般农村有关，在河北，则可能与河北农村农民有一定的组织能力有关，尤其是，河北农民离北京较近，到北京上访方便。

6. 小结

综合以上比较和讨论，可以得出一个初步结论：在不考察其他因素作用的情况下，农民的认同与行动单位跟人均村级负债之间具有明显的区域相关性。

五　结语

笔者试图通过讨论村级负债与农民行动单位的关系，来发现村级负债区域差异的"秘密"。因为缺乏完整的不同时期、不同地域的村级债务资料，也缺少农民认同与行动单位区域分布的详细资料，本文未能细致检验农民行动单位对村级负债水平所起作用的各个环节与方面，不过，仅仅凭借我们搜集到的资料，已足以证明村级负债与农民行动单位的高度相关性。

农民行动单位与村级负债状况相关，就为我们提供了理解中国乡村治理的新的途径：可以通过农民行动单位来推断村级负债的情况，又可以通过村级负债来反推农民行动单位。在同等经济发展水平及同样自上而下的政策背景下，村级负债的巨大差异，不能仅仅用地方行政领导人的个人品德或个性来解释，因为地方行政领导人超强的行政决策来自农民缺少对这个决策的反对能力。比如，某位领导人在某个地方的成功决策，在另一个地方的农村没有任何实施的可能性，这就让人想起了一句俗话：有什么样的民，就有什么样的官。虽然地方行政领导人的个人决策或地方政府是否善于抓住时机，对于形成村级债务具有影响，但总的来讲，决定村级负债状况的因素来自三个方面：一是国家政策；二是经济发展水平及经济结构特点；三是农村社会本身的状况，其中主要的一个方面就是农民认同与行动单位的差异。地方官员在村级负债中虽然也起作用，并且表面上，造成村级负债的罪魁祸首就是县乡村干部的胡乱决策，但从全国来看，在同样面对自上而下政策压力的情况下，因为农民组织起来表达自己意愿能力的不同，而造成了地方官员实施政策的决心与谨慎程度的不同，或者说，从全国情况来看，地方官员只是充当了自上而下压力型体制的一个环节，真正且最终决定村级治理状况的一个重要因素是农村社会状况的差异。

农民认同与行动单位的差异，不只是在决定村级负债水平的差异上有着决定性作用，而且在诸如农民上访数量、农民负担水平、村干部廉政状况、村庄精英参与村委会选举的意愿、村委会选举竞争程度、村两委关系、乡村关系、村庄公共品供给水平、村庄内部纠纷发生的频次及纠纷调解能力等方面，都有联系。我们可以分别对农民行动单位与这些现象的关系（内在机制及定量检验）进行研究，如农民上访数量等现象可以通过搜集原始资料找出来，其区域差异也可通过这些原始资料来刻画。问题是，我们如何来解释农民群体上访的区域差异。农民行动单位的视角，就是一个好的视角。正是通过农民行动单位的视角，我们可以发现农民群体上访中的不符合农民行动单位解释的异类，并因此发现其他解释变量。如果我们对一些地区农民行动单位本身不了解，我们或许又可以通过农民群体上访的频次与已知区域情况的比较，来推知未知地区农民行动单位的类型。

如此，我们在农民认同与行动单位跟诸多乡村治理现象之间就可以建立以下关系：

Ⅰ.农民行动单位⇌乡村治理现象A（如村级负债水平）

Ⅱ. 当我们知道某一区域农民行动单位的类型时，借用Ⅰ的相关知识，可以推测此一区域乡村治理现象 A 的状况。

Ⅲ. 当我们知道某一区域中乡村治理现象 A 的状况时，借用Ⅰ的相关性知识，可以推测此一区域中的农民行动单位类型。

我们同样可以在农民行动单位类型与乡村治理现象 B 之间建立相关关系，并进行推测。这样，我们就可能利用特定区域中大量已有的村级治理现象与特定区域农民行动单位的已有研究成果，进行交叉的相互推测、验证，并因此形成关于中国乡村治理非均衡状况的整体面貌及其内在机制的知识。

农民行动单位只是农村社会内部差异的一个变量，虽然这是我们目前发现的最为重要的变量之一。通过农民行动单位类型的差异和其他变量，来建构一个自下而上理解中国乡村治理状况的带有强烈中国经验特点的理论体系，正是我们目前的任务。

撰稿：贺雪峰

后　记

　　中国农村地域广大，不同地区的历史、文化、气候、地理、生态、种植结构以及经济发展等各个方面都有极大差异，从而形成了当前中国农村的区域差异，其中比较典型的区域差异有二：一是东中西差异，二是南中北差异。东中西差异尤其表现在经济发展的不平衡上面，典型是当前已经工业化、人口流入的东部沿海发达地区与人口快速流出的中西部传统农业型地区的差异。南中北差异则有比东中西差异更悠远的历史。其中，北方农村主要是指开发最早的华北和西北地区（尤其是关中地区），南方农村主要包括广东、广西、海南、福建、江西等地区，中部地区集中在长江流域。东北地区开发较晚，村庄内未形成结构与规范的相互强化，具有与长江流域农村相似的原子化结构，所以我们将其划入中部地区。

　　南中北区域划分的重要依据是村庄社会结构的区域差异。南方农村至今仍然存在相对完整的聚族而居的血缘共同体，以宗族村庄为典型。北方地区村庄中则普遍存在以五服为限的血缘共同体，我们称之为小亲族结构。中部农村以长江流域的农村为代表，但不限于长江流域的农村，村庄中缺少具有行动力的血缘共同体，是我们所说的原子化的村庄。虽然当前中国农村都受到现代性冲击，血缘共同体正在解体，不同地区血缘共同体解体速度和方式却大为不同，从农民心理与性情倾向到农民个体行为模式，从农民代际互动模式到家庭互动模式，从住房形态到村庄形态，从村庄社会结构到政策实践……中国农村几乎所有层面都呈现明显的南北差异。要读懂中国农村，就必须理解中国农村的南北差异。

大概是在2004年，我在全国不同地区农村调研时发现了村庄结构的区域差异，并逐步形成了村庄社会结构与南中北区域相对应的认识。随着调研的深入，我强烈感觉到，只有真正理解了村庄社会结构以及村庄社会结构的区域性，才能更好地理解每个地区的文化、农民的心理与行为模式以及自上而下政策实践的机制。本书即是对南北中国进行的初步解读。

最近几年，我们团队到珠三角和长三角调研比较多，逐步形成了对东中西部农村的新认识，正试图写一部《东西中国》，以社会分层为主线来刻画东中西部农村的差异。这是我们读懂中国区域研究的第二步。

华北地区的黄淮海是中国腹地，地域辽阔、土地肥沃、一马平川，是中国历史上开发最早的地区，也是中国人口最为密集的地区，又是天灾人祸最多的地区。全国人口最多的20个县，一半以上集中在黄淮海地区。某种意义上，黄淮海地区是最具有中国代表性的地区。写一部《中国腹地》，是我个人关于中国区域研究梦想的第三步。

《南北中国》是集体智慧的结晶，全书共12篇文章，参与撰稿的作者有11名，除我以外的其他10名作者分别是桂华、陶自祥、杜鹏、班涛、王德福、杜姣、刘燕舞、刘成良、吴海龙、仇叶，他们都是我们学术团队的同仁，也都有长期在全国不同地区农村调研的经历与积累。我们一直合作得很愉快，我们今后还要一直合作下去。

本书是我主持的国家社会科学基金项目"村庄结构视野中的中国农村区域差异研究"（11BSH024）的研究成果。本书的出版得到华中科技大学文科出版基金的资助，特此致谢。

社会科学文献出版社刘荣副编审精编细校，对本书的编辑与出版费力甚多，感谢之情难以言表。

希望本书的出版能推动中国的区域研究。

贺雪峰

2017年10月20日晚

N